U0659035

纪 念 中 国 第 一 历 史 档 案 馆 成 立 九 十 五 周 年

庆 祝 中 国 第 一 历 史 档 案 馆 新 馆 落 成

明清珍檔集萃
中国第一历史档案馆 编著
九州出版社

《明清珍档集萃》
编委会

主任

孙森林

副主任

李国荣　高建平　韩永福

主编

李国荣

执行主编

伍媛媛　王　征

编撰

（按姓氏笔画排序）

王　征　伍媛媛　朱琼臻　刘文华　郭　琪

前 言

档案是历史的真实记录，是人类的宝贵精神财富。明清两朝，特别是清朝留存下了大量的历史档案，它们原本深藏皇史宬、内阁大库等庙堂重地，不为大众所知晓。20 世纪初，明清档案屡遭劫难，部分档案一经散落在社会上，随即引发巨大轰动，与殷墟甲骨、居延汉简、敦煌写经一起，被称为中国古代文化的“四大发现”。

1925 年，故宫博物院设立文献部，明清档案有了专门的保管机构，这也是中国第一历史档案馆的前身，明清档案事业从此筚路蓝缕，负重前行。中华人民共和国成立后，党和国家高度重视明清档案工作，对档案归属和保管机构进行了多次调整。1980 年，中国第一历史档案馆正式命名，作为负责收集管理明清两朝及以前各朝代中央机构形成档案的中央级国家档案馆，带领明清档案事业进入快速发展时期。

习近平总书记指出，经验得以总结，规律得以认识，历史得以延续，各项事业得以发展，都离不开档案。中国第一历史档案馆保存有明清档案 1000 多万件，内容涵盖了政治、经济、文化、民族、宗教、外交、天文、地理、典章制度等诸多方面，是数百年历史的真实记录与凭证。几代明清档案工作者不断砥

砺奋进、开拓进取，使明清档案在存史、资政、育人等方面发挥了独特作用，为中国特色社会主义文化繁荣贡献了力量。

2020 年是中国第一历史档案馆建馆 95 周年，我们从馆藏中掇菁撷华，编纂成《明清珍档集萃》，力求博中求精、精中见雅，谨以此作为纪念。

中国第一历史档案馆馆长　孙森林

二〇二〇年十月

凡　例

1. 本书所辑档案，均为中国第一历史档案馆馆藏明清两朝原始档案。

2. 本书按类编纂，共分为明朝档案、清帝诏令、清帝御笔、臣工奏章、清宫生活、民族融合、科举取士、中外交往、洋务新政、清宫舆图10个类项。每个类项之中，按档案文件形成的时间依次编排。

3. 本书每件档案时间，以具文时间或发文时间为准；没有具文或发文时间者，采用朱批、抄录、收文时间；有文件形成时间段者，标注其起止时间。

4. 没有明确形成时间的档案，经考证推断，标注考证时间；暂难考证形成年代者，只标注朝代。

5. 本书每件档案拟有标题，简明反映各件档案的责任者、文书种类、事由梗概、中西历时间等信息。

6. 档案图像不能反映原档整体面貌，或在编辑过程中进行局部截取者，均标注“局部”字样。

7. 每件档案均依据原档标注其质地、文字及尺寸信息。其中，档案文字中有满文、蒙文、藏文、满汉合璧等情形，均分别标出；档案文字仅有汉文，则不作标注。

8. 本书所辑档案均撰拟对应释文，简要阐释各件档案的文种信息、主要内容和相关历史背景。

目　录

壹　明朝档案

贰　清帝诏令

叁　清帝御笔

肆 臣工奏章

伍 清宫生活

陆　民族融合

柒　科举取士

捌　中外交往

玖　洋务新政

拾　清宫舆图

壹

明朝档案

明朝档案是明朝政府在实施政令过程中形成的原始官方文件。中国第一历史档案馆现存明朝档案，大部分是清康熙年间修纂《明史》时下诏征集来的。民国时期，随着清代内阁大库档案流散出宫，这些明朝档案几经辗转挪移，有一些或被损毁，或迁运至台湾。中华人民共和国成立后，散失大陆各处的明清档案得以集中保管，各地先后将所存明清档案移交中国第一历史档案馆，历经沧桑的明朝官府档案遂得以相对集中。

馆藏明朝档案，其时间跨度起自明太祖朱元璋洪武四年（1371），止于明思宗朱由检崇祯十七年（1644），共3855件。档案类型主要是天启、崇祯两朝兵部的题行稿、科抄题本和奏本以及武职选簿等。此外，还存有敕谕、诰命、敕命、奏表、启本、告示、状文、碑帖、家谱、税票、宝钞、舆图、户口单、房屋土地契约以及各种簿册等档案。

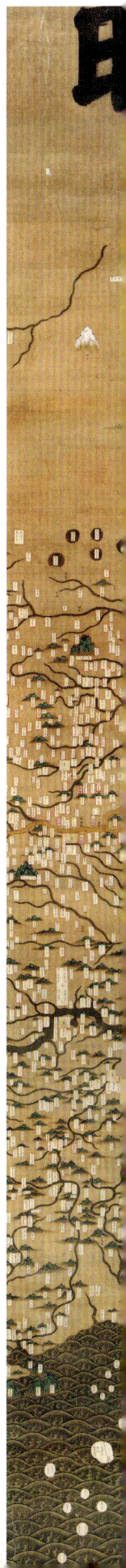

01

明清皇家档案库

皇史宬

皇史宬是明清两朝皇家档案库，坐落于故宫东华门外南池子大街。始建于明嘉靖十三年（1534），清嘉庆十二年（1807）重修。皇史宬总面积8460平方米，由皇史宬门、皇史宬正殿、东配殿、西配殿和御碑亭五部分组成。整座大殿皆为砖石结构，正殿前额悬挂满汉文合璧“皇史宬”匾，殿内拱券穹顶，汉白玉高台上安放着152个鎏金雕龙的铜皮木柜，尊藏明清历朝皇帝实录、圣训、玉牒等典籍，这种建筑特点被俗称为“石室金匮”。皇史宬是目前档案保存最完整、建筑最古老的皇家档案库房，1982年被列为“全国重点文物保护单位”。

02

《大明混一图》

洪武二十二年（1389年）

绢本 | 设色 | 满汉文

横456厘米　纵386厘米

《大明混一图》绘制于洪武二十二年(1389)，该图原为四块条挂屏，后装裱成一幅。图中以大明王朝版图为中心，东起日本，西达欧洲，南括爪哇，北至贝加尔湖以南，着重描绘了明王朝各级治所、山脉、河流的相对位置，以及镇寨堡驿、渠塘堰井、湖泊泽池、边地岛屿、古遗址、古河道等共计一千余处。清康熙年间又以对应的满译文名签覆盖原汉文地名。《大明混一图》是我国目前保存尺寸最大、最完整的古代世界地图，被列入《中国档案文献遗产名录》。

大
明
混

03

永乐帝敕谕

命土官军民为喇嘛失家摄聂修行提供便利

永乐八年九月十六日（1410年10月14日）

纸本 | 汉藏文

横175厘米　纵66厘米

| 钤印 |

敕命之宝

明代皇帝常用的文书为诏和勅。颁行天下周知时用诏，颁给具体人时用勅。永乐帝即明成祖朱棣颁给喇嘛失家摄聂的这件敕谕，汉藏文合璧，钤以“敕命之宝”。因为喇嘛失家摄聂谙习佛法，能够“演如来之教法，悟大乘之真诠，以慈悲导一方，以善行化众类”，永乐帝特颁发敕书，命所在地方土官军民人等为其修行给予便利，使之“为一方之人祈福”。

大明皇帝勑諭剌麻失家攝聶

朕惟佛氏之興其來已遠西土之人久事崇信其教以空寂爲宗以普度爲心化導善類覺悟羣迷功德之著無間幽顯有能尊崇其教以導引夫一方之人去其昏迷嚮慕善道强不至淩弱大不至虐小息爭鬭之風無侵奪之患上下各安其分長幼各遂其生同歸於仁壽之中同安於泰和之世上是以陰翊皇度下是以勸善化俗其功德所及豈不遠哉今剌麻失家攝聶演如來之教法悟大乘之真詮以慈悲導一方以善行化衆類所在土官軍民人等聽從本僧從便脩行益弘願力丕闡宗風爲一方之人祈福並不許侮慢欺淩生事沮壞敢有不遵朕命者必罰無赦

故諭

04

《明永乐朝词臣献颂》

永乐十五年（1417年）

| 纸本 |

横 28 厘米　纵 45 厘米

永乐十五年（1417），永乐帝起驾北上，命朝臣率群工于十一月初二日始建奉天殿、乾清宫，标志着北京新都肇立，永乐帝从此长驻北京。此为翰林院学士杨荣就此标志性重大事件进呈给永乐帝的颂词，经折装，内府抄本，四周双边，朱丝栏。内容反映了北京紫禁城肇建原因、始建年代、建筑规模、建材来源等重要信息，为难得的紫禁城研究史料。

聖德瑞應頌 有序

皇上受
天明命誕膺寶曆溥海内外咸囿雍熙爰自即
位之初眷惟
龍潛之地
天意所屬
王氣所鍾而地勢之雄壯山川之險固實當
天地之中寒暑之應候陰陽之不愆尤得
四時之正誠足以正南面而臨天下撫萬
國而馭四夷乃肇置北京為
子孫帝王萬世之鴻業以開天下太平之盛
治甚盛舉也由是龜筮協從
天意如荅臣庶莫不懽抃鼓舞以為宜然初
命需材西蜀得大木於山谷間輸運之所難
致已而山川效靈默佑顯相弗假人力其
木自行衡山裂石莫之能禦此非上當
天意下合人心
宗社神明協贊疇克尔耶維今永樂十五年
車駕駐蹕于兹
詔文武小大之臣各蒞所事以率羣工於十

金柱擎天玉梁架虹
奉天之殿
乾清之宫繡楹寶礎文彩炳煥勢若飛翬屹
乎霄漢
天心降鑒萬靈所宗乃現禎祥貽昕沖融郁郁
煌煌有光五色散彩凝輝青黄紫赤縈紅
繚白飛翠流丹文繡交錯錦綺斕斒復有
天花其英皎皎輝暎
御筵升降旋繞如燭之光如日之輪炫燿衆
目盎然若春爰有異香芬芬馥馥自天而
降達于
金屋如熏如蒸味遠益清瑞靄交敷輕盈回
縈瞻彼卿雲彌布上下非烟非霧翕忽變
化旌幢捧擁葆蓋森嚴飛揚晻曖光華益
添遥度
皇城近暎
丹扆流彩絪縕凝光旖旎横空不散炫日難
收英華下燭精氣上浮金水洋洋太液澄
澈凝而為冰瑞物斯結珊瑚芬敷寶鑒晶
熒疊為寶塔鏤為寶瓶匪琢匪雕森羅萬

05

隆庆帝诰命

诰封都察院左都御史葛守礼祖父母

隆庆六年八月二十五日（1572年10月1日）

| 钤印 |

制诰之宝

| 织锦 |

横 464.4 厘米　纵 30.4 厘米

诰命又称诰书，系皇帝封赠官员及其眷属官职爵位称号的诏令文书。始于西周，历世相沿，明朝封赠一品至五品官员授以诰命。此为隆庆帝因都察院左都御史葛守礼之祖父葛智"赋资颖敏，饬行端醇"，特封赠为资政大夫；其祖母张氏"恭勤简肃，孝敬慈仁"，封为夫人的诰命。该诰命由蓝、红、黄、白、褐五色锦相间织成，卷轴装，汉字墨书，卷首织有"奉天诰命"，年月日处钤 "制诰之宝"，勘合押字骑缝处钤 "广运之宝"。

而内外並秩者誠以
念其積培善行必有
同德以相之原始追
崇可弗厚哉爾累贈
夫人張氏乃都察院
左都御史葛守禮之
祖母毓自名家夙閑
内教恭勤簡肅孝敬
慈仁有孫而賢克昌
厥緒宜申賛冊用賁
重闈茲特仍贈爾為
夫人載錫嘉名禮並
隆于柔畀祇歆異渥
祚益衍于雲仍

06

《锦衣卫选簿》

万历二十二年（1594 年）

| 纸本 |

永乐、宣德二朝，明廷派宦官郑和率领庞大的船队七下西洋，既宣示国威，也固结邦交，更在三十年中繁荣了中国与东南亚、西亚、非洲的经贸往来。郑和的船队规模巨大，大小海舶多达 200 余艘，人数更至 27000 余人。舰队从江苏刘家港启程，途经东海、南海、印度洋、红海沿岸的 30 余个国家，最远至东非地区。在人类航海史上，无论是规模还是航程，都堪称空前壮举。不过，有关郑和下西洋的宫廷档案比较罕见。这份《锦衣卫选簿》中保存有两名锦衣卫军官宁原、郑忠下西洋的记录，已属难得。

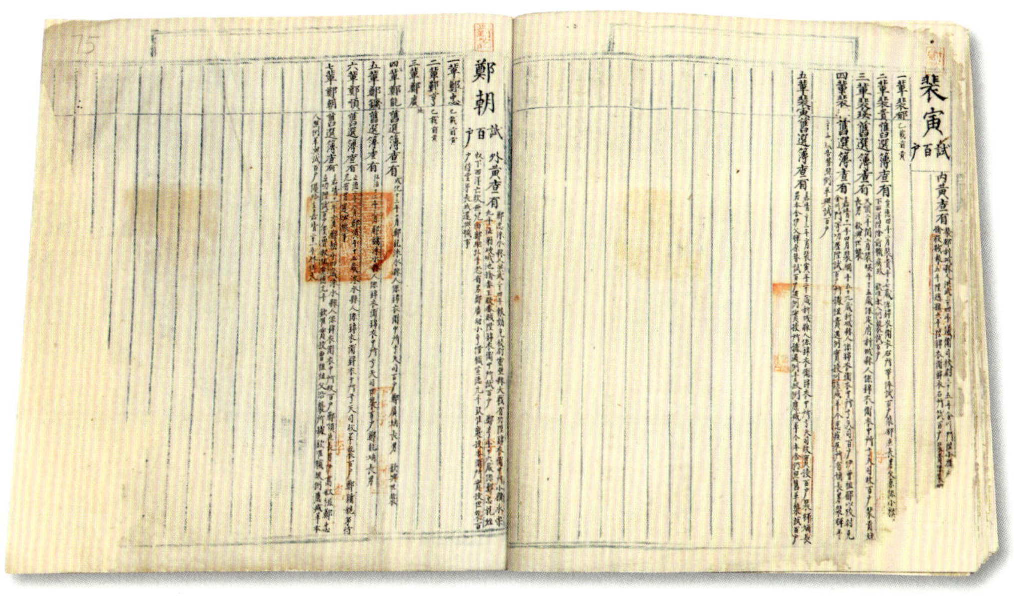

奉天誥命

奉
天承運
皇帝制曰朕惟臣子效忠
于朝茂揚勲烈必有
貽謀之善以光啓之
肆國家褒荅列卿而
懋書寵秩施及祖禰
者所以溯其積累之
勤而延恩于再世也
爾原任鳳陽右衛經
歷累贈資政大夫户
部尚書葛智乃都察
院左都御史守禮之
祖父賦資穎敏飭行
端醇蔚以茂才式膺
里選仕參衛幕於昭
廉直之稱晚憩林泉
懋樹清修之軌蓄其
德祉詒于聞孫授厥
本原再申湛渥茲特
贈爾爲資政大夫都
察院左都御史越世
而昌益衍宗支之慶
九原可作尚歆綸綍

07

《朝鲜迎接天使都监都厅仪轨》

万历三十六年至三十八年（1608—1610年）

| 纸本 |

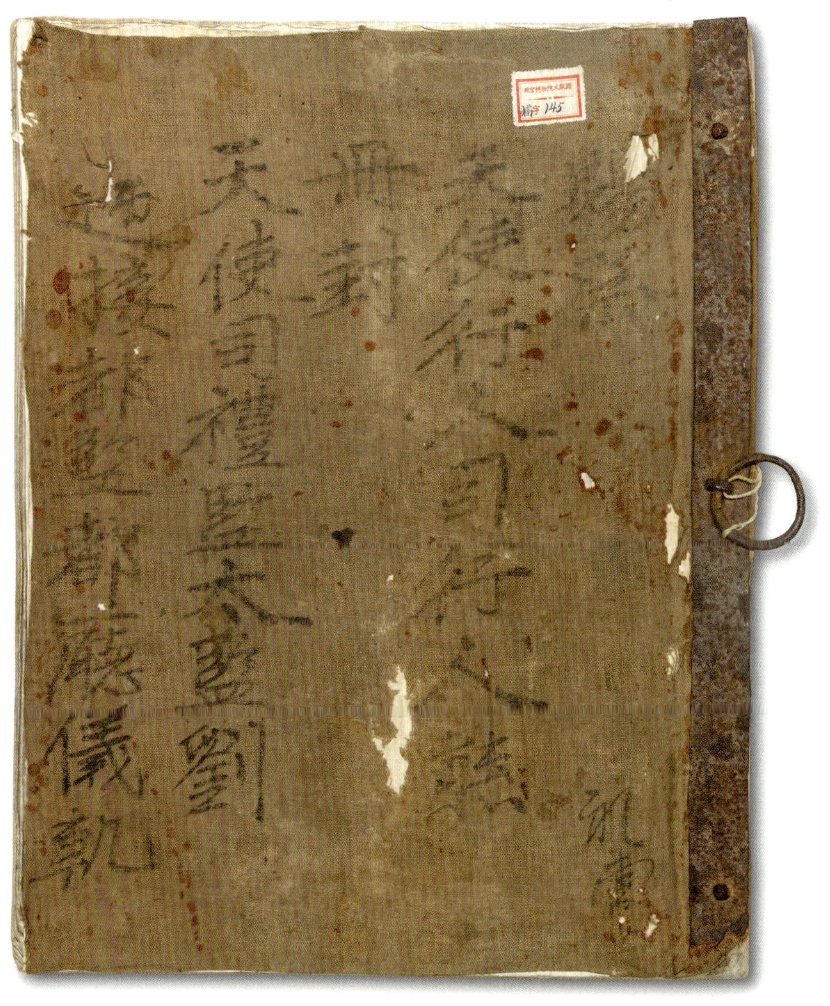

仪轨，即礼仪规矩。《朝鲜迎接天使都监都厅仪轨》记载的是朝鲜迎接他们称为天使的明朝使臣的仪轨。万历三十七年(1609)，明朝诏使分两批出使朝鲜，进行赐祭朝鲜宣祖李昖及册封光海君的活动。这份仪轨详细记载了朝鲜都监、都厅、户曹、兵曹等机构在制定、讨论、办理迎接明朝诏使时的准备、仪式、过程、善后处置的经过，是迄今为止所见朝鲜有关仪轨的最早记录。

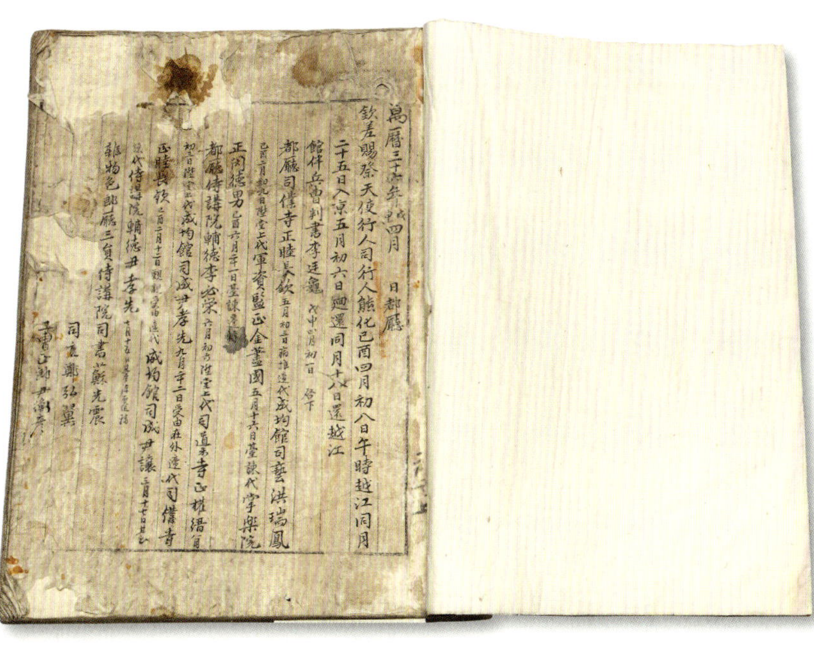

萬曆三十六年戊申四月　日都廳

欽差賜祭天使行人司行人熊化己酉四月初八日午時越江同月

二十五日入京五月初六日廻還同月十八日還越江

館伴兵曹判書李廷龜　戊申四月初一日　啓下

都廳司僕寺正睦長欽　五月初二日病遞代成均館司藝洪瑞鳳

軍資監正金蓋國　五月十六日臺諫代掌樂院

正閔德男　己酉六月廿一日臺諫遞

都廳侍講院輔德李必榮　六月初六日陞堂上代司導寺正權縉

成均館司成尹孝先　九月廿二日受由在外遞代司僕寺

正睦長欽

侍講院輔德尹孝先

成均館司成尹讓

雜物色郎廳三員侍講院司書蘇光震

司直鄭弘翼

工曹正郎尹衛

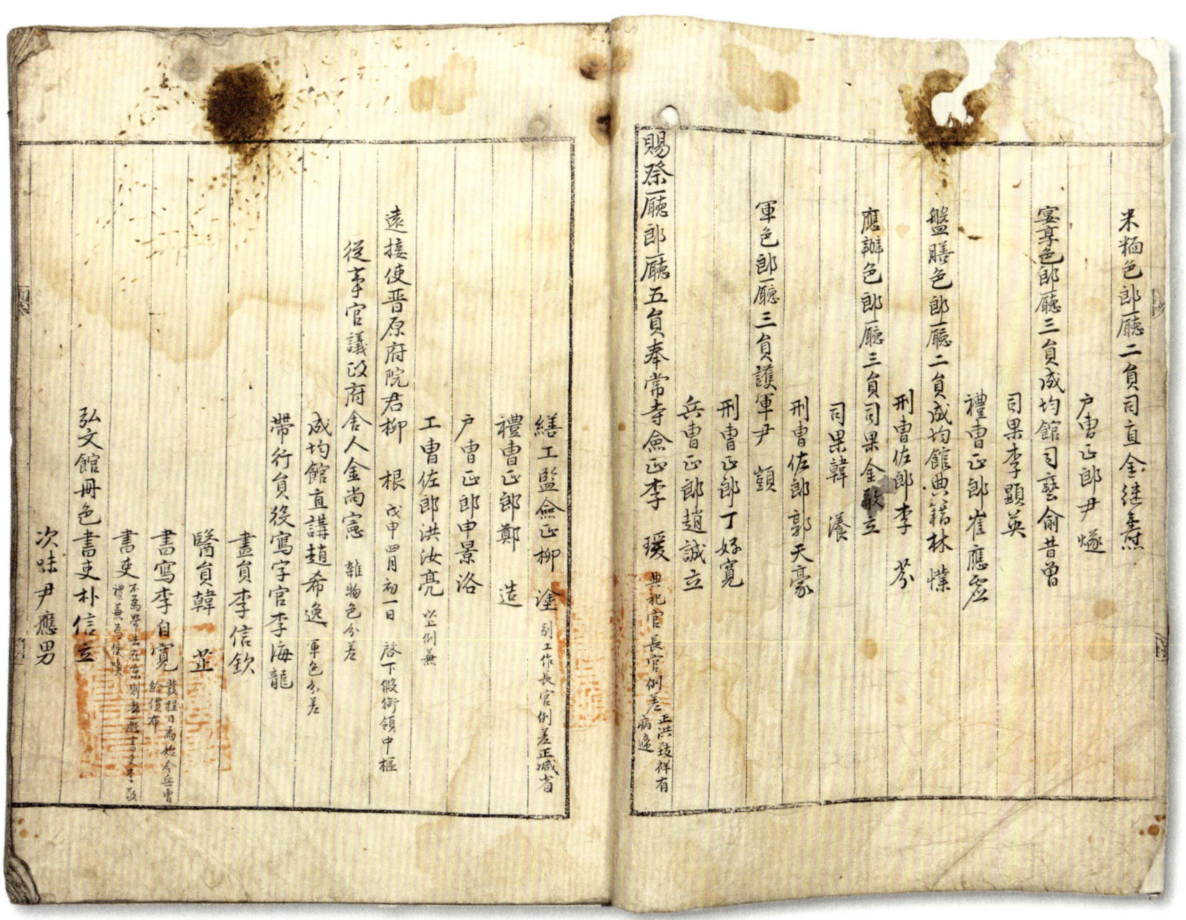

米糆色郎廳二員司直金继熹

户曹正郎尹熽

宴享色郎廳三員成均館司藝俞昔曾

司果李顯英

禮曹正郎崔應虚

盤膳色郎廳二員成均館典籍林㦎

刑曹佐郎李芬

應辦色郎廳三員司果金敬立

司果韓瀁

刑曹佐郎郭天豪

軍色郎廳三員護軍尹頲

刑曹正郎丁好寬

兵曹正郎趙誠立

賜祭廳郎廳五員奉常寺僉正李瑗　典祀官長官例差　正洪致祥有病遞

繕工監僉正柳塗　別工作長官例差正職者

禮曹正郎鄭造

户曹正郎申景洛

工曹佐郎洪汝亮　並例兼

遠接使晋原府院君柳根　戊申四月初一日　啓下假銜領中樞

從事官議政府舍人金尚寯　雜物色分差

成均館直講趙希逸　軍色分差

帶行員役寫字官李海龍

畫員李信欽

醫員韓一並

書寫李自寬

書吏

弘文館冊色書吏朴信立

次知尹應男

08

兵部行稿

为调补官员巡视粤海管理市舶事

天启四年八月十八日（1624年9月30日）

| 纸本 |

海虎門香山等寨及叙澳防倭諸務汛畢回省平時則訓
練兵夫簡閱漁船稽察奸宄如值沿海有警督率官兵
相机剿捕儻聲势猖獗聽徵調各守地所轄寨哨策應
如東西寨哨馳報重大警息亦督所屬將領船兵互相應
援以靖地方凡一應備禦事机悉聽從宜區處沿海府縣
衛所文武官員俱聽節制考覈殿最敢有怠忽及私
役軍兵科歛財物與奸徒私通接濟黨倭等項輕則量情懲
治重則參奏拿問本官尤須持廉秉公正己律下以副委
任如或因循曠職責有所歸

天啓四年八月　十八　日

郎中方孔炤

張爾嘉

明朝正德以后，中欧航路开通，西方海舶纷至沓来，东西方贸易逐渐繁盛起来，而海防的局面也空前复杂，既要抗击倭寇的侵扰，也须应对新兴殖民国家强势的叩关求市。明朝在东南沿海数省设置海道副使，负责海上防务，而广东的海道副使更须在对外关系和海外贸易中担负重任。本件档案即记载了朝廷委派官员史树德担任粤海道副使，“巡视海道，带管市舶”。

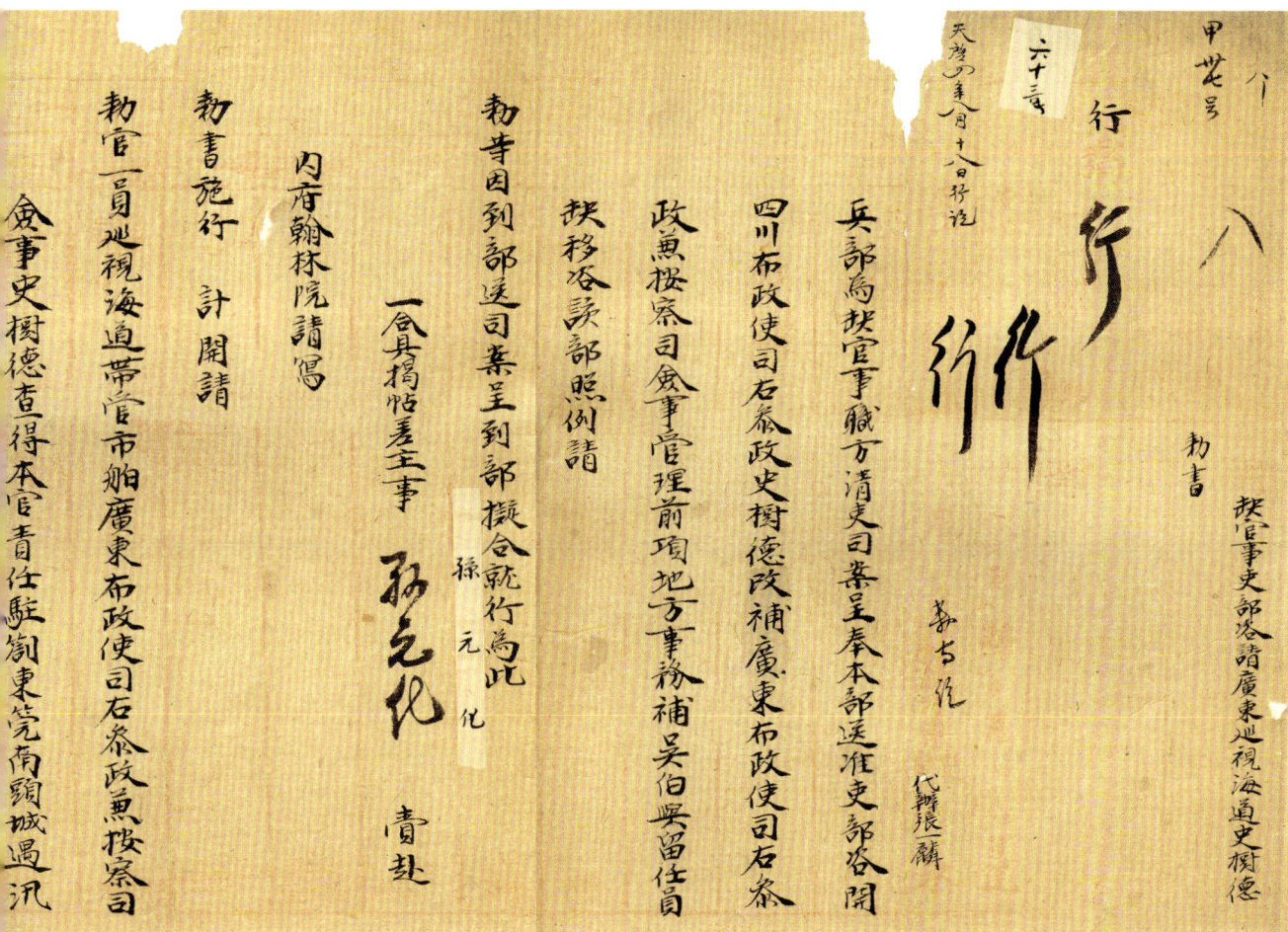

缺官事吏部咨請廣東巡視海道史樹德
敕書

行

兵部為缺官事職方清吏司案呈奉本部送准吏部咨開
四川布政使司右參政史樹德改補廣東布政使司右參
政兼按察司僉事管理前項地方事務補吳伯與留任員
缺移咨該部照例請
敕等因到部送司案呈到部擬合就行為此
一合具揭帖差主事 孫元化 賫赴
內府翰林院請寫
敕書施行 計開請
敕官一員巡視海道帶管市舶廣東布政使司右參政兼按察司
僉事史樹德查得本官責任駐劄東莞南頭城遇汛

09

《赤道南北两总星图》

崇祯七年七月（1634 年 8 月）

| 纸本 |

横 452 厘米　纵 171 厘米

绘制于明崇祯七年（1634）七月的《赤道南北两总星图》，系礼部尚书、大学士徐光启主持测绘，德国传教士汤若望设计，意大利传教士罗雅谷校订。该图为屏挂式，全图由八个条幅纵向拼接而成。全图分为《南赤道所见星图》及《北赤道所见星图》，每个半球图直径约160厘米，图上绘有星座、星云，甚至包括银河系。两半球图之间及外沿部分还分别绘有《赤道图》《黄道图》等各种小星图十四幅，黄道经纬仪等各种天文仪器图四幅。在图的首尾，还印有徐光启所撰《赤道南北两总星图叙》及汤若望署名的《赤道南北两总星图说》两篇图说。该图是我国目前所见传世最早的大型全天星图。2014年5月入选联合国教科文组织《世界记忆亚太地区名录》。

奉
天承運
皇帝制曰朕惟尚德崇功國家
誥命

贰

清帝诏令

诏令文书是中国古代帝王诏告臣民、敕封官员以及处理军国政务所颁的专门文书。有清一代，沿袭了明朝诏、制、诰、敕、册、书、符、令、檄等主要的诏令文书；同时，为了加强皇帝独裁统治和适应民族统治需要，首创了谕、旨、廷寄等文书。

诏令文书按其用途，形制各异，规格不同，体现了封建等级制度。其中，“凡大典礼宣示百寮，则有制辞；大政事布告臣民，垂示彝宪，则有诏、有诰；覃恩封赠五品以上官，及世爵承袭罔替者曰诰命；敕封外藩，覃恩封赠六品以下官，及世爵有袭次者曰敕命；谕诰外藩，及外任官坐名敕、传敕曰敕谕，皆先期撰拟呈进，恭候钦定。”这些文书的办理机构也有所区别。仪制性文书，如制、诏、诰、敕等，由内阁或翰林院撰拟，由内阁承发办理；处理日常政务的谕令文书，如上谕、廷寄等，则由军机处撰拟和承办。

01

金国汗攻永平誓师安民谕

天聪四年正月（1630 年 2 月）

| 纸本 |

横 100 厘米　纵 75 厘米

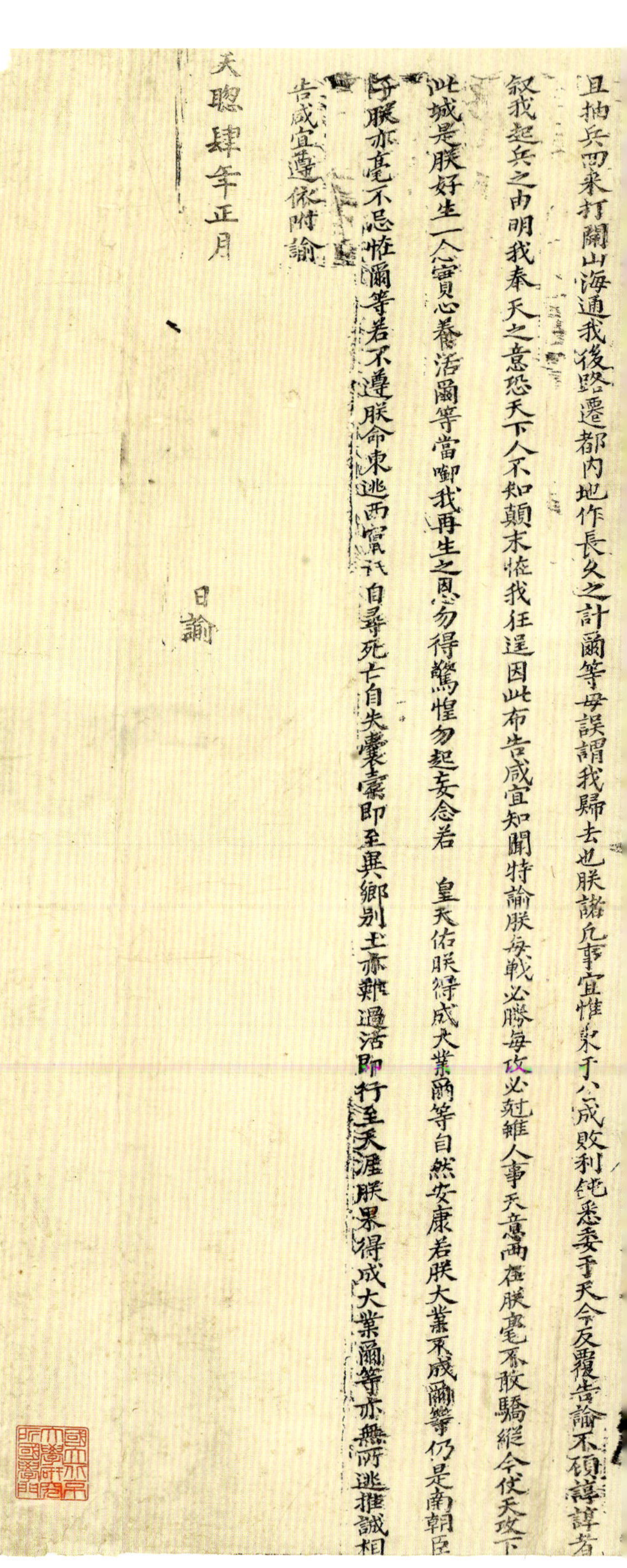

且抽兵回來打關山海通我後路遷都內地作長久之計爾等毋誤謂我歸去也朕諸凡事宜惟秉于心成敗利鈍悉委于天今反覆告諭不殫諄者
叙我起兵之由明我奉天之意恐天下人不知顛末怪我狂逞因此布告咸宜知聞特諭朕每戰必勝每攻必尅雖人事天意兩在朕毫不敢驕縱今仗天攻下
此城是朕好生一念實心養活爾等當啣我再生之恩勿得驚惶勿起妄念若　皇天佑朕得成大業爾等自然安康若朕大業不成爾等仍是南朝臣
子朕亦毫不忌恠爾等若不遵朕命東逃西竄徒自尋死亡自失囊橐即至異鄉別土亦難過活即行至天涯朕果得成大業爾等亦無所逃推誠相
告咸宜遵依附諭
天聰肆年正月　日諭

《金国汗攻永平誓师安民谕》是天聪四年（1630）金国汗即皇太极入关攻打永平（今河北卢龙）时所发布。这件誓师安民谕，采用榜的形式，随后金军队的南进而在街道通衢张贴。谕中引用了努尔哈赤起兵伐明檄文中的七大理由，使百姓了解战争的发端，从而劝民安顺，安抚民心，也称“告天七大恨”榜文。

金國汗諭官軍人等知悉我祖宗以來與大明看邊忠順有年只因南朝皇帝高拱深宮之中文武邊官欺誑壅蔽無懷柔之方畧有勢利
機權勢不使盡不休利不括盡不已苦害侵淩千態萬狀其勢之最大最慘者計有七件我祖宗與南朝看邊進貢忠順已久忽于萬曆年間
將我二祖無罪加誅此其一也癸巳年間南關北關灰扒兀剌蒙古等九部會兵攻我南朝休戚不關袖手坐視仗庇皇天大敗諸部後我國復仇攻
破南關遷入內地贅南關吾兒忽答為壻南朝責我擅伐逼令送回我即遵依上命復置故地後北關攻南關大肆擄掠南朝毫不加罪然我國與北關
同是外番事一處異何以懷服所謂惱恨者二也先汗忠于大明心若金石恐因二祖被戮南朝見疑故同遼陽副將吳希漢宰馬牛祭天地立碑界
銘誓曰漢人私出境外者殺夷人私入境內者殺後沿邊漢人私出境外挖參採取念山澤之利係我過活屢屢申稟上司竟若罔聞雖有冤怨無門控
不得已遵循碑約始敢動手傷毀實欲信盟誓杜將來初非有意于欺背也會值新巡撫下馬例應叩賀遂遣干骨里方巾納等行禮時上司不究出
招釁之非反執送禮行賀之人勒要十夷償命欺壓如此情何以堪所謂惱恨者三也北關與建州同是屬夷我兩家結構南朝公直解分可也緣何助兵馬發火器
衛彼拒我觭輕觭重良可傷心所謂惱恨者四也北關老女係先汗禮聘之婚後竟渝盟不與親迎彼時雖是如此猶不敢輕許他人南朝護助改嫁西虜似此
耻辱誰能甘心所謂惱恨者五也 部看邊之人二百年來俱在近邊住種後南朝信北關誑言輙發兵馬逼令我部遠退三十里立碑占地房屋燒毀
禾丢棄使我部無居無食人人待斃所謂惱恨者六也我國素順並不曾稍倪不軌忽遣備禦蕭伯芝蟒衣玉帶大作威福穢言惡語百般欺辱文
之間毒不堪受所謂惱恨者七也懷此七恨莫可告訴遼東上司既已尊若神明萬曆皇帝復如隔於天淵躊躇徘徊無計可施於是告天興師收取
撫順欲使萬曆皇帝因事詢情得申冤懷遂録寫七恨多放各省商人顒望竚候不見回音追至七月出兵赴清河彼特南朝恃大矜衆其勢直欲踏平
地明年二月四路發兵漫山塞野孰意衆者敗而寡者勝強者傷而弱者全乎嗣是而再取開鐵以及遼瀋既得河東發書廣寧思欲講和當道官員
罔聞知竟無回復故再舉兵而廣寧下矣逮至朕躬實欲罷兵戈享太平故屢屢差人講說無柰天啓崇禎二帝渺我益甚逼令退地且教削去帝
及禁用國寶朕以為天與土地何敢輕與其帝號國寶一一遵依易汗請印委曲至此仍復不允朕忍耐不過故籲天哀訴舉兵深入渡陳倉陰平之道

02

皇太极册文

封博尔济吉特氏为庄妃

崇德元年七月初十日（1636年8月10日）

绢本 | 满蒙汉文

横488厘米　纵38厘米

册文，是皇帝用来封授王公、后妃的文书。崇德元年（1636）七月初十日，清廷仿效前明的宫闱制度，举行了第一次册立礼，册封了一后四妃，并分别授予了册书和册宝。此件系册封博尔济吉特氏为永福宫庄妃的册文。庄妃，就是后来著名的孝庄文皇后，是顺治帝的生母、康熙帝的祖母。该册文黄绫红字，满蒙汉合璧，封面及封底为砖红色，内文绘以蓝色边框及金云龙纹饰，上下边缘绘行龙，左右边缘绘行云。这件册文成为清廷首次册封后妃的珍贵实物见证，2010年被列入《中国档案文献遗产名录》。

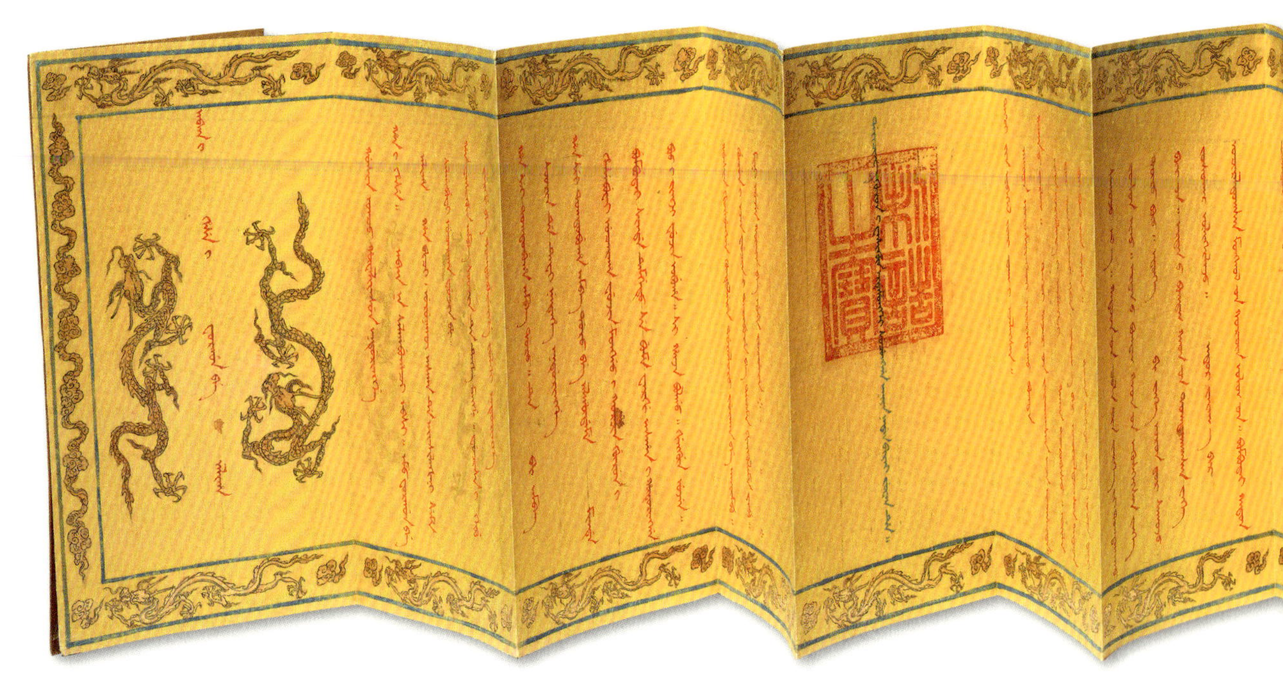

僃之妃然錫冊命而定名
分誠聖帝明王之首重也
兹爾本布泰係蒙古廓兒
沁國之女夙緣作合淑質
性成朕登大寶爰倣古制
冊爾為永福宮莊妃爾其
貞懿恭簡純孝謙讓恪遵
皇后之訓勿負朕命

大清崇德元年七月初十日

奉
天承運
寬温仁聖皇帝制曰自開闢
以來有應運之主必有廣
僃之妃然錫冊命而定名
分誠聖帝明王之首重也
兹爾本布泰係蒙古廓兒
沁國之女夙緣作合淑質
性成朕登大寶爰倣古制

大清崇德元年七月初十日

03

皇太极诰命

加封蒙古苏班带尔世职

崇德五年至康熙四十九年（1640—1710年）

绢本 | 满汉文

横 532 厘米　纵 32 厘米

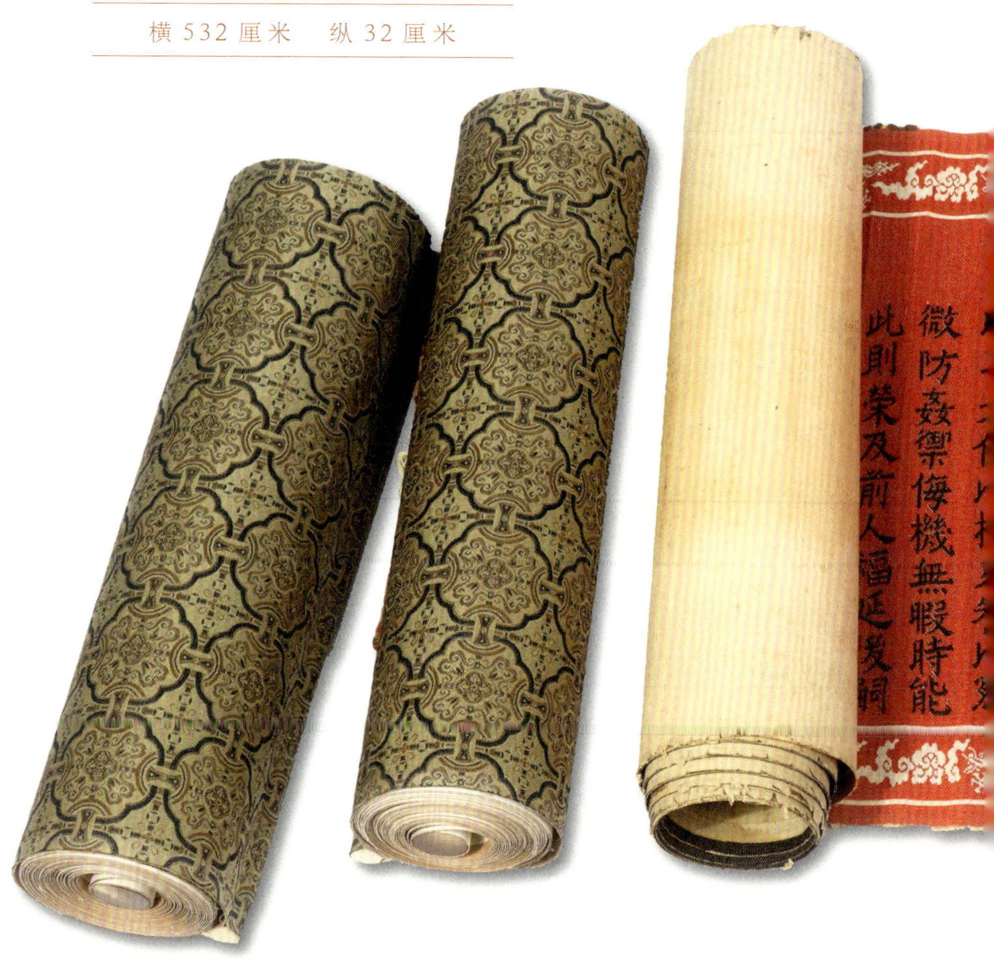

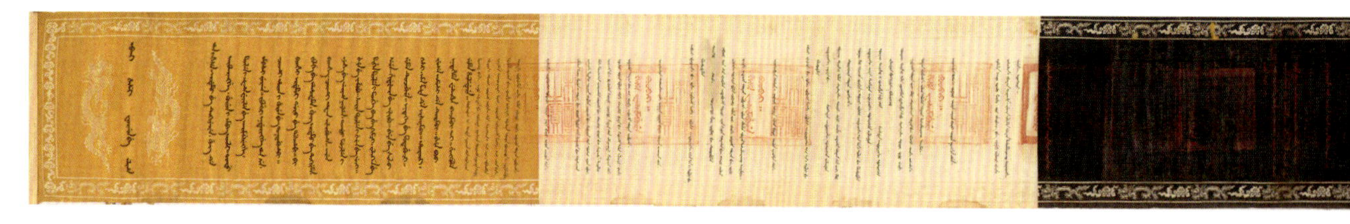

清制，封赠五品以上官员和授予世袭罔替的爵位时使用诰命文书，太上皇、太皇太后、皇太后布告天下臣民，也用诰书。诰命由黄、白、黑、蓝、红五色锦相间织成，卷轴装，故也称“诰轴”。诰文由翰林院撰拟文式，内阁大学士奏定，以满汉两种文字刊刻，钤用“制诰之宝”。崇德年间蒙古苏班带尔率众归附，被授予阿达哈哈番世职。此件诰命初由皇太极颁发，顺治、康熙朝又屡有加等貤封。

04

顺治帝敕谕木牌

着令中官不得干政犯法

顺治十二年六月二十八日（1655 年 7 月 31 日）

| 木质 |

横 43 厘米　纵 60 厘米

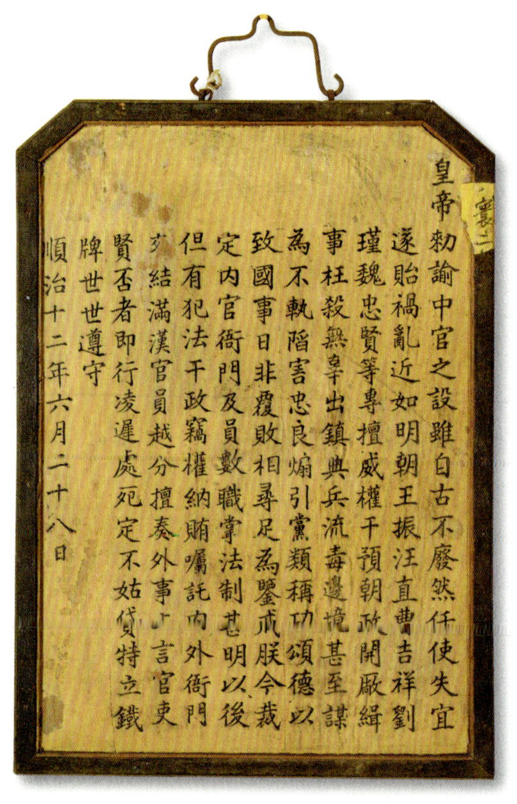

皇帝勅諭中官之設雖自古不廢然任使失宜
遂貽禍亂近如明朝王振汪直曹吉祥劉
瑾魏忠賢等專擅威權干預朝政開廠緝
事枉殺無辜出鎮典兵流毒邊境甚至謀
為不軌陷害忠良煽引黨類稱功頌德以
致國事日非覆敗相尋足為鑒戒朕今裁
定內官衙門及員數職掌法制甚明以後
但有犯法干政竊權納賄囑託內外衙門
交結滿漢官員越分擅奏外事上言官吏
賢否者即行凌遲處死定不姑貸特立鐵
牌世世遵守
順治十二年六月二十八日

中官，太监别称之一。清入关后，鉴于明朝太监“干预朝政，开厂缉事，枉杀无辜，出镇典兵，流毒边境，甚至谋为不轨，陷害忠良，煽引党类，称功颂德，以致国事日非，覆（腐）败相寻”的历史教训，顺治帝于顺治十二年（1655）六月命工部铸立铁牌三块，分别置于交泰殿、内务府堂及慎刑司。铁牌上镌刻严禁太监干政的敕谕，强调太监“但有犯法干政、窃权纳贿、嘱托内外衙门、交结满汉官员、越分擅奏外事、上言官吏贤否者，即行凌迟处死，定不姑贷”，使严禁太监干政成为一条世遵罔替的祖制。这份敕谕又被制成木牌，置于宫中太监经常出入的地方。此即悬挂于宫中各处的敕谕木牌。

05

《太祖圣训》

顺治十二年（1655年）

纸本 | 包背装 | 满汉文

横20厘米　纵30厘米

圣训是记言类史籍，从实录中取材编纂而成。顺治十二年（1655），专设总裁、副总裁、纂修、誊录、收掌官等职，开始编修清太祖、清太宗两朝圣训。此后，清廷每逢修实录之时，亦同时编纂圣训，有满、汉文两种。圣训编纂告成后缮写三部，一呈御览，一藏皇史宬，一贮内阁。《太祖圣训》系辑录清太祖努尔哈赤训诫臣工的谕旨而成，分满、汉文，无栏无界行，每面或满文五列，或汉文六列，包背装。

06

康熙帝遗诏（局部）

康熙六十一年十一月十三日（1722年12月20日）

丨纸本丨

诏书是皇帝昭告天下臣民的文书。清代，凡重大政事，如皇帝登极、亲政、册立皇后及对其加上尊号徽号或国政有重大变革等均须颁诏，宣告全国。诏书由内阁撰拟满、汉两种文字，经皇帝阅准后，用黄纸墨书，加盖“皇帝之宝”。经过隆重的颁诏仪式后，交礼部刊印誊黄颁发。遗诏是皇帝死后向天下颁布的文告。历史上的遗诏，大都是以去世皇帝的口气撰拟，由继任皇帝颁发，其内容多为确定皇位继承人、训诫臣工如何辅政以及怎样安排自己后事等。康熙帝在本件遗诏中总结了自己一生的统治经验，并在最后写明由皇四子胤祯继承帝位。

明我朝承席
先烈應
天順人撫有區宇以此見亂臣賊子無非為真主驅除也凡帝王自有天命應
享壽考應享太平者不能使之不享太平朕自幼讀書於古今道理粗
彎十五力弓發十三把箭用兵臨戎之事皆所優為然平生未嘗妄殺
北皆出一心運籌户部帑金非用師賑飢不敢妄費謂皆小民脂膏故
采繢每處所費不過一二萬金較之河工歲費三百餘萬尚不及百分
雄後至耄年為侯景所逼遂有臺城之禍隋文帝亦開創之主不能預
克令終皆由辨之不早也朕之子孫百有餘人朕年已七十諸王大臣官
愛惜朕年邁之人今雖以壽終朕亦愉悅至
太祖皇帝之子禮親王饒餘王之子孫現今俱各安全朕身後爾等若能
王皇四子胤禛人品貴重深肖朕躬必能克承大統著繼朕登基即皇
十七日釋服布告中外咸使聞知

奉
天承運
皇帝詔曰從来帝王之治天下未嘗不以敬
天法
祖為首務敬
天法
祖之實在柔遠能邇休養蒼生共四海之利為利一天下之心為心保邦於未
寤寐不遑為久遠之國計庶乎近之今朕年届七旬在位六十一年實
天地
宗社之默佑非朕凉德之所至也歷觀史册自黄帝甲子迄今四千三百五十餘
久者甚少朕臨御至二十年時不敢逆料至三十年三十年時不
年矣尚書洪範所載一曰壽二曰富三曰康寧四曰攸好德五曰考
者誠以其難得故也今朕年已登耆富有四海子孫百五十餘人天
有不虞心亦泰然念自御極以来雖不敢自謂能移風易俗家給
宇昇平人民樂業孜孜汲汲小心敬慎夙夜不遑未嘗少懈數十
豈僅勞苦二字所能該括耶前代帝王或享年不永史論概以為
譏評雖純全盡美之君亦必抉摘瑕疵朕今為前代帝王剖白言之蓋因
所致也諸葛亮云鞠躬盡瘁死而後已為人臣者惟諸葛亮能如此耳
可旁諉豈臣下所可比擬臣下可仕則仕可止則止年老致政而歸抱子弄
君者勤劬一生了無休息之日如舜雖稱無為而治然身殁於蒼梧禹乘
稽似此皆勤勞政事巡行周歷不遑寧處豈可謂之崇尚無為清静自持
言及人主之事可見人主原無宴息之地可以退藏鞠躬盡瘁誠謂此也自古
太祖
太宗初無取天下之心嘗兵及京城諸大臣咸云當取
太宗皇帝曰明與我國素非和好今欲取之甚易但念係中國之主不

07

宝 谱

乾隆十三年（1748年）

| 纸本 |

“宝”是指清代皇帝处理国家大事时使用的御宝印信，存于交泰殿。乾隆十一年（1746），乾隆帝对前代三十九方皇帝宝玺进行了考证排次，钦定为二十五宝，并汇集御宝印文制成宝谱。宝谱中每方御宝印文下均注有满汉文字，对御宝的名称、用途、材质、尺寸、纽形均有明确规定。

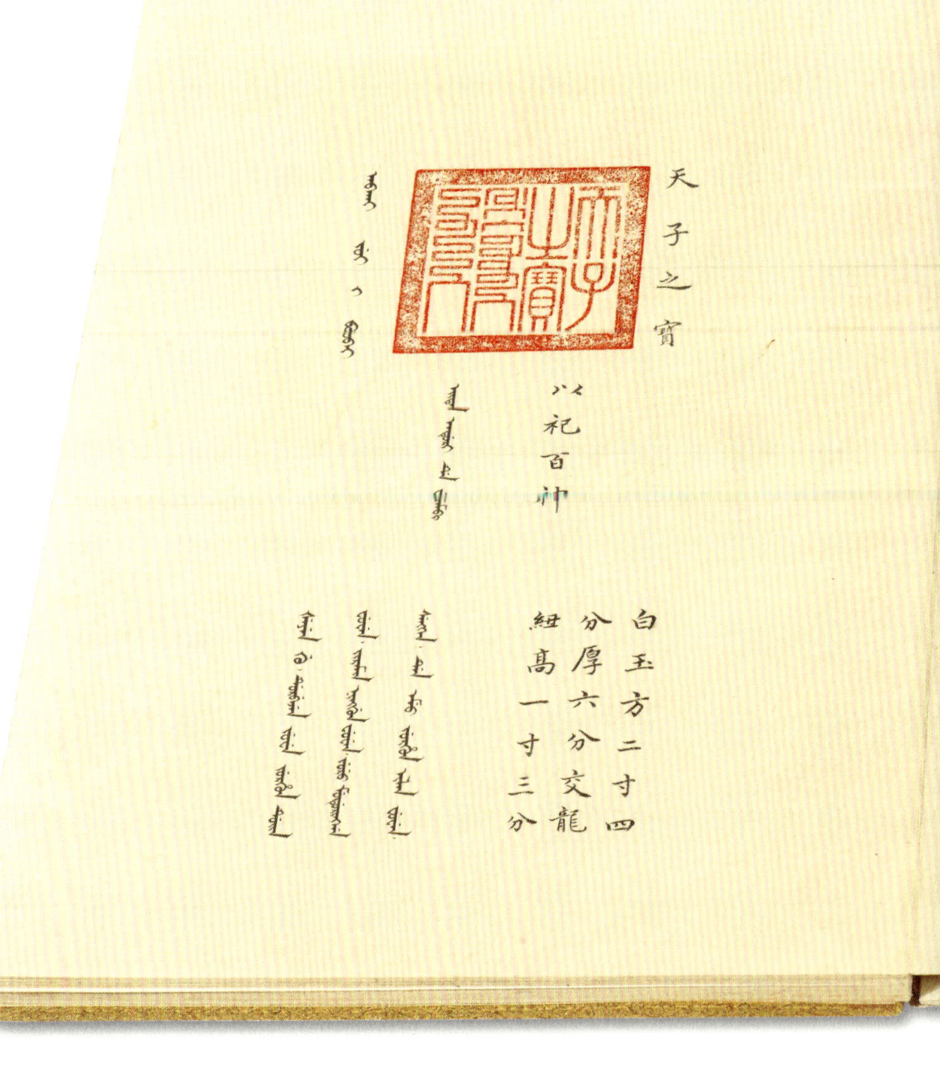
天子之寶

以祀百神

白玉方二寸四分厚六分交龍紐高一寸三分

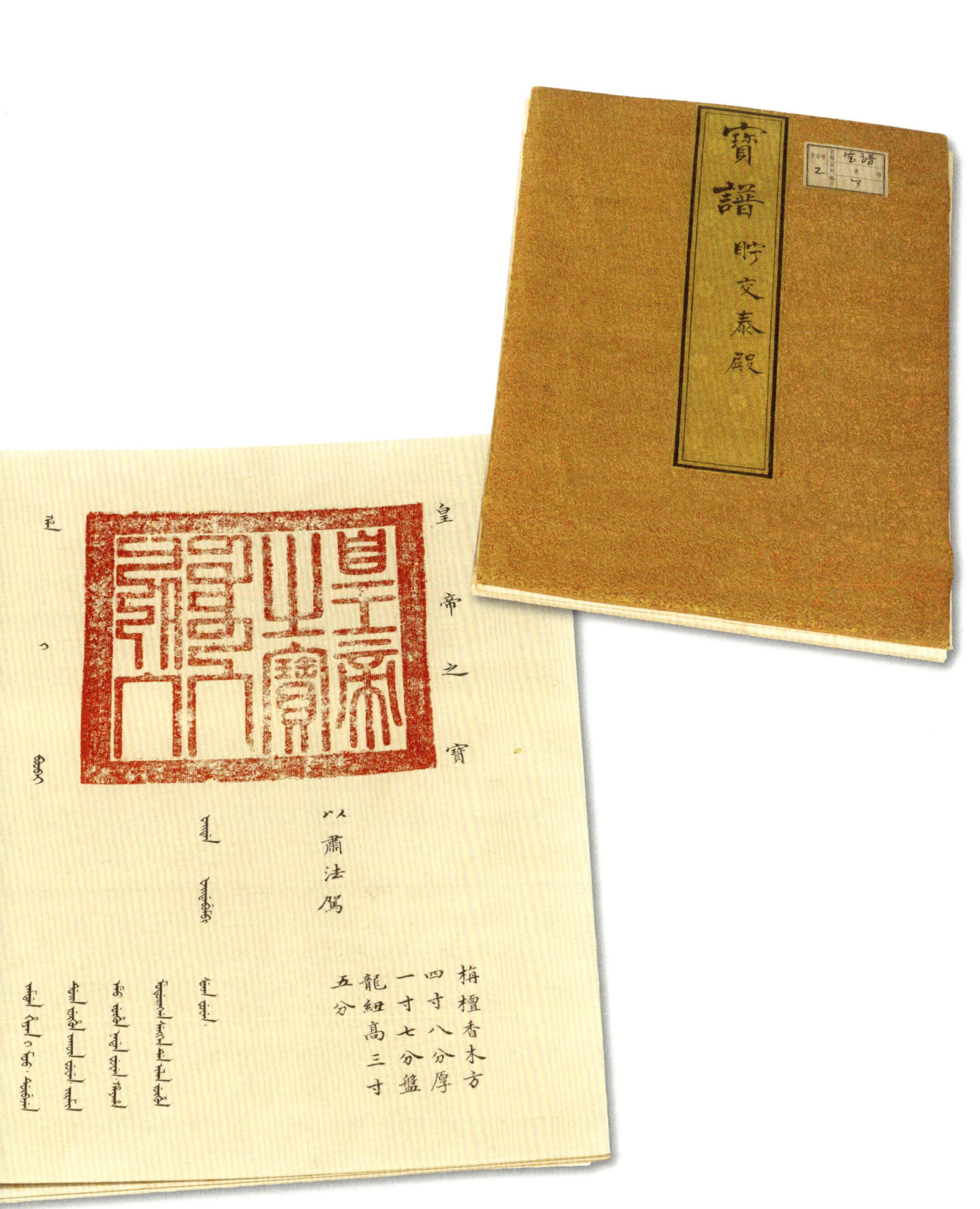
寶譜 貯交泰殿

皇帝之寶

以肅法駕

栴檀香木方四寸八分厚一寸七分盤龍紐高三寸五分

08

乾隆帝谕旨

着令洋船只准在广东停泊交易

乾隆二十二年十一月初十日（1757 年 12 月 20 日）

| 纸本 |

横 27 厘米　纵 30 厘米

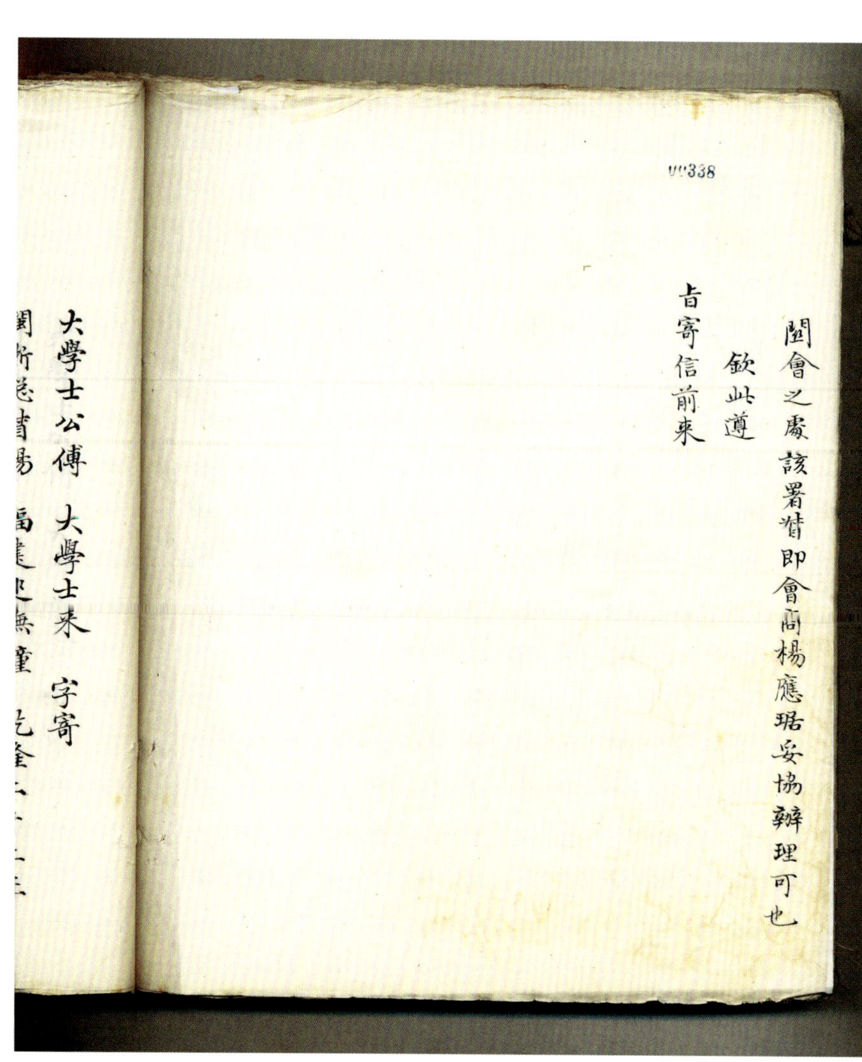
00338

閩會之處該署督即會商楊應琚妥協辦理可也

欽此遵

旨寄信前來

大學士公傅　大學士來　字寄

閩浙總督楊　福建巡撫鐘　乾隆

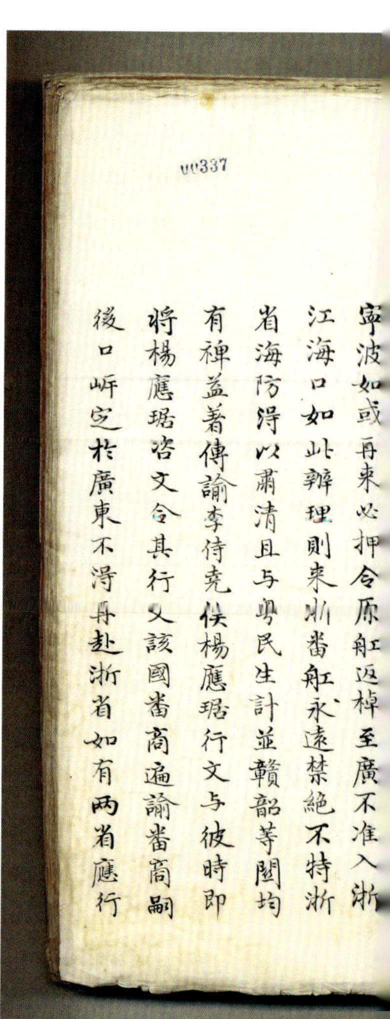
00337

寧波如或再來必押令原船返棹至廣不准入浙

江海口如此辦理則來浙番舡永遠禁絕不特浙

省海防得以肅清且與粵民生計並贛韶等關均

有裨益著傳諭李侍堯俟楊應琚行文與彼時即

將楊應琚咨文令其行文該國番商遍諭番商嗣

後口岸定於廣東不得再赴浙省如有兩省應行

乾隆二十二年（1757），面对接踵而至的外国商船，乾隆帝断然在沿海实行防范洋人、隔绝中外的限关政策，下令洋商“将来只许在广东收泊交易”，这就是给清朝海疆政策带来划时代变动的“一口通商”上谕。从此，清廷仅留粤海关一口对外通商，沿海各关向西方商船关上了大门，广州成为清政府惟一合法的外贸特区。乾隆帝“一口通商”决策是继康熙晚年禁海和雍正初年禁教之后，清朝以禁为防海疆政策的延续和发展，亦是中国对外贸易史上的一大转折。

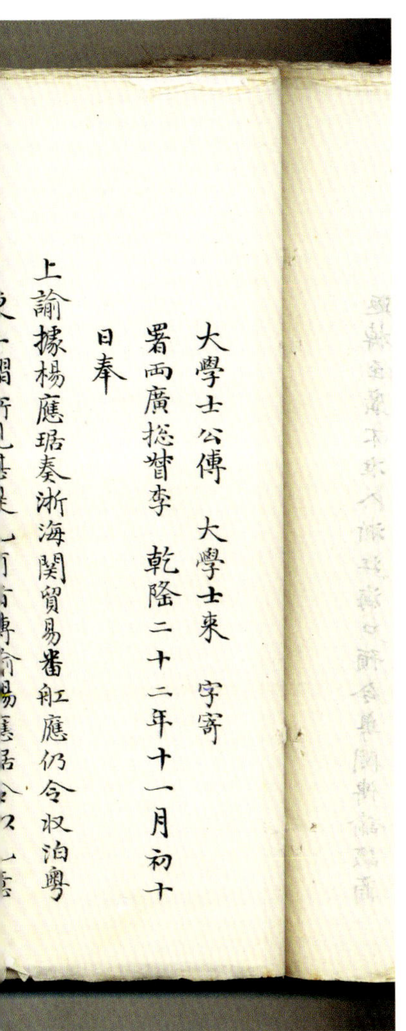
大學士公傅　大學士來　字寄
署兩廣總督李　乾隆二十二年十一月初十
日奉
上諭據楊應琚奏浙海關貿易番舡應仍令收泊粵

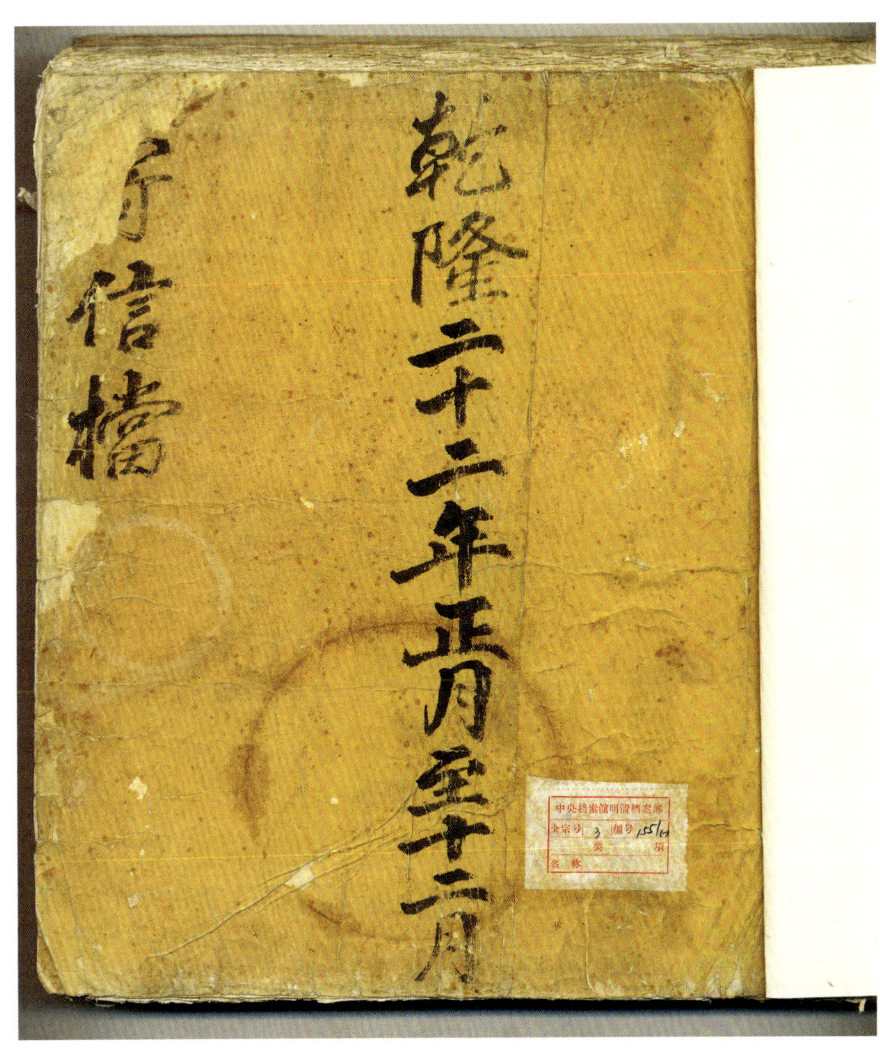

09

道光帝诏书

祭祀天地

道光元年四月初七日（1821 年 5 月 8 日）

纸本 | 满汉文

横 328 厘米　纵 77 厘米

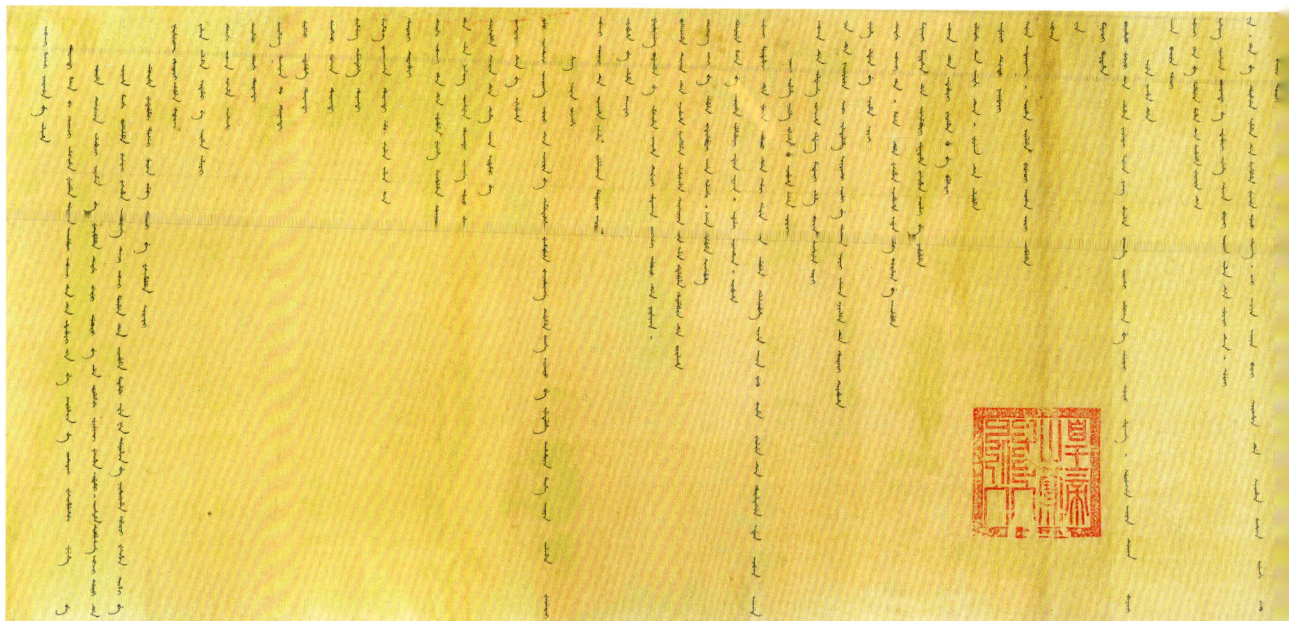

钤印

皇帝之宝

天坛，是明清两代帝王用以祭天和祈祷丰年的祭祀场所。圜丘是天坛建筑群中的主要建筑物之一，形圆象天。清朝沿袭明朝的祭天制度，从顺治元年（1644）开始，每年冬至日在天坛圜丘举行祭天大典，夏至日于方泽坛（也称地坛）举行祭祀地祇大典。这是道光帝亲政后，颁示祭祀天地的诏书。诏书用满汉两种文字缮写，诏书上钤用“皇帝之宝”。

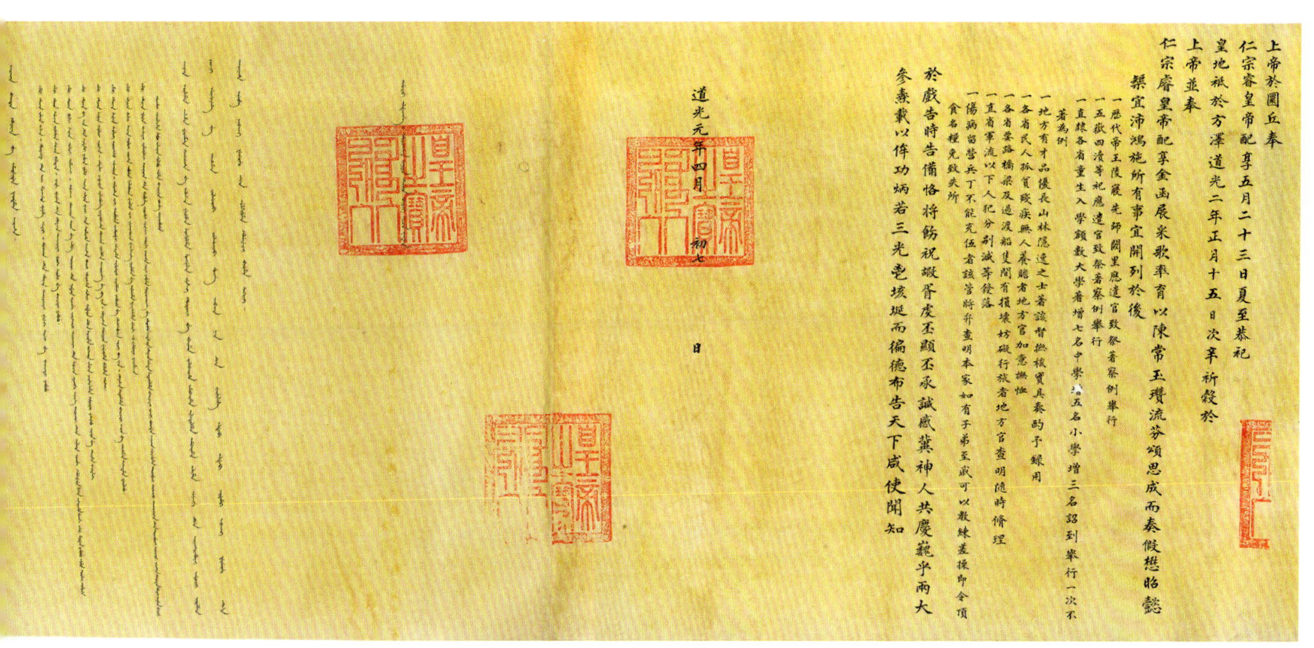

上帝於圜丘奉
仁宗睿皇帝配享五月二十三日夏至恭祀
皇地祇於方澤道光二年正月十五日次辛祈穀於
上帝並奉
仁宗睿皇帝配享金函展采歌率育以陳常玉瓚流芬頌思成而奏假懋昭懿
鑠宜沛鴻施所有事宜開列於後
一歷代帝王陵寢先師闕里應遣官致祭著察例舉行
一五嶽四瀆等祀應遣官致祭著察例舉行
一直隸各省童生入學額數大學著增七名中學增五名小學增三名詔到舉行一次不著為例
一地方有才品優長山林隱逸之士著該督撫核實具奏酌予録用
一各省民人孤貧殘疾無人養贍者地方官加意撫恤
一各省要路橋梁及過渡船隻間有損壞妨礙行旅者地方官查明隨時脩理
一直省軍流以下人犯分別減等發落
一傷病留營兵丁不能充伍者該管將弁查明本家如有子弟至戚可以教練差操即令頂食名糧免致失所
於戲告時告備恪將飭祀嘏胥虔丕顯丕承誠感冀神人共慶蘋孚兩大
參彝載以侔功炳若三光亳垓埏而徧德布告天下咸使聞知

道光元年四月初七日

10

制文

册立婉容为皇后

溥仪小朝廷 1922 年

制曰前經降旨立
都尉榮源之女郭博羅氏為
皇后命卿等持節行冊立禮

制文，又称“制辞”“制书”，是皇帝颁布重要制度或宣布重大事件时使用的命令性仪制文书，“凡大典礼宣示百寮，则有制辞”。

皇帝迎娶皇后的典礼仪式称为“大婚礼”，是皇家最重要的典礼之一。1922 年，候选道轻车都尉荣源之女、17 岁的婉容被选为溥仪的皇后，并按照清朝大婚礼仪迎娶入宫。典礼包括向皇后家致送大婚礼物的大征礼，授予皇后金册与金宝的册立礼，迎接皇后进紫禁城入坤宁宫的奉迎礼等环节。在这些环节里，皇帝均颁发制文，由宣制使进行宣读，以昭显皇家对皇后人选的认可。

大征制文	册立制文	奉迎制文
绢本丨满汉文	绢本丨满汉文	绢本丨满汉文
横 255 厘米　纵 31 厘米	横 217 厘米　纵 31 厘米	横 234 厘米　纵 31 厘米

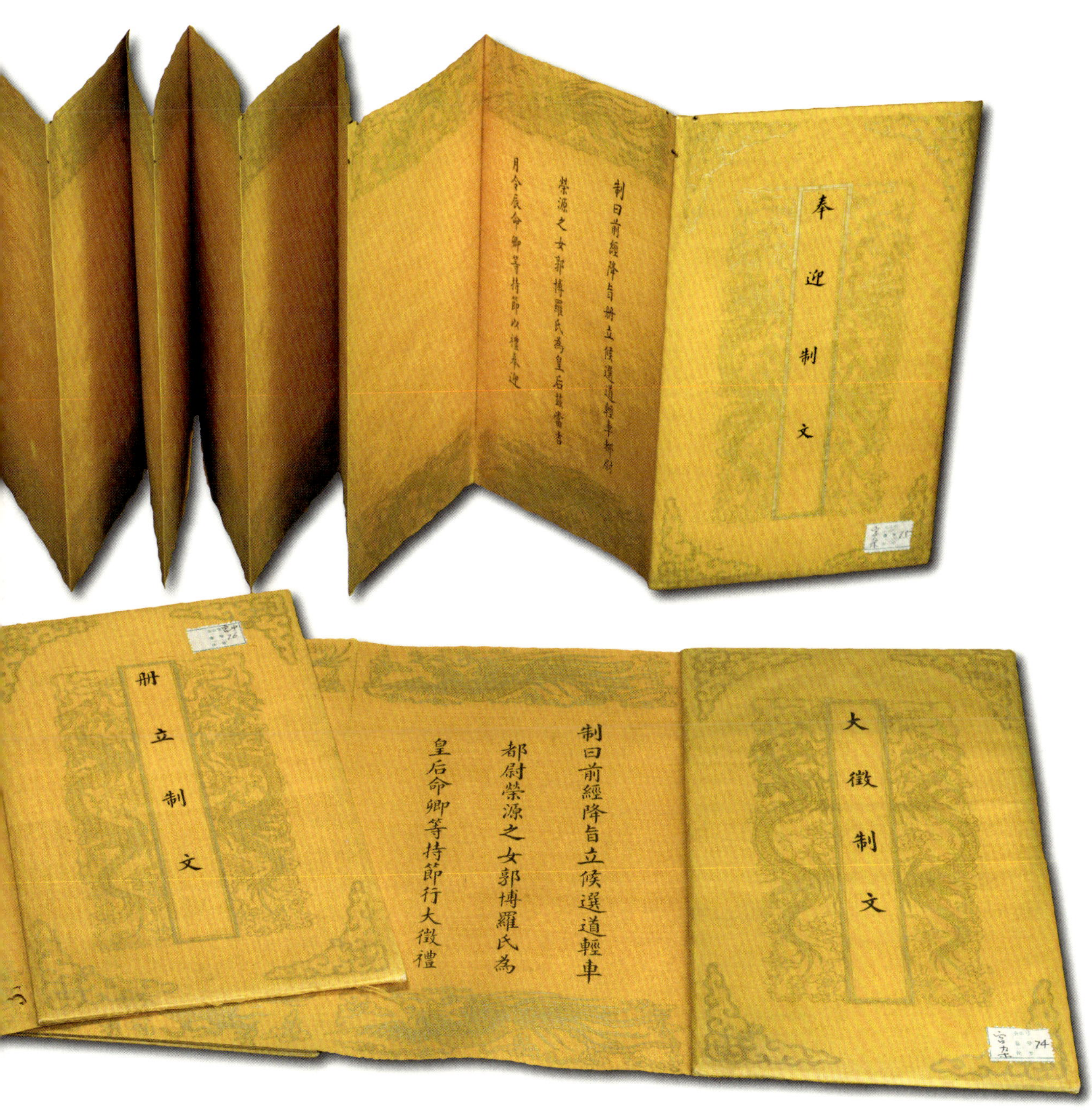

奉迎制文
制曰前經降旨冊立候選道輕車都尉
榮源之女郭博羅氏為皇后茲當吉
月令辰命卿等持節以禮奉迎
冊立制文
大徵制文
制曰前經降旨立候選道輕車
都尉榮源之女郭博羅氏為
皇后命卿等持節行大徵禮

乾隆二十八年三月初二日首
領太監鄭良臣交來二月二
十二日自 桃花寺請
安摺一封

叁

清帝御笔

清朝皇帝在处理政务时，一般用朱砂红笔书写，所写谕旨称为朱谕，阅批奏章名为朱批。清代档案中的皇帝御笔主要涉及了国家政务和宫廷生活等内容。皇帝处理朝政及机密事务，如告诫臣工、指授方略、革弊惩奸、探访巡查等，往往亲书谕旨；军机处日常递送的奏折直达御前，皇帝亦会亲笔批阅；逢官员引见，皇帝当面考察，往往将官员的体貌、性格、才具等考评意见批注在引见单、片之上备查；宫内各处分送果品，赏赐妃嫔阿哥等日常琐事，亦时有皇帝亲笔谕令。朱谕、朱批等清帝御笔没有一定的程式约束，内容庞杂，皇帝信笔直书，措辞随性，一般签阅批示在题奏结尾，时或在折奏行间圈点批注。一般以汉文为主，时有满文批示，字数少者仅“览”或“阅”一字，多者则可达数百字。批阅过的谕旨折件即交由相关衙署或具奏官员执行，办事既密且速。

01

康熙帝御笔

着赐江宁织造曹寅金鸡纳霜

康熙五十一年七月十八日（1712年8月19日）

纸本丨满汉文

横92厘米　纵14厘米

本件御笔为康熙帝在李煦密折上的朱批。密折中李煦奏报曹寅染上疟疾，他亲到扬州看视病重的曹寅，并代其向康熙帝求赐药品。曹寅系李煦妹丈，即《红楼梦》作者曹雪芹的祖父，历任苏州、江宁织造及两淮盐御史。康熙帝朱批赏赐的药品“金鸡纳”即西药奎宁，是治疗疟疾的特效药。康熙帝在朱批中详细嘱咐其用法，“赐驿马星夜赶去”，并特别提醒曹寅“若不是疟疾，此药用不得，须要认真。万嘱！万嘱！万嘱！万嘱！”李煦、曹寅均为康熙帝的宠臣，批谕语句关切，体现了君臣间的特殊关系。

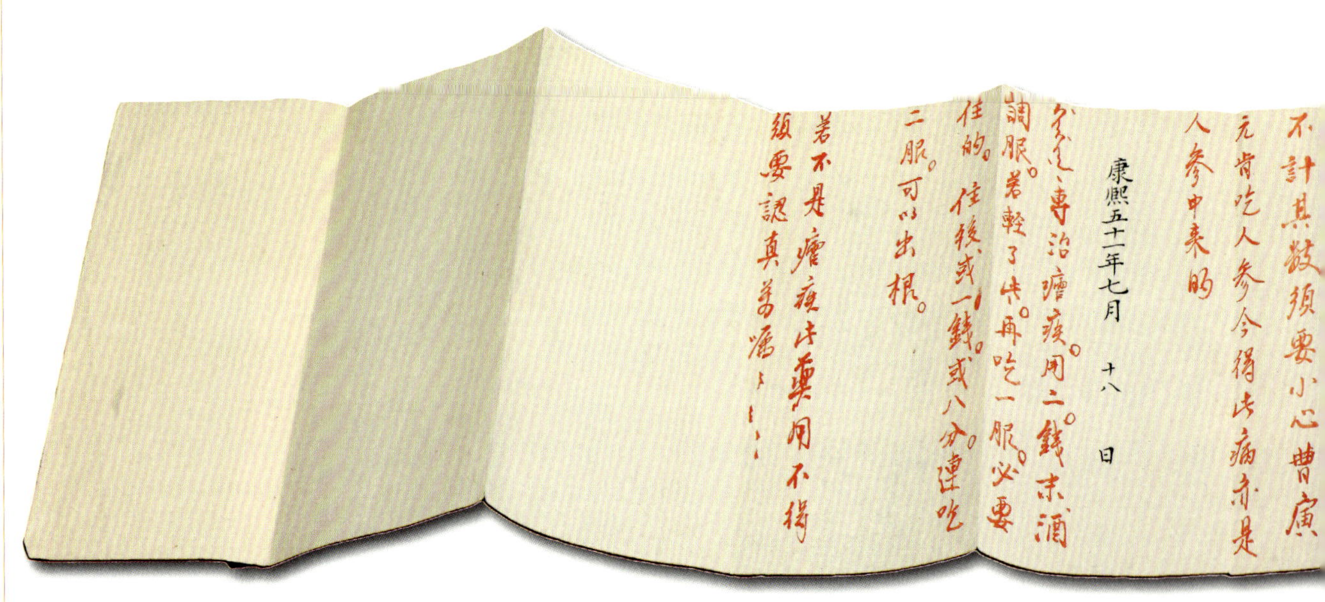
不計其數須要小心曹寅
元肯吃人參今得此病亦是
人參中來的
康熙五十一年七月十八日
金雞拏專治瘧疾。用二錢末酒
調服。若輕了些，再吃一服。必要
住的。住後或一錢或八分連吃
二服。可以出根。
若不是瘧疾此藥用不得
須要認真萬囑〻〻〻

02

康熙帝御笔

着赐提督施世骠上用诸物以旌捷功

康熙六十年（1721 年）

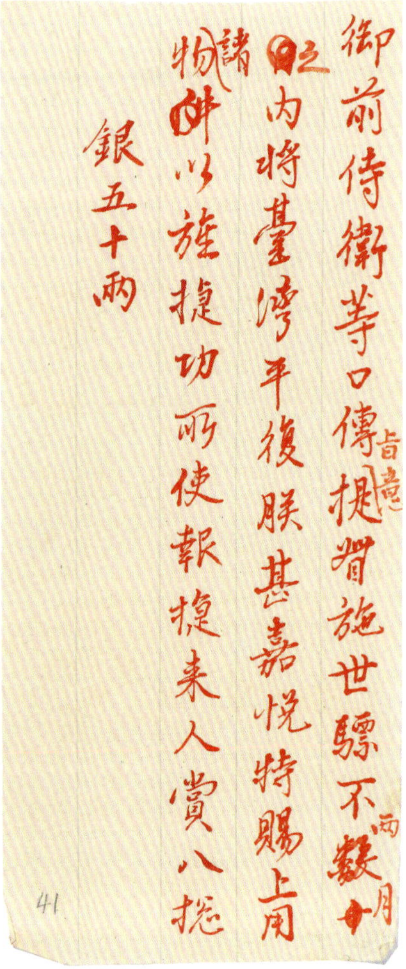

御前侍衛等口傳旨意提督施世驃不數兩月
日之內將臺灣平復朕甚嘉悅特賜上用
諸物以旌捷功所使報捷來人賞八摠
銀五十兩

| 纸本 |

横 9 厘米　纵 23 厘米

施世骠为清代名将靖海侯施琅第六子，随父隶属汉军镶黄旗，累迁官至福建水师提督。康熙六十年（1721）台湾朱一贵举事，攻陷县城，号称“中兴王”，全台震动。施世骠闻讯自厦门抵澎湖，亲率水师乘大潮登上台湾岛，攻破安平镇，擒获朱一贵，两个月内平复台湾。康熙帝闻讯下诏特别嘉奖，在本件朱谕中谕令御前侍卫口传旨意“特赐上用诸物，以旌捷功”。

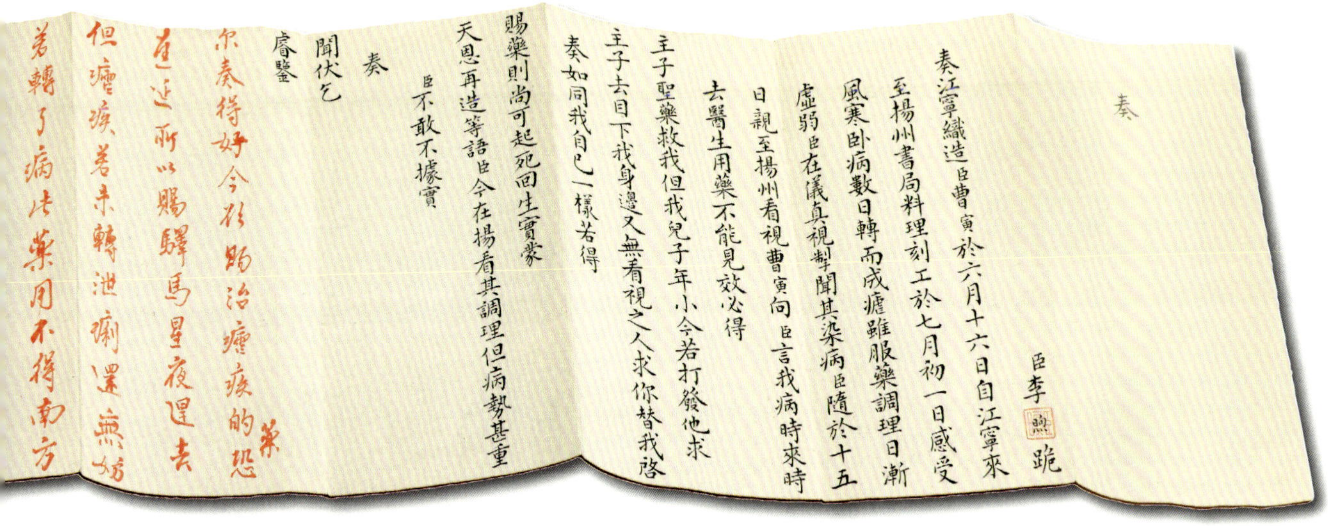

奏

臣李煦跪

奏江寧織造臣曹寅於六月十六日自江寧來
至揚州書局料理刻工於七月初一日感受
風寒臥病數日轉而成瘧雖服藥調理日漸
虛弱臣在儀真視掣聞其染病臣隨於十五
日親至揚州看視曹寅向臣言我病時來時
去醫生用藥不能見效必得
主子聖藥救我但我兒子年小今若打發他求
主子去目下我身邊又無看視之人求你替我啓
奏如同我自己一樣若得
賜藥則尚可起死回生實蒙
天恩再造等語臣今在揚看其調理但病勢甚重
臣不敢不據實
奏
聞伏乞
睿鑒

尔奏得好今欲賜治瘧疾的藥恐
遲延所以賜驛馬星夜趕去
但瘧疾若未轉泄痢還無妨
若轉了病此藥用不得南方

03

康熙帝御笔

圣祖算草

康熙朝

信封	算草
丨纸本丨	丨纸本丨
横 10 厘米　纵 19 厘米	横 12 厘米　纵 25 厘米

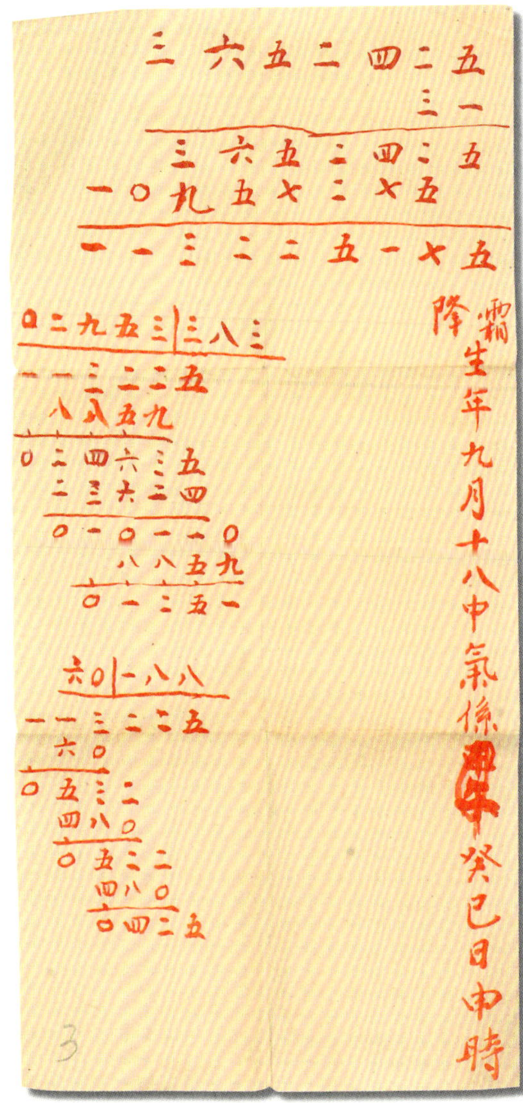

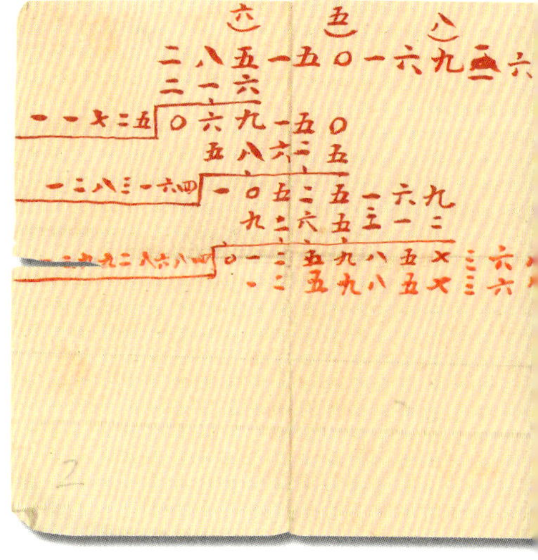

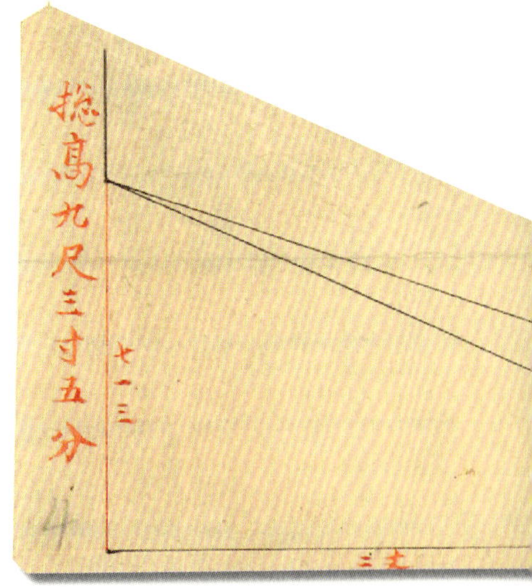

康熙帝生性好学，兴趣广泛，除研习中国传统的经史文学外，还涉猎数学、天文、地理、医药等科学知识。据史书记载，康熙帝在位时期，不仅经常与当时的中国数学家探讨数学问题，更请懂数学的外国人为其讲解西洋数学。在康熙帝的倡导下，于畅春园蒙养斋设立算学馆，翻译西方历算著作，并由允祉等人牵头，编纂完成清代最著名的数学百科全书《御制数理精蕴》，集中介绍数理、几何、算法等数学理论，涵括了算数、代数、平面几何、立体几何等初等数学知识。本件档案为康熙帝练习数学计算时的草稿，其中有乘法运算，亦有三角几何，均装于写有“圣祖算草”字样的封套内，在宫中存藏至今。

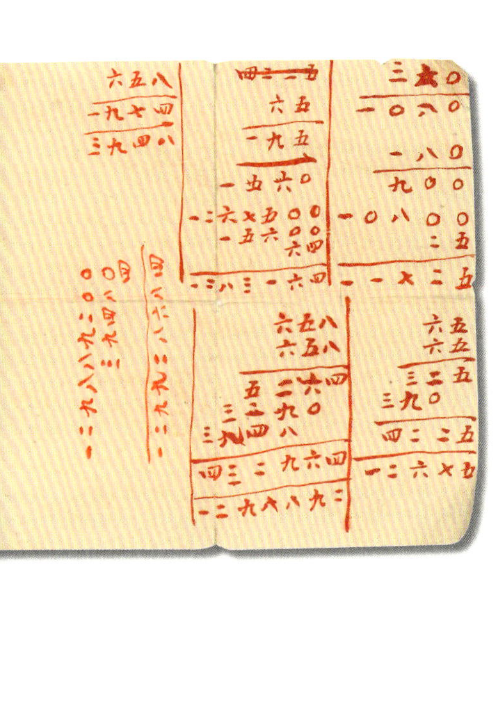

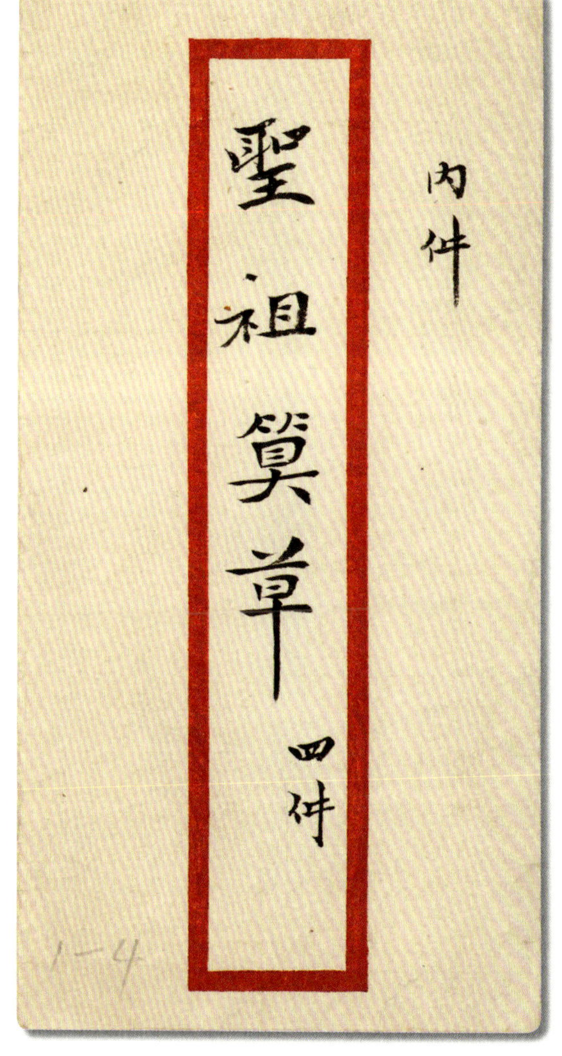

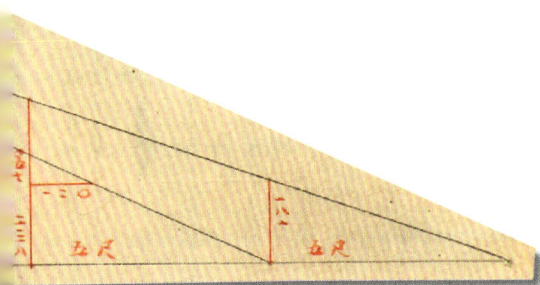

04

雍正帝御笔

着竭力寻访道士荐送京城

雍正八年（1730年）

| 纸本 |

横18厘米　纵22厘米

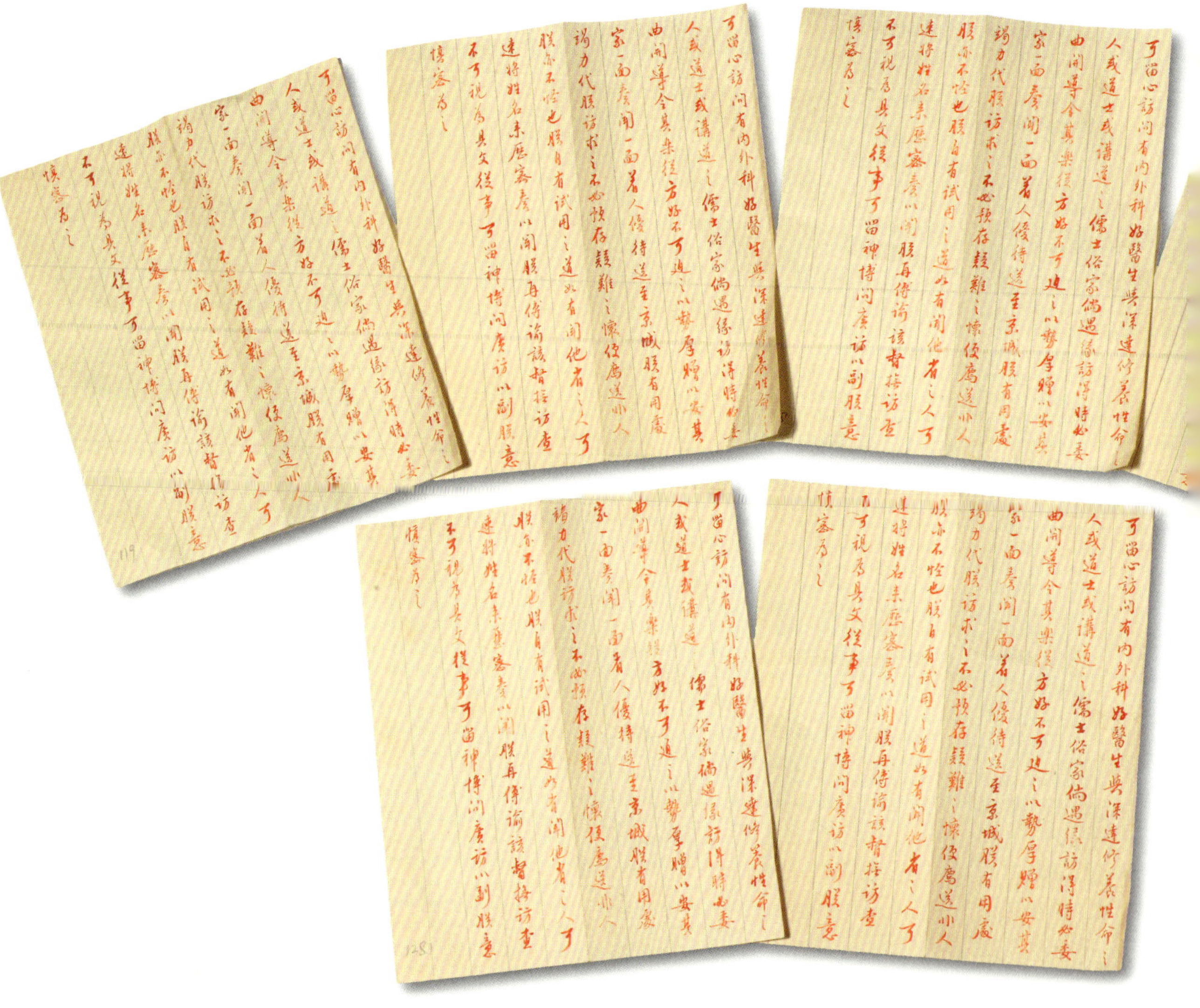

雍正八年（1730）春夏之际，雍正帝患了一场大病。为了治病，雍正帝给地方高级官员分别发去文字完全相同的手谕，令他们“留心访问，有内外科好医生与深达修养性命之人，或道士，或讲道之儒士俗家”，并再三要求务必“留神博问广访”“不可视为具文从事”，且一旦访得“深达修养”之人，对其家属要优厚安排，对其本人要好好护送来京；同时为打消官员的顾虑，还特别说明，哪怕推荐的人不很合适，也不会怪罪；如本地没有的，若听说外省有，也要奏报上来。最后嘱咐须“慎密为之”。这道近200字的朱谕，现存世共15件，内容完全一样。按惯例，分颁各处官员的上谕，如内容文字相同，往往假手于臣工，唯独此谕，均为雍正帝逐份朱笔亲书。

可留心訪問有內外科好醫生與深達修養性命之人或道士或講道之儒士俗家倘遇緣訪得時必委曲開導令其樂從方好不可迫之以勢厚贈以安其家一面奏聞一面着人優待送至京城朕有用處竭力代朕訪求之不必預存疑難之懷便薦送非人朕亦不怪也朕自有試用之道如有聞他省之人可速將姓名來歷密奏以聞朕再傳諭該督撫訪查不可視為具文從事可留神博問廣訪以副朕意慎密為之

05

雍正帝御笔

官员履历引见单

雍正朝

| 纸本 |

横 74 厘米　纵 27 厘米

十年四月内將軍何天培拔補本標左營千揔雍正三年署鎮海將軍李杕遵
旨保送本年四月初九日引
見放藍翎侍衛雍正四年二月二十三日放江西龍泉營守備年四十三歲
張耀廷陝西人寄籍江南由行伍於雍正二年四月内兩廣總督孔毓珣拔補本標前營把揔
雍正三年正月内總督孔毓珣拔補本標後營千揔遵
旨保送本年四月初九日引
見放藍翎侍衛雍正四年二月二十三日放江西萬安營守備年三十五歲
李尚孔湖廣人由行伍於康熙五十七年六月内原任湖廣提督高其位拔補永州鎮標中營把
揔雍正元年十一月内原任湖廣總督楊宗仁拔補本標右營千揔雍正三年永州總兵陳尚武遵
旨保送本年五月初二日引
見放藍翎侍衛雍正四年二月二十三日放江西永豐營守備年四十三歲
蕭再何湖廣人由乙酉科武舉於康熙四十七年六月内在部告降奉部分發本省効力五十一
年十二月内原任湖北廵撫劉殿衡拔補本標右營把揔雍正二年十二月内湖北廵撫納齊喀拔
補本標右營千揔雍正三年廵撫納齊喀遵
旨保送本年四月初九日引
見放藍翎侍衛雍正四年二月二十三日放江西永新營守備年三十六歲

清代实行引见制度，即中下级官员由王公大臣引领面见皇帝，由皇帝当面考察决定官员入仕的选拔任用、升迁调补和降革处罚等。引见一般在紫禁城内乾清宫、养心殿，或圆明园勤政殿等地，皇帝巡幸时则在行宫进行。引见有引见单，开列引见官员的简单履历和引见缘由等内容。引见时，皇帝通过观察官员的言语举止，年貌体格，辨别其年力才具。本件档案中，雍正帝将官员体貌、性格、能力等考评批语朱笔书写在引见片上，以备参考。履历引见单经皇帝批阅执行后，均被秘藏于宫中，成为当时机密的人事档案。

中之正陝西人由行伍於康熙五十三年八月內原任西寧總兵王以謙拔補本標把總五十九年九月內總兵王以謙拔補本標前營千總雍正二年六月內西寧總兵黃喜林

題補南川營守備出兵六次雍正三年川陝總督岳鍾琪遵

旨保送本年十一月初五日引

見放三等侍衛雍正四年二月二十三日放江南海州營遊擊年四十歲

白世璘山西人由行伍中式康熙丁酉科武舉仍隨營差操食糧於六十一年原任山西太原總兵金國正拔補本標把總雍正二年九月內太原總兵袁立相拔補本標右營千總雍正三年總兵袁立相遵

旨保送本年三月初七日引

見放藍翎侍衛雍正四年二月二十三日放浙江紹興協右營都司年三十八歲

宋煌江西人由行伍於康熙五十五年二月內原任江西南瑞總兵曹建龍拔補本標前營把總五十九年正月內原署南瑞總兵馮西生拔補本標撫州營千總雍正三年南瑞總兵陳王章遵

旨保送本年五月初二日引

見放藍翎侍衛雍正四年二月二十三日放浙江提標後營守備年四十歲

張起朝江西人由行伍於康熙五十八年三月內原任江西巡撫白潢拔補本標右營把總雍正三年三月內江西巡撫裴𢓆度拔補本標左營千總遵

旨保送本年五月初二日引

見放藍翎侍衛雍正四年二月二十三日放湖廣提標中營中軍守備年四十歲

06

雍正帝御笔

着江宁织造曹頫不要乱跑门路

雍正朝

| 纸本 |

横 76 厘米　纵 20 厘米

曹頫据考为《红楼梦》作者曹雪芹的叔父，是曹家最后一任江宁织造。曹寅、曹颙去世后，在康熙帝的亲自过问下，曹頫过继为曹寅遗孀李氏嗣子，接任江宁织造。曹家在康熙朝长期受到恩宠，专门负责造办皇室所需纺织品，并兼理皇帝交办的其他事务，充当皇帝耳目。雍正六年（1728），曹頫因骚扰驿站、经济亏空等罪被革职抄家。在本件请安折上，雍正帝告诫曹頫“不要乱跑门路，瞎费心思力量买祸受”，令其诸事均听怡亲王教导而行，并严词警告曹頫除怡亲王外，不要再去找其他人，如若在京城钻营，请托权贵，“坏朕声名，朕就要重重处分”。反映出曹頫在雍正朝的处境，为日后曹家被抄埋下了伏笔。

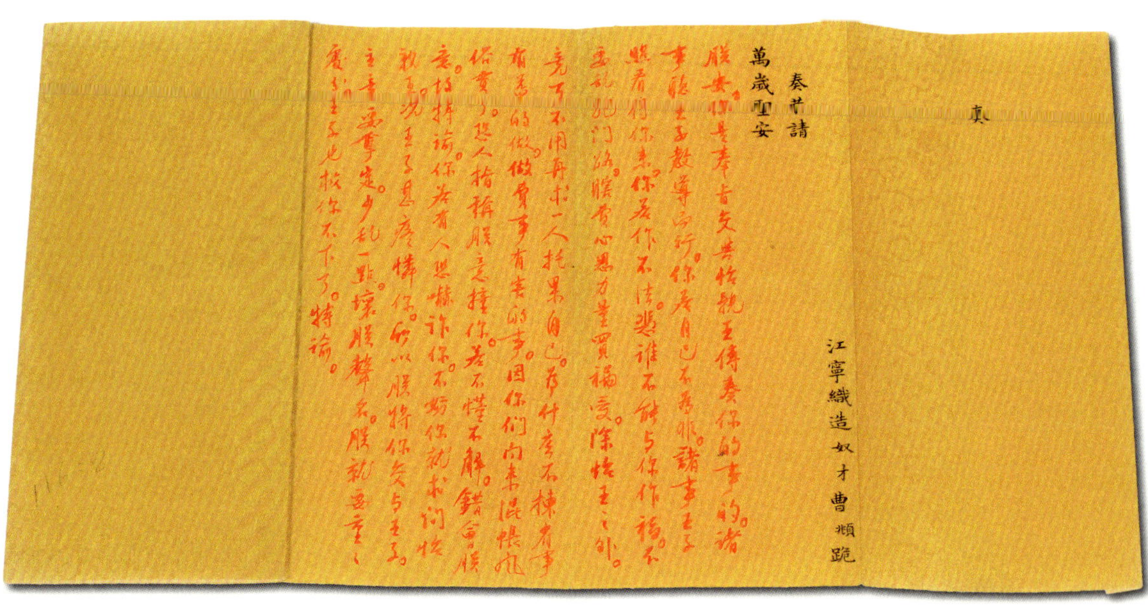

奏

江寧織造奴才曹頫跪

奏請

萬歲聖安

朕安。你是奉旨交与怡亲王传奏你的事的。诸事听王子教导而行。你自己不为非，诸事王子照看得你来；你若作不法，凭谁不能与你作福。不要乱跑门路，瞎费心思力量买祸受。除怡王之外，竟可不用再求一人托累自己。为什么不拣省事有益的做，做费事有害的事？因你们向来混帐风俗惯了，恐人指称朕意撞你。若不懂不解，错会朕意，故特谕。你若有人恐吓诈你，不妨你就求问怡王，况王子甚疼怜你，所以朕将你交与王子。主意要拿定，少乱一点。坏朕声名，朕就要重重处分，王子也救你不下了。特谕。

江寧織造奴才曹頫跪

奏恭請

萬歲聖安

朕安。你是奉旨交與怡親王傳奏你的事的。諸事聽王子教導而行。你若自己不為非。諸事王子照看得你來。你若作不法。憑誰不能與你作福。不要亂跑門路。瞎費心思力量買禍受。除怡王之外。竟可不用再求一人托累自己。為什麼不揀省事有益的做。做費事有害的事。因你們向來混帳風俗慣了。恐人指稱朕意撞你。若不懂不解。錯會朕意。故特諭。你若有人恐嚇詐你。不妨你就求問怡親王。況王子甚疼憐你。所以朕將你交與王子。主意要拿定。少亂一點。壞朕聲名。朕就要重重處分。王子也救你不下了。特諭。

07

乾隆帝御笔

呈进皇太后请安折

乾隆元年至四十一年（1736–1776年）

折
纸本 丨 满文
横 101 厘米　纵 12 厘米

匣
丨 绫面 丨
横 22 厘米　纵 28 厘米　高 18 厘米

请安折是清代官员向皇帝、皇太后表示请安的一种礼节性奏折文书。请安，即问安。请安折也使用于皇帝与太后之间。本件保存完好的折匣内，收藏了乾隆帝历年出巡期间写给其生母崇庆皇太后的请安折126件。崇庆皇太后即钮祜禄氏，雍正帝登基后封熹妃，晋熹贵妃，乾隆帝即位后尊为皇太后，建寿康宫作为颐养起居之所。折匣为内外两层，均采用黄绫面，其内请安折均用满文墨笔书写，按照乾隆帝巡幸次数分别用黄纸包裹，并在包裹纸上用汉文标注呈递时间、地点、件数等信息。

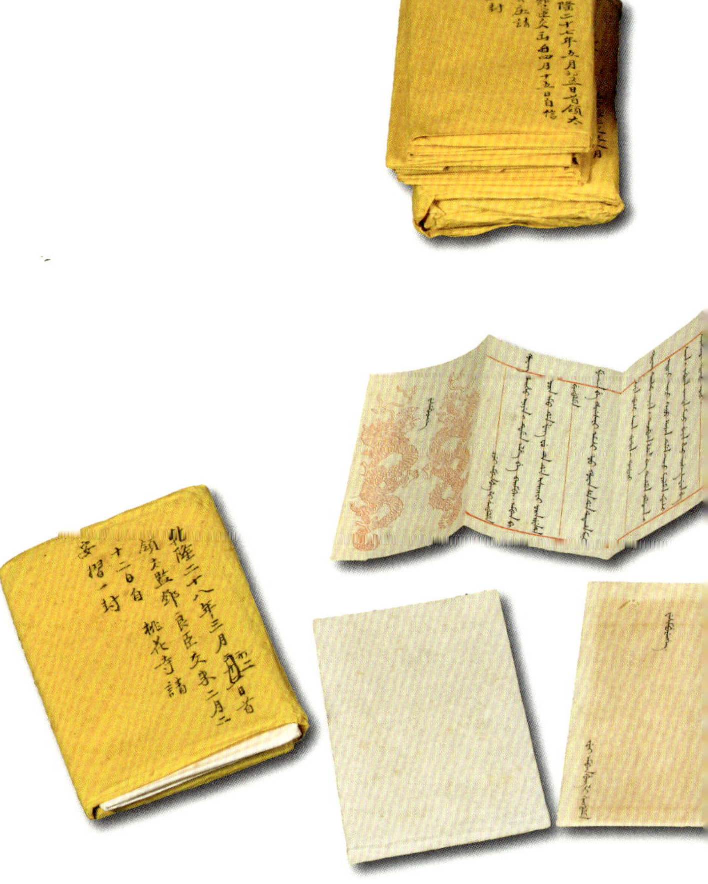

08

乾隆帝御笔

元旦开笔

乾隆元年至嘉庆四年（1736-1799年）

| 纸本 |

横13厘米　纵21厘米

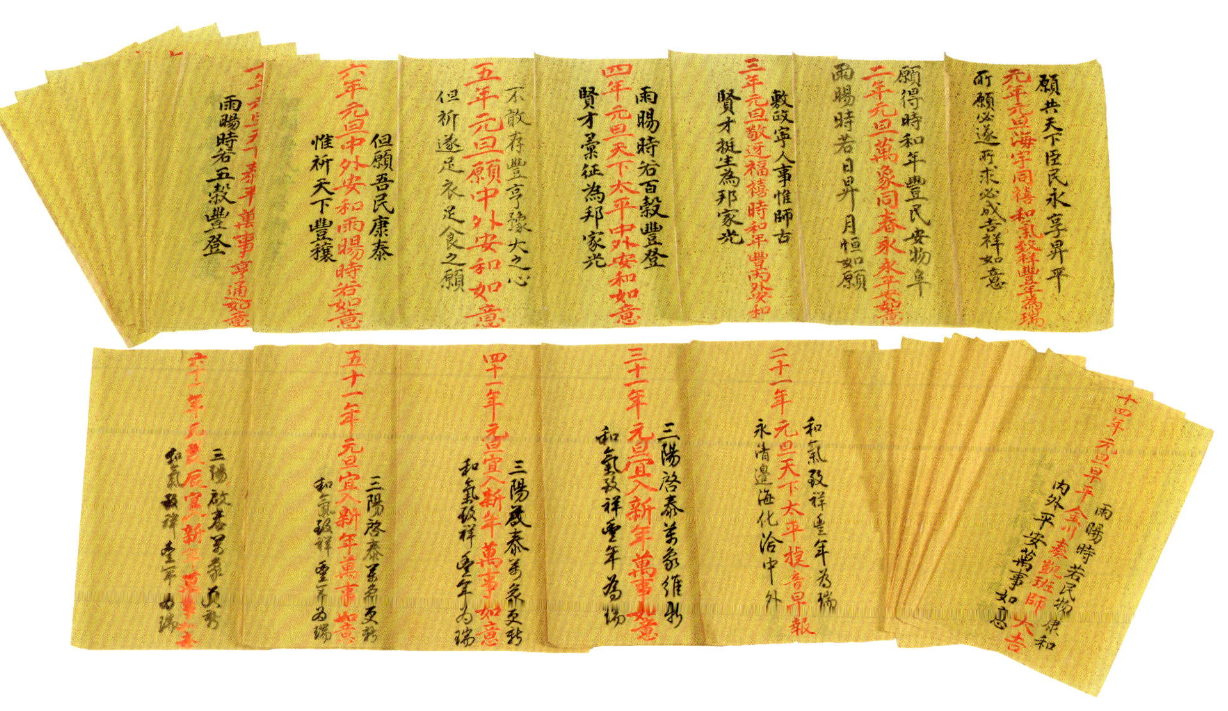

清代称春节为元旦，元旦开笔又叫“元旦举笔”，原本是流行于民间的一种习俗，雍正朝时成为清宫礼制，至乾隆朝遂成定制。每岁元旦子正，皇帝在养心殿东暖阁明窗处设案开笔，先后用朱笔、墨笔写下吉祥祝福的字句，祈求新的一年“和气致祥”。本件档案为清宫存藏的乾隆帝在位60年及做太上皇期间，直至嘉庆四年（1799）正月病逝前，历年亲笔所写的64份元旦开笔，内容大多是祈望“国泰民安”“天下太平”“风调雨顺”“五谷丰登”，也有逢西南、西北战事期间，祈愿“西海早靖”“早平金川，奏凯班师”等吉字。写好的元旦开笔被放入锦匣之内，存于宫中，待第二年开笔吉字写就再次封存入内，子子孙孙均“不许开看”。

09

嘉庆帝御笔

缂丝书法折页

乾隆朝

| 缂丝 |

横 53 厘米　纵 46 厘米

嘉庆帝颙琰是乾隆帝第十五子，原名永琰，继位登基后，为了避讳，将原“永琰”名改为“颙琰”。永琰自幼接受严格的皇家教育，通诵五经，习诗作文，少年即“英词炳蔚，援笔立就，动成典则”。本件档案为永琰做皇子时所作的书法作品，以缂丝工艺织成后，进献乾隆帝。缂丝是一种采用“通经断纬”织法制作的珍品手工丝织工艺品，宋元以来一直是皇家御用织物之一，因其能自由变换色彩，故特别适宜制作书画作品。折页以石鼓文及楷书书写，线条流畅，装饰雅致，印文舒朗清晰，边框有福寿图案，似为贺寿礼品。书法共两件，其中一件在落款及钤印处贴黄将“永琰”的“永”字改为“颙”字，当是嘉庆帝即位后所为。

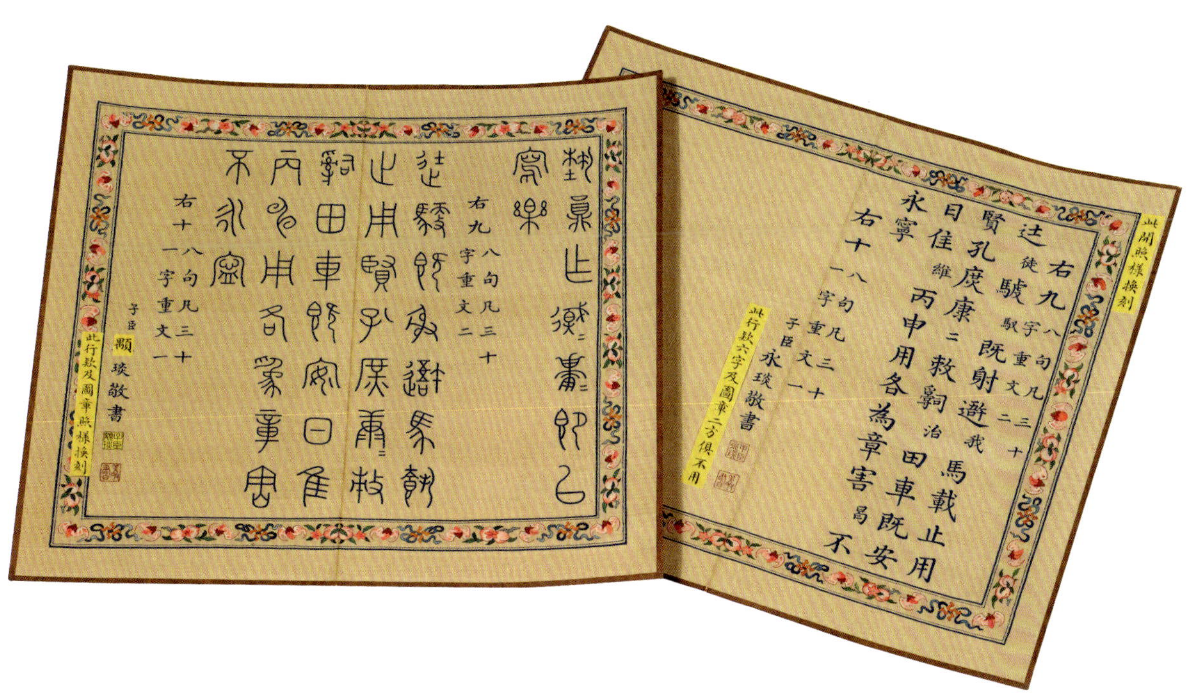

10

道光帝御笔

秘密立储遗诏

道光二十六年（1846年）

匣	纸本丨满汉文
丨木质丨	横 51 厘米　纵 22 厘米
横 17 厘米　纵 33 厘米　高 9 厘米	

清代秘密立储制度始于雍正朝。雍正帝继位后，鉴于以前严酷的储位之争及其给朝政带来的严重影响，决定实行秘密立储：即将其心中默定的太子人选书写为密诏，于匣内密封，当众藏于宫中最高之处——乾清宫正中顺治帝御书“正大光明”匾额之后，以备不虞；另写一份与此内容相同的密诏，由皇帝自己收藏。待皇帝临终前，以两份密诏所书太子之名宣示而传位。此后的乾隆帝、嘉庆帝、道光帝、咸丰帝均是先被秘立为太子，而后登上皇位的。本件档案为道光帝的秘密立储匣，匣内朱谕用满汉两种文字书写“皇四子奕詝立为皇太子”。这是现存的唯一由皇帝亲笔手书的帝位传承记录，被列入《中国档案文献遗产名录》。

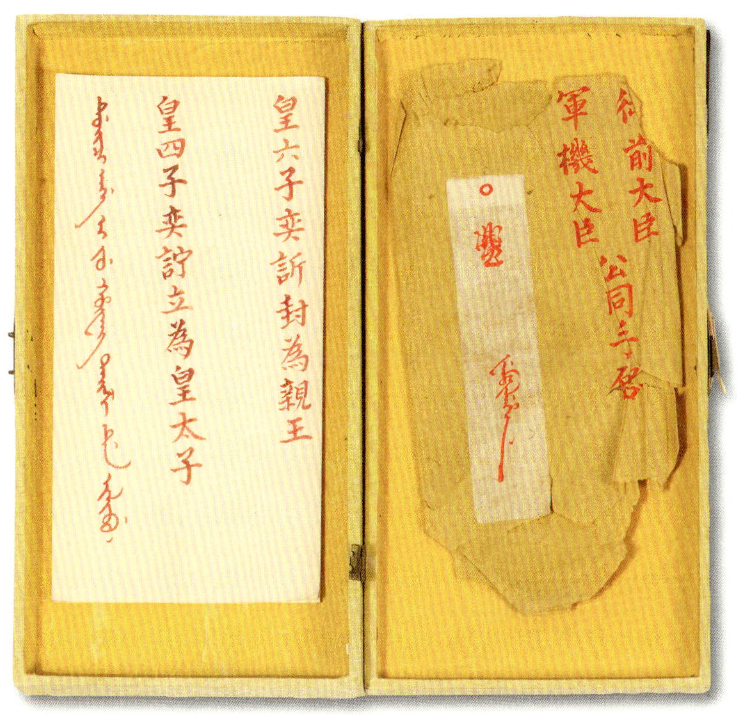
皇六子奕訢封為親王
皇四子奕詝立為皇太子

御前大臣
軍機大臣　公同手啓

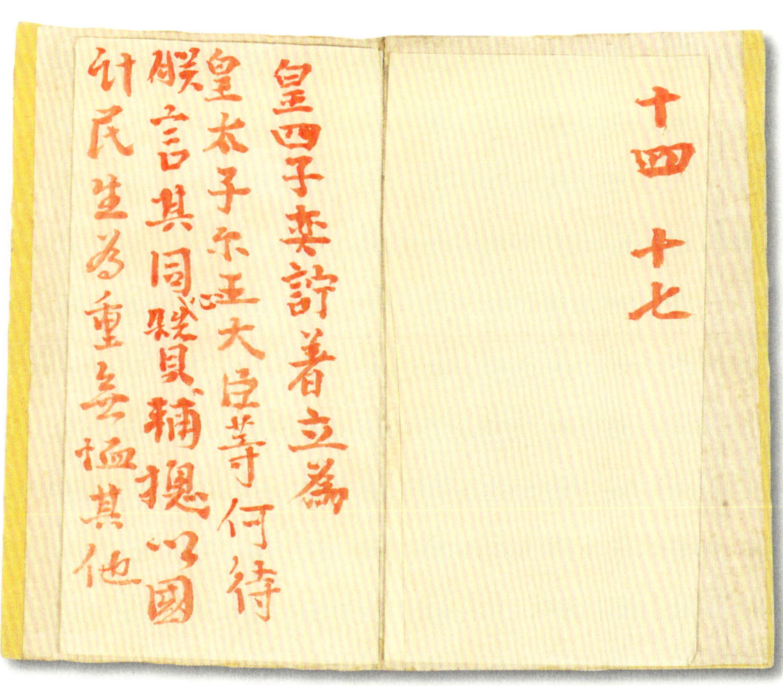
十四　十七

皇四子奕詝著立為
皇太子爾王大臣等何待
朕言其同心贊輔揔以國
計民生為重無恤其他

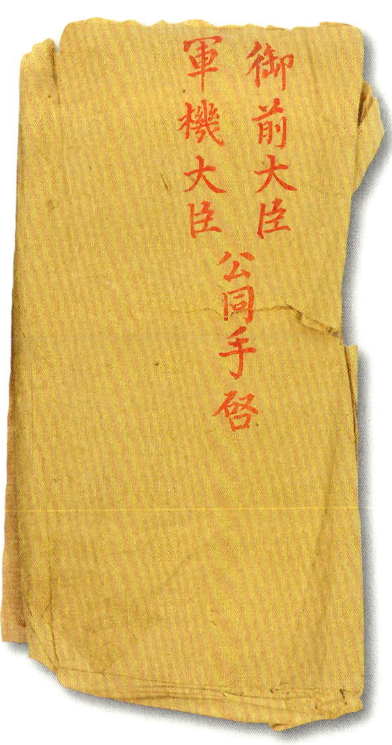
御前大臣
軍機大臣　公同手啓

11

咸丰帝御笔

“喜报红旗”四字着做匾挂军机处堂上

咸丰三年（1853年）

| 纸本 |

横 19 厘米　纵 22 厘米

咸丰三年（1853）二月初十日，太平军攻破南京，改南京为天京，定为都城。随后派兵北伐，渡过黄河，六月包围了怀庆府。咸丰帝派直隶总督纳尔经额为钦差大臣，调集数万兵力进行防堵。双方血战数十次，太平军终未能攻克怀庆。咸丰帝得知怀庆捷报后，欣然写下“喜报红旗”四字，并命制成横匾一面，挂在军机处堂上，以表“惟愿兵戎早靖，普锡民福”之意。

12

咸丰帝御笔

着僧格林沁退守津郡护卫京师

咸丰十年六月二十九日（1860 年 8 月 15 日）

| 纸本 |

横 38 厘米　纵 22 厘米

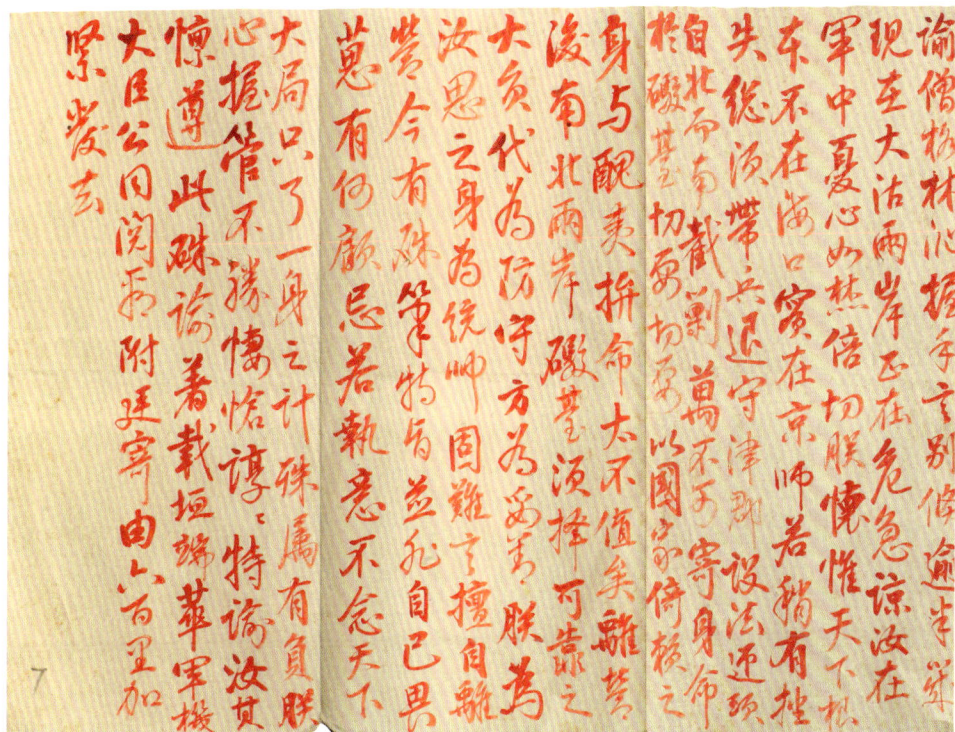

谕僧格林沁　握手言别　倏逾半载　现在大沽两岸正在危急　谅汝在军中焦心如焚　倍切朕怀　惟天下根本不在海口　实在京师　若稍有挫失　总须带兵退守津郡　设法迎头自北而南截剿　万不可寄身命于炮台　切要切要　以国家依赖之身　与丑夷拼命　太不值矣　离营后南北两岸炮台　须择可靠之大员代为防守　方为妥善　朕为汝思之　身为统帅　固难言擅自离营　今有朱笔特旨　并非自己畏葸　有何顾忌　若执意不念天下大局　只了一身之计　殊属有负朕心　握管不胜怀惦　谆谆特谕　汝其懔遵　此朱谕着载垣　端华　军机大臣公同阅看　附廷寄　由六百里加紧发去

咸丰十年（1860）六月十三日英法联军进入大沽口，水陆并进，占领北塘。钦差大臣僧格林沁在大沽督战，统帅清军迎头抵御。六月二十六日、二十八日，英法联军先后占领新河、塘沽，战况进一步危急。咸丰帝亲书朱谕“天下根本不在海口，实在京师”，令僧格林沁“带兵退守津郡”，以固京师门户，并谕令军机处“由六百里加紧发去”。七月初五日，大沽口北岸炮台失陷，僧格林沁当晚奉咸丰帝旨意，命南岸炮台守军全部撤退，退往通州一带布防。大沽口之战以清军失败而告终。

肆

臣工奏章

清沿明制，臣工向皇帝上奏的文书主要有题、奏、表、笺等。题、奏主要用于报告政务，表、笺主要用于庆贺。凡元旦、冬至、万寿三大节及其他庆典，中外臣工例须上表、笺庆贺。雍正时期，即有密折，可不经过通政史司和内阁等衙门，径送皇帝拆阅批示，然后再行密封下发执行。至乾隆朝，奏折成为一种正式公文，臣工奏事主要用题本和奏折。题本主要用于题报地方刑名、兵马、钱粮等例行公务，奏折主要用于奏报军政及其他要务。沿至清末，鉴于题本处理程序“繁复迟缓”，于光绪二十七年（1901）改题为奏，奏折遂成为臣工奏事的主要文书。清代帝王日理万机，无暇躬亲处理臣工奏章，故交由内阁、通政史司、六科等机构协助处理日常奏章文书，遂有票拟、贴黄等制度的产生。清代臣工奏章的程式、文字及保密制度也较历代更为严格，有朱批回缴、文书副本、汇抄存查等文书档案制度。

01

智顺王尚可喜礼单

为进献正旦礼物事

崇德二年十二月二十四日（1638年2月7日）

| 纸本 |

横 152 厘米　纵 37 厘米

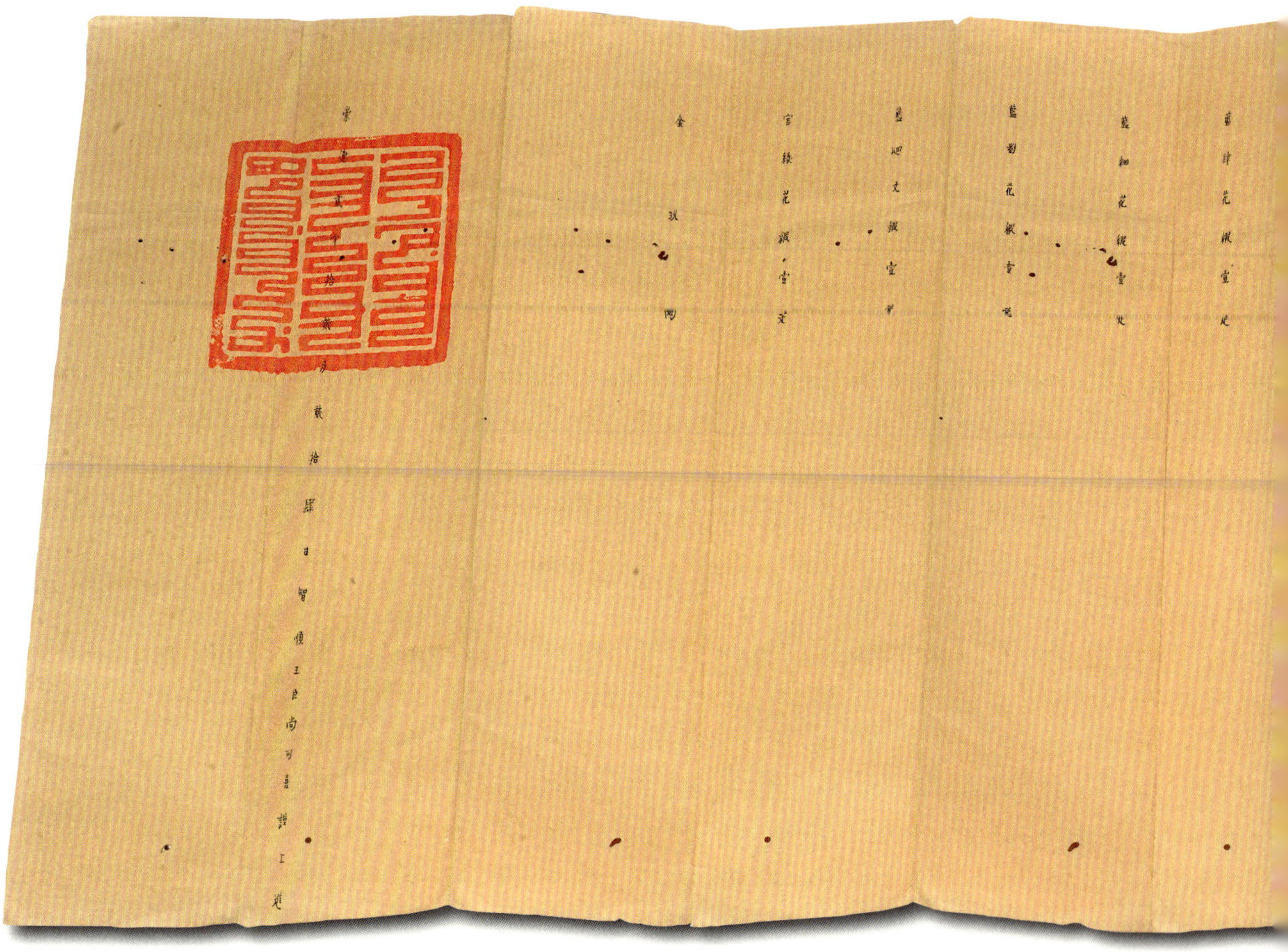

钤印

智顺王之印

崇祯七年（1634），尚可喜携麾下诸将归顺后金。崇德元年（1636），皇太极改国号为大清，加封归降而来的孔有德为恭顺王、耿仲明为怀顺王、尚可喜为智顺王，后称清初“三顺王”，并将海州赐予尚可喜作为封地，家口旧部安置于此。尚可喜受到皇太极极高礼遇，戎马一生，身经百战，转战数万里，为清王朝的建立和巩固立下汗马功劳。本件档案为智顺王尚可喜在崇德三年元旦前，向皇太极进献贺岁礼物的礼单。礼单开面上半截裱绫，下钤满文“智顺王之印”。

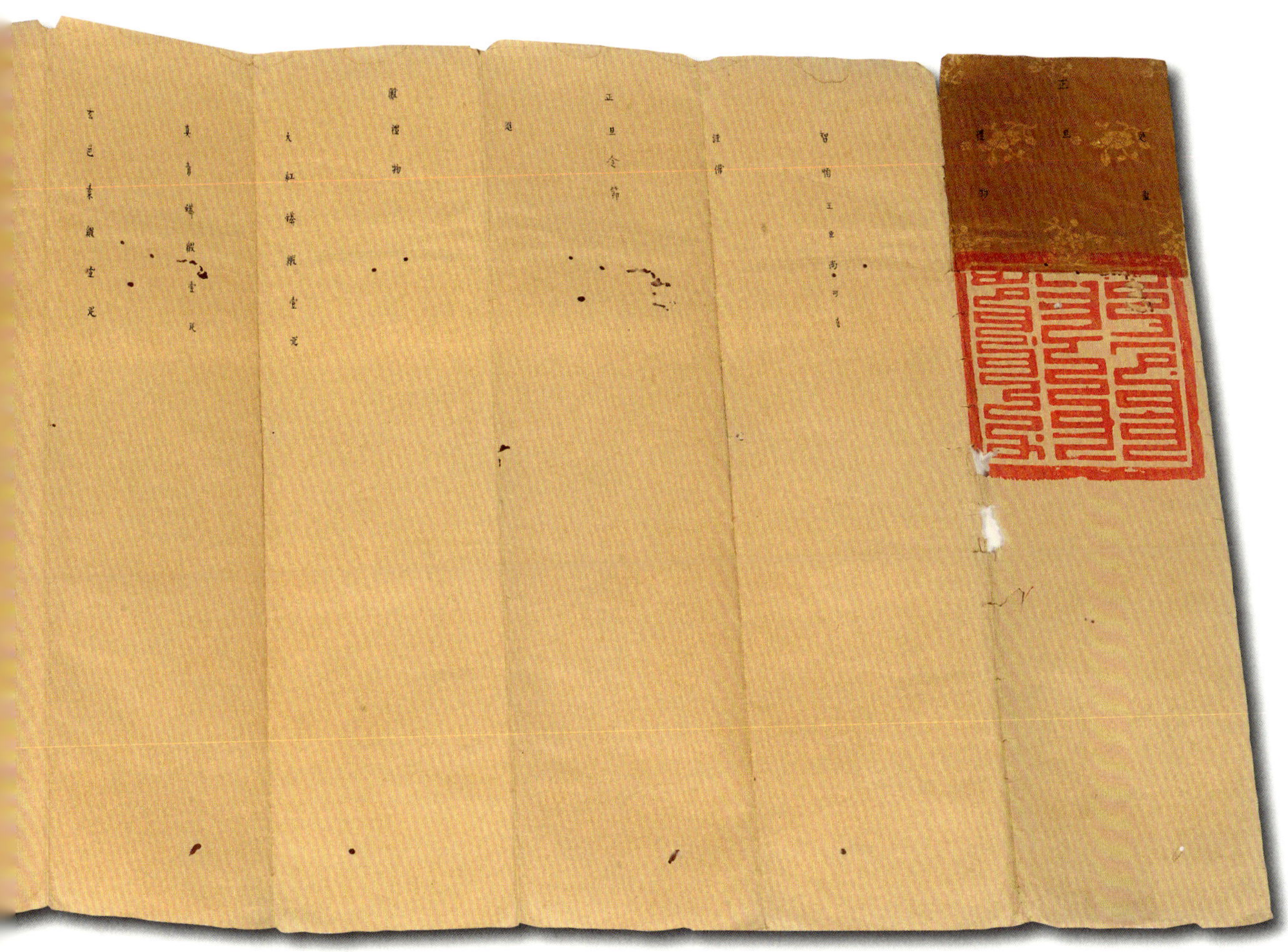

02

刑部尚书吴达海等题本

为违制不剃头发犯人按法宜斩事

顺治四年八月初三日（1647 年 9 月 1 日）

纸本 | 满汉文

横 139 厘米　纵 25 厘米

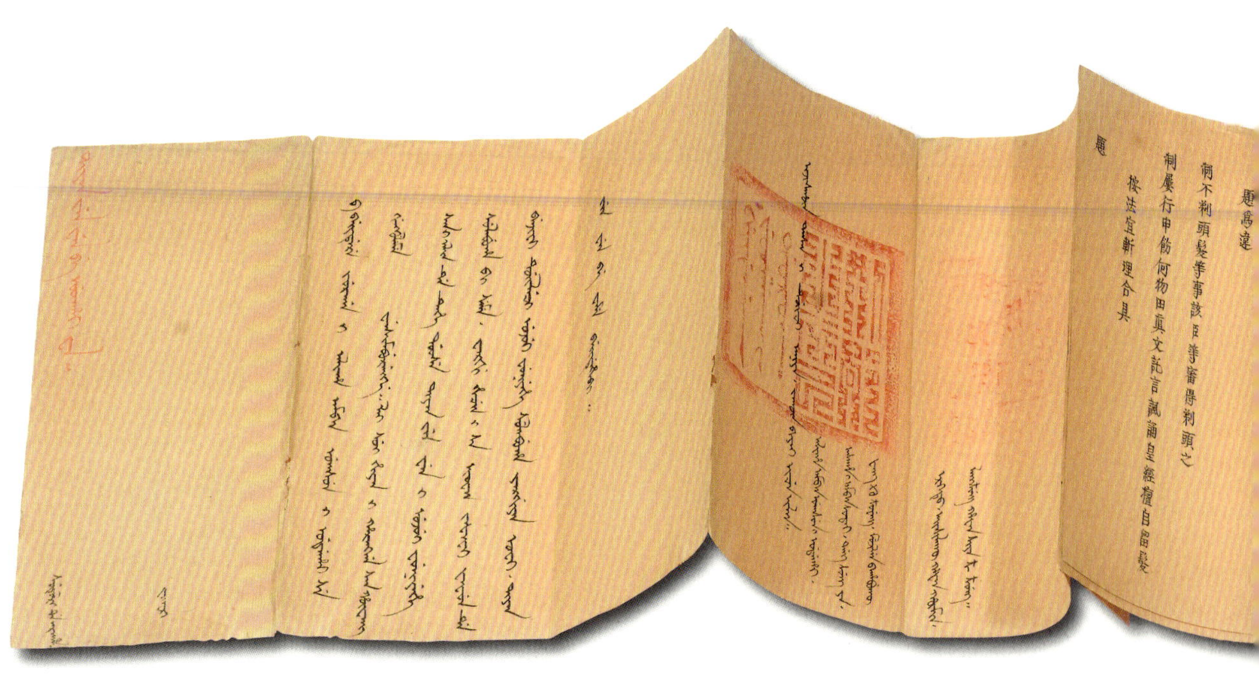
題爲違
制不剃頭髮等事該臣等審得剃頭之
制屢行申飭何物田眞文託言諷諭皇經擅自留髮
按法宜斬理合具
題

钤印

刑部之印

剃发令，指清初清政府秉持“君犹父也，民犹子也”的观念，要求“父子一体”，强令其统治下的汉族、蒙古族及其他南方少数民族等改剃满族发型的政策。在江南一带最严格的时期执行“清发五等定罪”的发型标准，“一寸免罪，二寸打罪，三寸戍罪，留鬓不留耳，留发不留头”。这与汉族传统观念中“身体发肤，受之父母，不敢毁伤”的观念相冲突，在清初引起了强烈的反对与抵抗。本件题本记载，武当山道士田真文称“留发好诵皇经”，拒不剃发，云游至京城被捕，刑部审理具题，“擅自留发，按法宜斩”，奉批红“田真文著即处斩”。题本正文为汉文，贴黄系满汉文，折面及满汉文年月日处钤满汉文“刑部之印”。

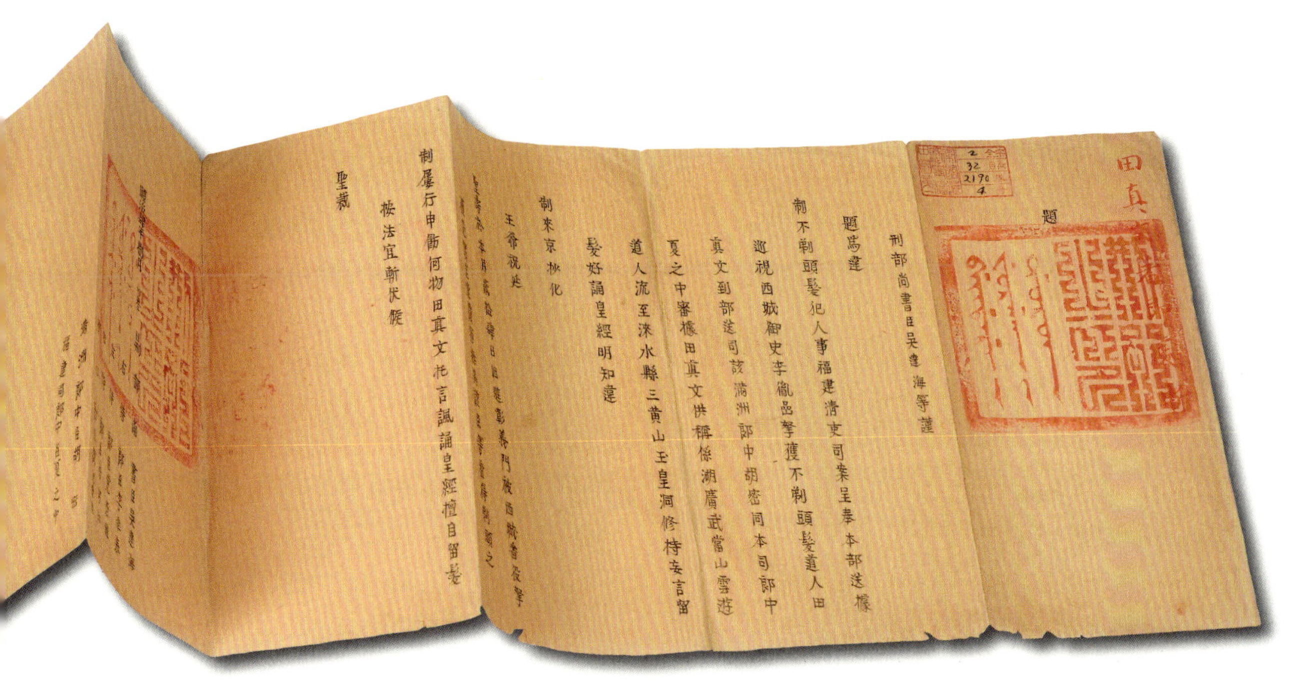

题

刑部尚書臣吳達海等謹

題爲遵

制不剃頭髮犯人事福建清吏司案呈奉本部送據

巡視西城御史李嵩陽擎獲不剃頭髮道人田

真文到部送司該滿洲郎中胡密同本司郎中

夏之中審據田真文供稱係湖廣武當山雪迸

道人流至涞水縣三黄山玉皇洞修持妄言留

髮好誦皇經明知違

制來京抄化

王爺親見

制屢行申飭何物田真文托言諷誦皇經擅自留髮

按法宜斬決候

聖裁

平西亲王吴三桂密奏

为题参镇道玩视军情事（局部）

康熙四年（1665 年）

| 纸本 |

横 104 厘米　纵 26 厘米

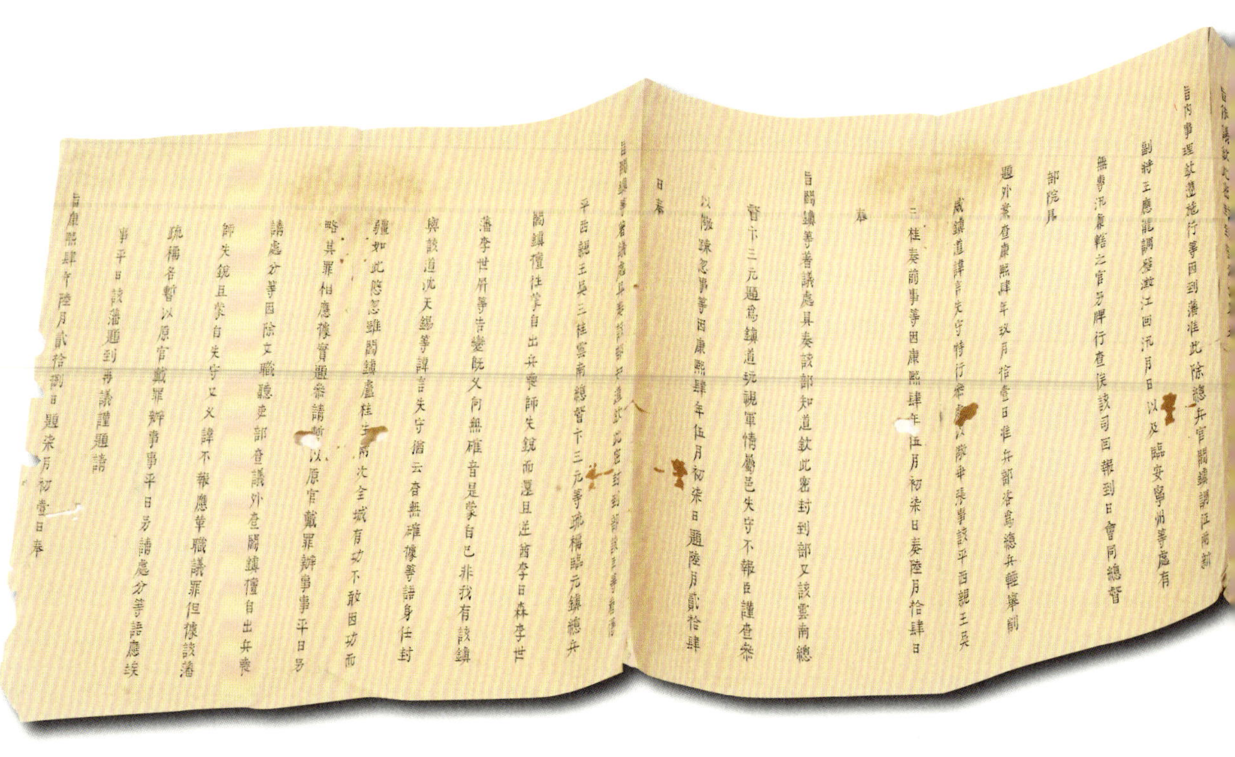

吴三桂，明崇祯时为辽东总兵，封平西伯，镇守山海关。顺治元年（1644）降清，在山海关大败李自成，封平西王，后以平西大将军职南征云贵。顺治十六年，吴三桂攻下云南后，即开藩设府，镇守云南，总管军民事务。康熙元年（1662），吴三桂杀南明永历帝于昆明，被晋封为平西亲王，与福建靖南王耿精忠、广东平南王尚可喜并称“三藩”。本件档案反映云南临元镇总兵阎镇擅自出兵，“丧师失锐”，且“属邑失守不报”，故虽两次“全城有功”，仍“题参请暂以原官戴罪办事”。档案部分残缺，折面写有“密奏”字样，钤满汉文“平西亲王之宝”印。

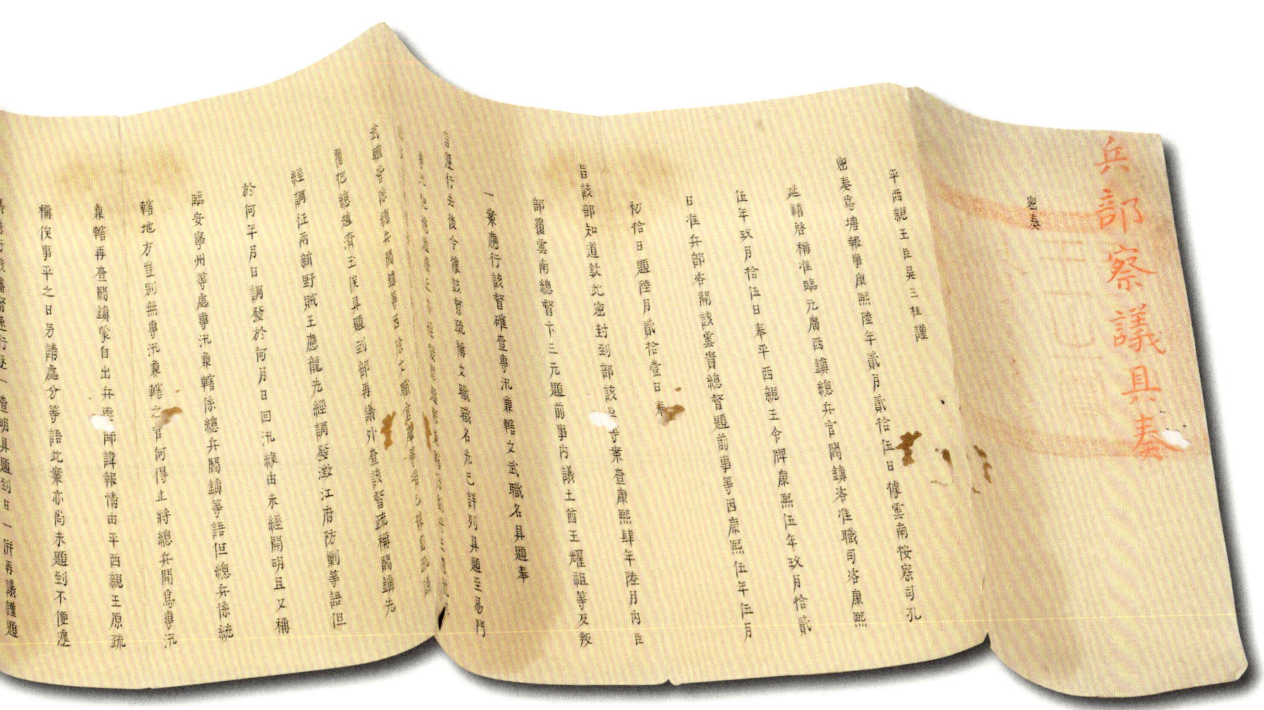
兵部察議具奏
密奏
平西親王臣吳三桂謹
密奏爲塘報事康熙陸年貳月貳拾伍日據雲南按察司孔
延禧啓稱准臨元廣西鎮總兵官閻鎮咨准職司咨康熙
伍年玖月拾伍日奉平西親王令牌康熙伍年玖月拾貳
日准兵部咨開該雲貴總督題前事等因康熙伍年伍月
初拾日題陸月貳拾壹日奉
旨該部知道欽此密封到部該[illegible]等案查康熙肆年陸月內臣
部覆雲南總督卞三元題前事內議土酋王耀祖等反叛
一案應行該督確查事汛兼轄文武職名具題奉
旨依議行去後今准該督疏稱文職職名先已詳列具題至易門
[illegible]
[illegible]
武職管[illegible]總兵閻鎮等[illegible]之職[illegible]閻鎮先
營把總趙濟王俣具題到部再議外查該督疏稱閻鎮先
經調征丙新野賊王應龍先經調發澂江府防剿等語但
於何年月日調發於何月日回汛緣由未經開明且又稱
臨安寧州等處事汛兼轄係總兵閻鎮等語但總兵係統
轄地方豈別無事汛兼轄之官何得止將總兵閻鎮專汛
兼轄再查閻鎮擅自出兵喪師諱報情由平西親王原疏
稱俟事平之日另請處分等語此案亦尚未題到不便遽
[illegible]應行該督速行逐一查明具題到日一併再議謹題

04

钦天监治理历法加太常寺卿南怀仁等题本

为呈天象图事

康熙十六年七月初九日（1677 年 8 月 7 日）

纸本 | 满汉文

南怀仁，字敦伯，又字勋卿，清代外籍天文学家、科学家。顺治十五年（1658）来华，是清初最有影响的来华传教士之一。他精通天文历法，擅长机械制造，懂兵器，会铸炮，为近代西方科学知识在中国的传播做出了重要贡献。康熙八年（1669），清廷任命南怀仁为钦天监监修。钦天监是清代主管观测天文气象、编制历书等事务的机构，清廷令“历法天文，概第南怀仁料理”。南怀仁供职后着手改造观象台，重造适用于西洋新法的天文仪器。经过四年多努力，于康熙十二年铜铸成六件大型天文仪器，安装在北京观象台。按立春、立夏、立秋、立冬各规定日期和时节验风验雷。本件档案记载了南怀仁观候天象，进呈《立秋至秋分天象图》一事。

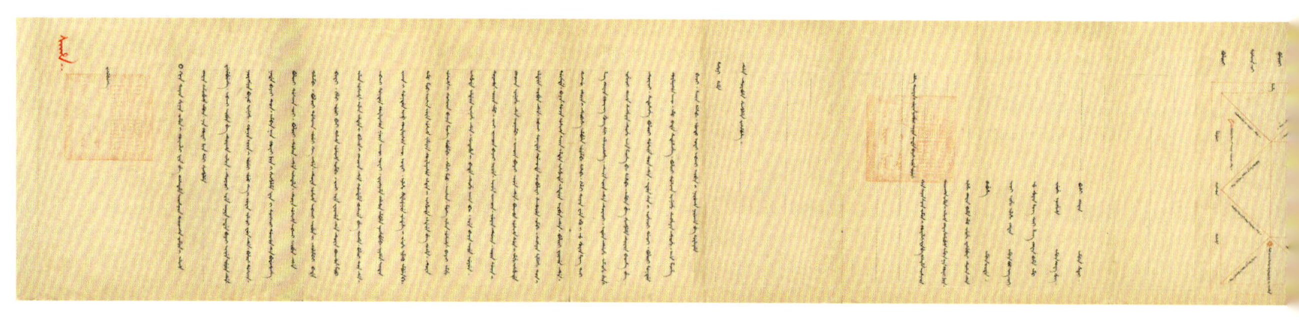

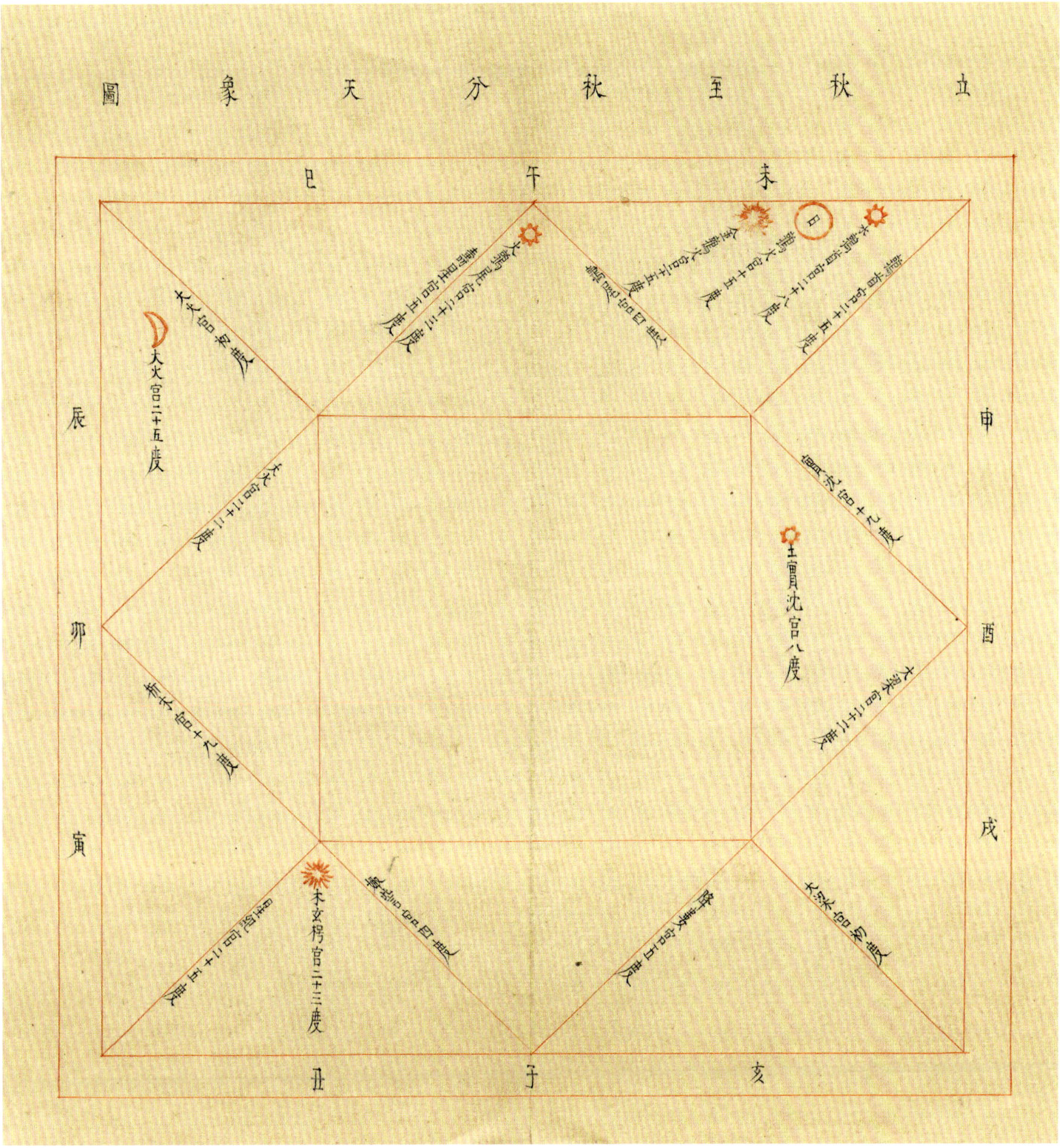

立秋至秋分天象圖

巳　午　未

申　酉　戌

亥　子　丑

寅　卯　辰

鶉首宮二十五度

水鶉首宮二十八度

日 鶉火宮十五度

金鶉火宮二十五度

火鶉尾宮二十三度

大火宮初度

大火宮二十五度

大火宮二十三度

土實沈宮八度

木玄枵宮二十三度

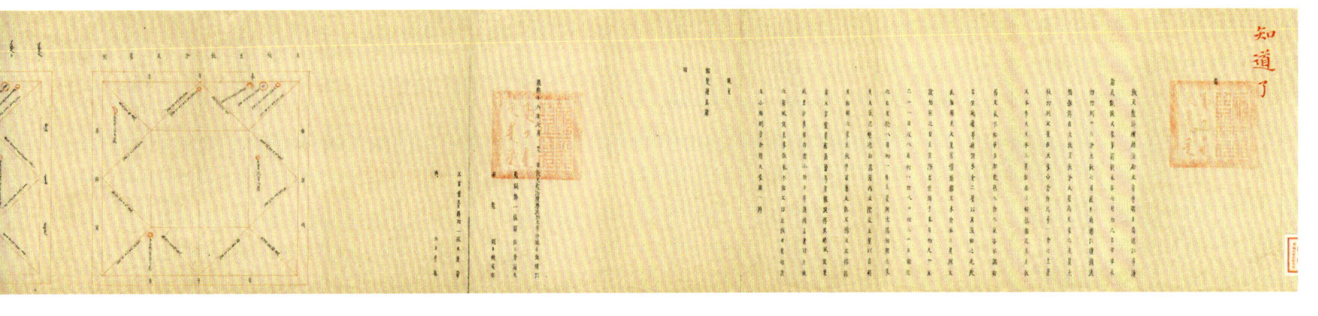

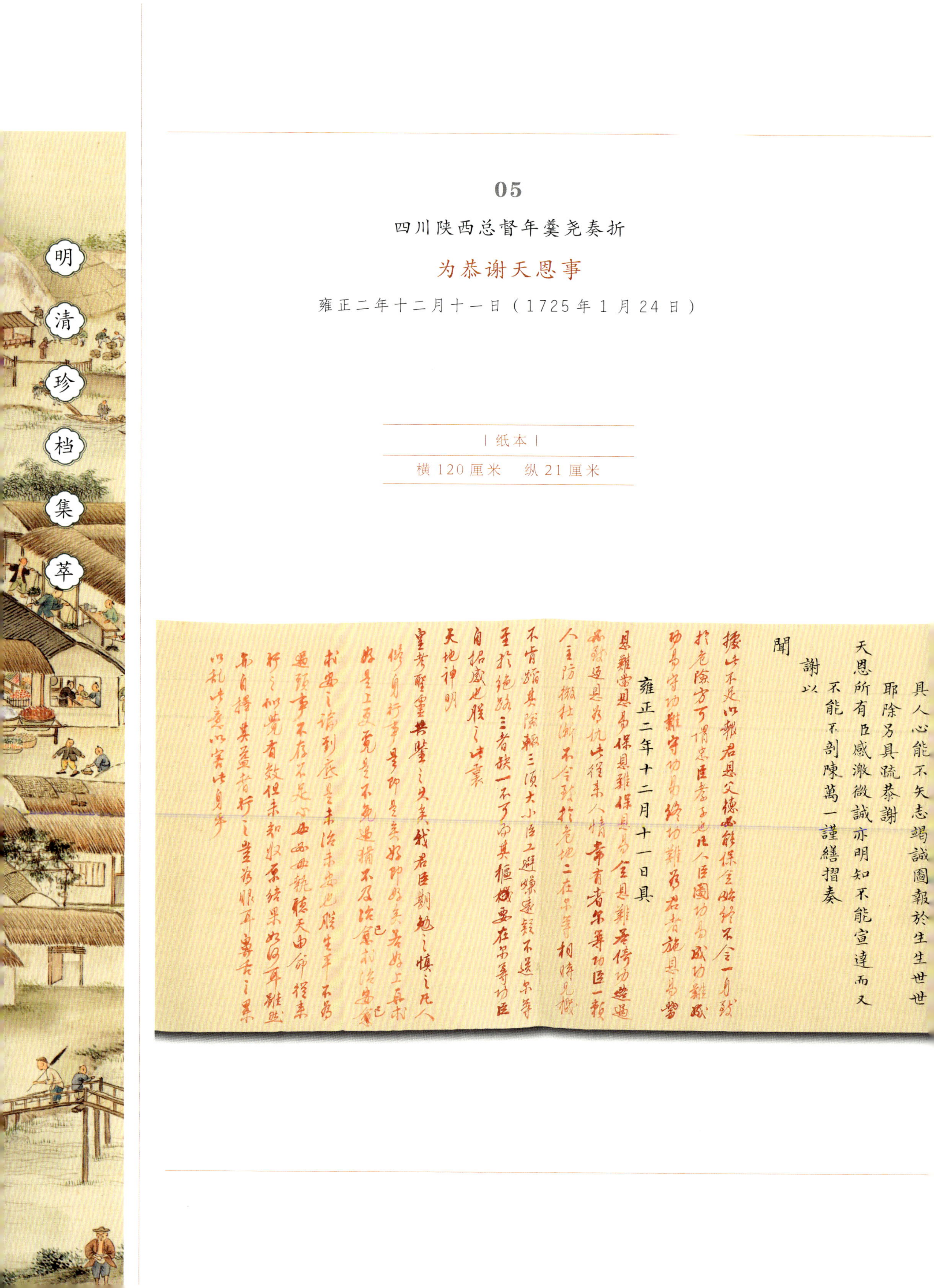

05

四川陕西总督年羹尧奏折

为恭谢天恩事

雍正二年十二月十一日（1725 年 1 月 24 日）

| 纸本 |

横 120 厘米　纵 21 厘米

具人心能不矢志竭誠圖報於生生世世

耶除另具疏恭謝

天恩所有臣感激微誠亦明知不能宣達而又

不能不剖陳萬一謹繕摺奏

謝以

聞

雍正二年十二月十一日具

年羹尧，康熙三十九年（1700）考中进士，官至四川总督、川陕总督、抚远大将军，加封一等公。年羹尧驰骋疆场，配合各军平定西藏乱事，率清军平息青海罗卜藏丹津，立下赫赫战功。雍正帝即位之后，更是倍受倚重。雍正二年（1724）九月年羹尧获准入京陛见，得到雍正帝特殊宠遇。十二月，年羹尧结束陛见回任后，照例具折谢恩。在本件谢恩折上，雍正帝御笔朱批百余字，劝诫年羹尧作为功臣须保全名节，“凡人臣图功易，成功难；成功易，守功难；守功易，终功难……若倚功造过，必致返恩为仇，此从来人情常有者”，警告其要慎重自持。此后，年羹尧的处境便急转直下。翌年十二月，被雍正帝削官夺爵，列大罪九十二条，赐令自尽。

太保公四川陕西總督臣年羮堯謹奏為
恭謝
天恩事臣於九月內荷蒙
聖慈准允
陛見獲遂瞻戀之悃少伸孺慕之私令於十二
月初九日回抵臣署另疏
題報外伏念臣禀質薄劣賦性踈庸奔走
御座之前三十餘日毫無禆於
高深秖自增其愆謬返已捫心惶汗交集我
皇上弘慈廣被曲示優容且一載以來
賜爵
賜金
賜第
賜園
賜世職
賜佐領父子兄弟以及妻孥莫不沾濡
雨露淪浹肌髓
解衣推食寵賚褒嘉極人臣罕覯之遭逢而萃
於臣之一門四世矣至臣父年遐齡八旬
有二優游杖履化日舒長乃
恩自天來
仁由錫類拜爵食禄却在引年休養之後此史
冊之所未有而臣身際其盛目覩臣父既

06

镇守福建福宁等处地方总兵官鄂海等贺笺

为恭逢冬至奉笺称贺事

乾隆十六年十一月初五日（1751 年 12 月 22 日）

贺笺
纸本丨黄绫面
横 118 厘米　纵 27 厘米

笺匣
丨木质丨
横 12 厘米　纵 28 厘米　高 4 厘米

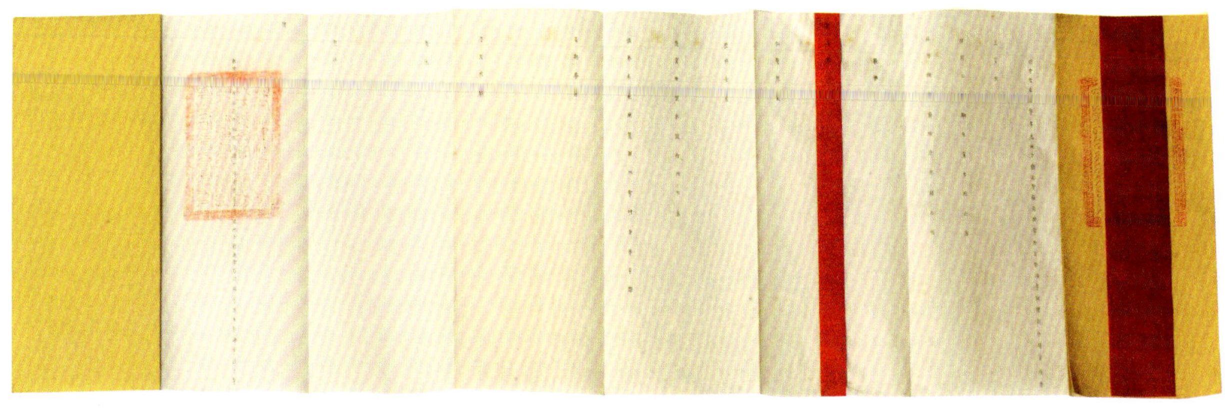

清制，官员向皇帝、皇太后称贺用表文，向皇后、皇太子称贺用笺文。表笺皆有定式。先期由内阁撰拟颁发，届期恭进。凡帝后寿辰日、元旦日、冬至日，在京的王公百官各进表文，在外将军、都统、副都统及总督、巡抚、提督、总兵官各进贺表及贺笺，均汇齐由驿递进送礼部。笺内文字，例由翰林院撰拟，内阁大学士奏定，用四六骈体，小字楷书，内容为歌功颂德。本件档案为镇守福建福宁等处地方总兵官鄂海等进呈的贺笺。表笺均备有正、副两份，笺文为卷状，笺副为折状，正副本放入黄绫封套，装入表匣。

07

曹文埴奏折

为刊刻四库全书总目竣工事

乾隆六十年十一月十六日（1795年12月26日）

｜纸本｜

横70厘米　纵21厘米

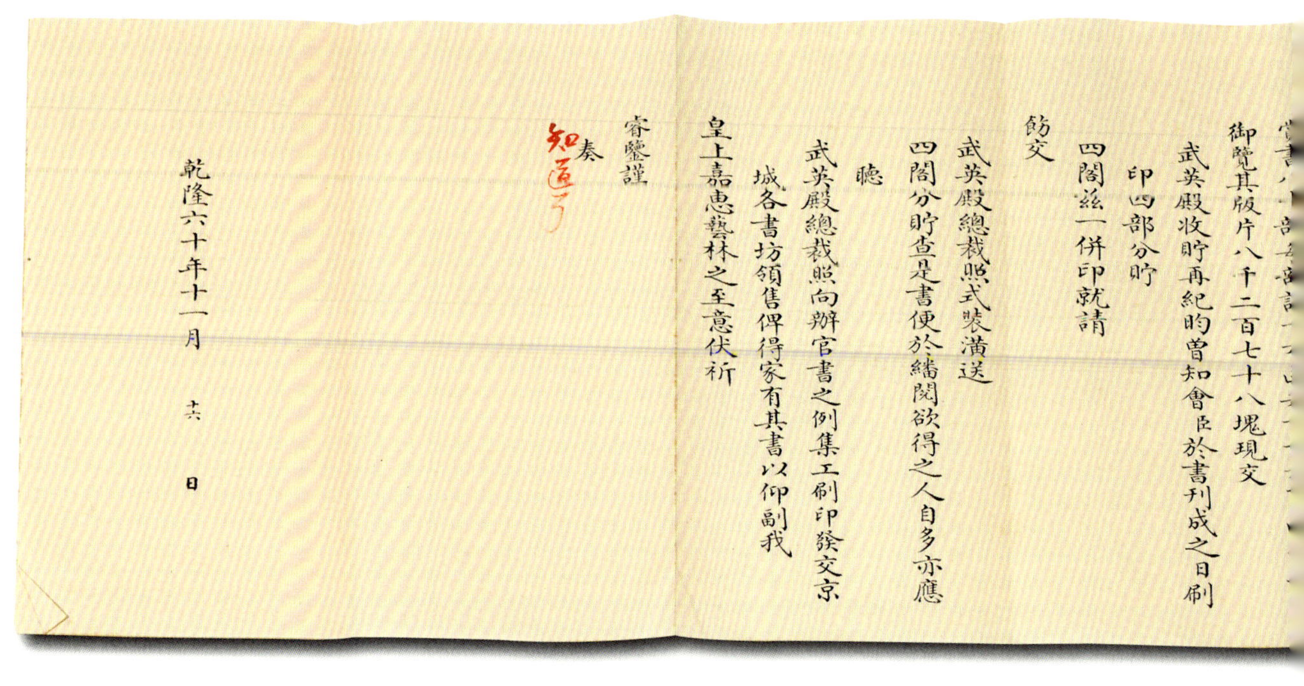

御覽其版片八千二百七十八塊現交
武英殿收貯再紀昀曾知會臣於書刊成之日刷
印四部分貯
四閣茲一併印就請
飭交
武英殿總裁照式裝潢送
四閣分貯查是書便於繙閱欲得之人自多亦應
聽
武英殿總裁照向辦官書之例集工刷印發交京
城各書坊領售俾得家有其書以仰副我
皇上嘉惠藝林之至意伏祈
睿鑒謹
奏
知道了
乾隆六十年十一月　十六　日

《钦定四库全书》是乾隆时期编修的大型丛书，囊括当时宫廷及民间所藏的乾隆以前历代典籍，分经、史、子、集四部，故名“四库”。这部鸿篇巨著于乾隆三十八年（1773）开始编修，以纪昀等为总纂官，汇聚当时的鸿才硕学，历时十余年编成。成书后缮写7份，分藏于紫禁城文渊阁、圆明园文源阁、盛京文溯阁、承德避暑山庄文津阁，称为“北四阁”，又藏于扬州文汇阁、镇江文宗阁、杭州文澜阁，是为“南三阁”。同时撮举书籍大纲，编纂《四库全书总目》200卷。本件档案记载，刊刻完成《四库全书总目》陈设书20部，备赏书80部，每部16函，恭呈乾隆帝御览。刻板8278块交武英殿收贮，并刷印4部，分贮北四阁。

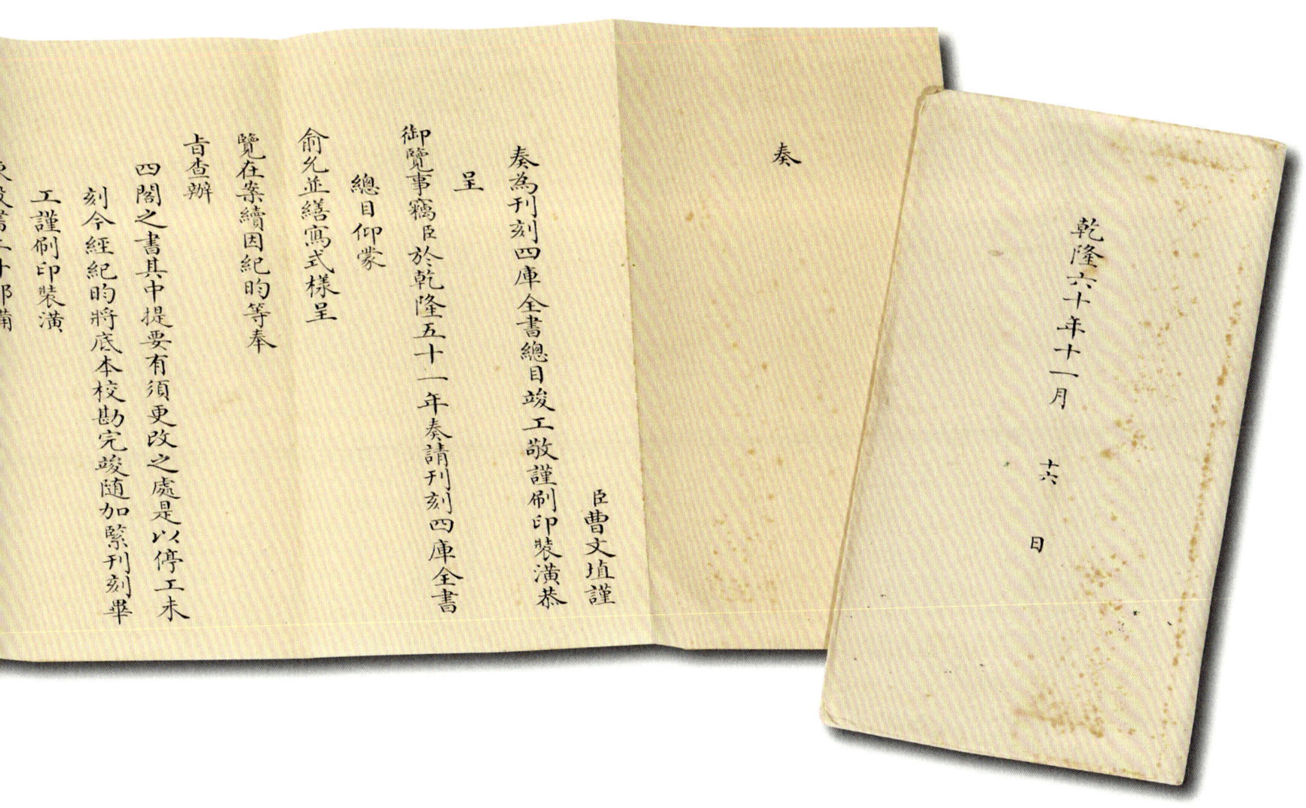
奏

臣曹文埴謹

奏為刊刻四庫全書總目竣工敬謹刷印裝潢恭

呈

御覽事竊臣於乾隆五十一年奏請刊刻四庫全書

總目仰蒙

俞允並繕寫式樣呈

覽在案續因紀昀等奉

旨查辦

四閣之書其中提要有須更改之處是以停工未

刻今經紀昀將底本校勘完竣隨加緊刊刻畢

工謹刷印裝潢

乾隆六十年十一月 六 日

08

直隶布政使吴熊光奏折

为查得和珅及其家人田产资财情形事

嘉庆四年正月十七日（1799年2月21日）

| 纸本 |

横 131 厘米　纵 22 厘米

紛擾且恐小民無知以和珅獲罪重大慮及株
連始終掩覆轉致查辦不能淨盡臣愚昧之見
應請通行出示曉諭直屬鋪户及買賣人等如
有曾借和珅及和珅家人等銀錢作本營生者
限一月内准令將何人經手有無欠據據實呈
明并准其自行分限完繳如曉諭之後尚敢任
意隱匿逾限不報别經發覺即照隱寄入官財
産例治罪並加倍勒追以示懲儆如此分别辦
理既不致滋擾更可期得實是否有當謹繕摺
具
奏伏乞
皇上睿鑒訓示謹
奏

此案大局已定和珅已賜令自盡不必過於株連搜求即稍有隱匿寄頓其財物總在民間亦復何害若稍滋事所損大矣慎之

嘉慶四年正月　十七　日

和珅为乾隆帝的宠臣，由御前侍卫累迁至户部、兵部、吏部、理藩院尚书和军机大臣等重要官职，授文华殿大学士，封一等忠襄公。嘉庆帝继位后，和珅仍然借太上皇之势得以专权。嘉庆四年（1799）正月初三日，89岁高龄的乾隆帝寿终正寝。第二天，和珅即被嘉庆帝解除军机大臣之职，命其昼夜在大内守灵，将其软禁在宫中。朝臣纷纷上疏弹劾和珅种种不法情状。初八日，在公布太上皇遗诏的同时，嘉庆帝宣布革除和珅一切职务，交由刑部收监，并查抄其家产。十一日，嘉庆帝宣布了和珅欺君罔上、任用私人、贪婪聚敛等二十大罪状，并通报各省督抚。本件档案，记载了查抄和珅及其家人田产资财大概情形，嘉庆帝墨批“此案大局已定，和珅已赐令自尽，不必过于株连搜求”。

直隸布政使臣吳熊光跪
奏為據報查得和珅及伊家人田産貲財大概情
形恭摺奏
聞事竊臣前因和珅家人劉全即劉全會原籍住居
定興縣檀城村恐有隱匿寄頓當經面諭保定
府知府傅修迅往查辦茲據禀稱查得檀城村
係劉全墳地有房屋三院計八十六間因劉全
向在京服役貲財家口俱在京城每年止到村
中上墳一次近墳屋內存有糧食器具騾馬等
項並收租簿一本一切地畝係伊胞姪劉剛等
兄弟代為經管現在查對租簿核計頃畝租數
並嚴審劉剛等另行具禀又據易州知州陳渼
二千四百千雜貨舖一座分飭查封各等情臣
思劉剛等既係劉全胞姪所有劉全貲財伊等
斷無不知之理檀城村雖係伊[illegible]
者現均飭令逐一核對並查傳各地户分晰訊
明開報所開糧食等舖一概飭令封閉惟當舖
一項若禁止取贖恐於村民多有未便自應停
止再當仍准取贖以示便民亦飭令將現存舖
內銀錢及原當號簿先行封貯如遇民間取贖
衣物悉其自便[illegible]
隱漏惟是直屬地方遼濶如正順廣大等府屬
並無旗地平日亦無旗人往來但買賣人等希
圖借本沾潤而和珅擁貲甚厚家人亦衆難保

09

钦差大臣林则徐等奏折

为虎门销化烟土完竣事

道光十九年五月二十五日（1839年7月5日）

| 纸本 |

横 120 厘米　纵 23 厘米

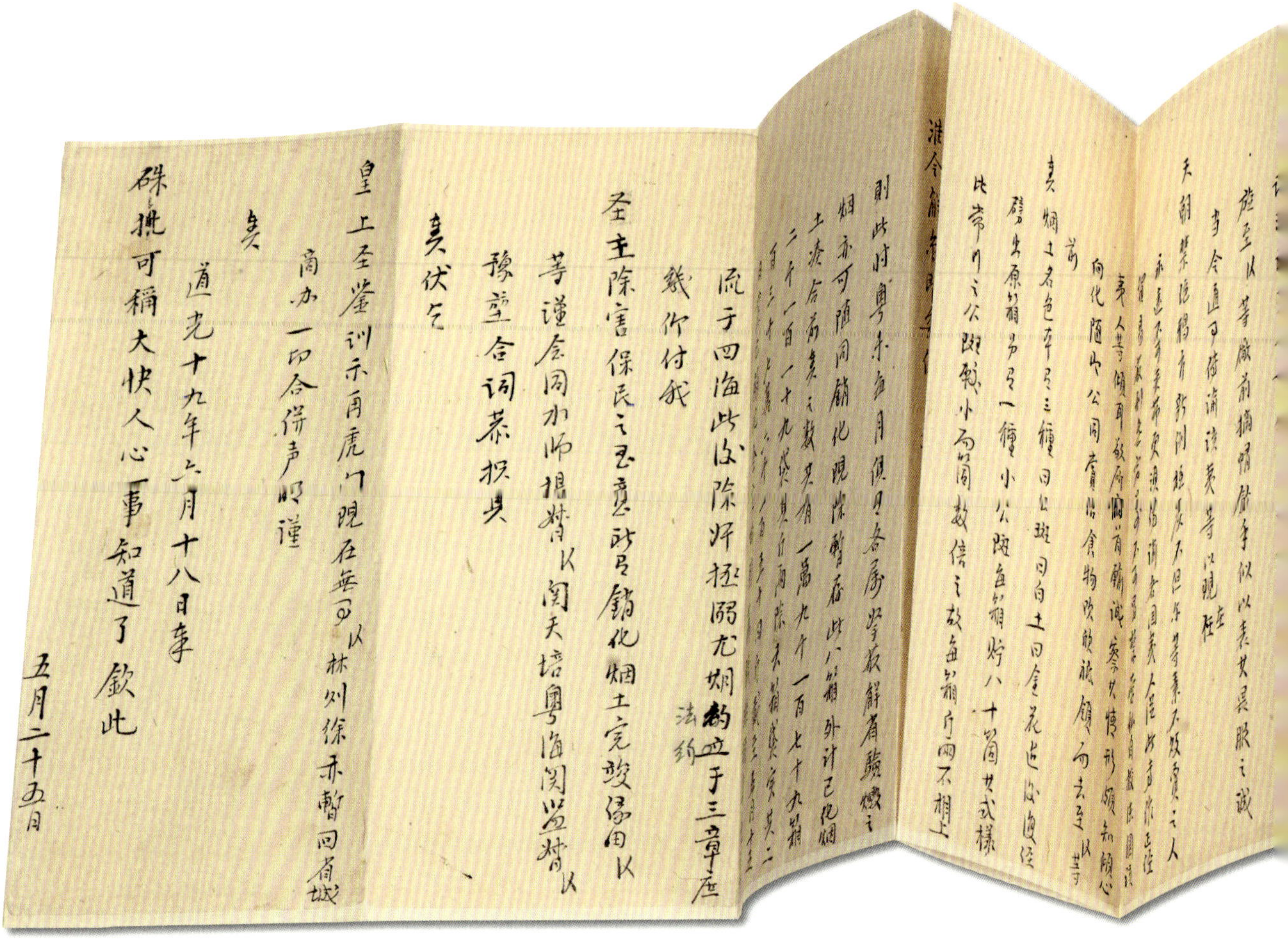

道光十八年（1838）十一月林则徐被任命为钦差大臣，派赴广东主持禁烟。在两广总督邓廷桢、广东巡抚怡良的通力合作下，查封烟馆，逮捕烟贩，并于道光十九年四月二十二日至五月十五日间，在虎门亲自监督将收缴的鸦片近两万箱全部销毁。本件档案为军机处抄录的林则徐奏折，记载了虎门销烟的情形，道光帝在阅看林则徐“虎门销化烟土现已一律完竣”的奏折后，朱批“可称大快人心一事”。

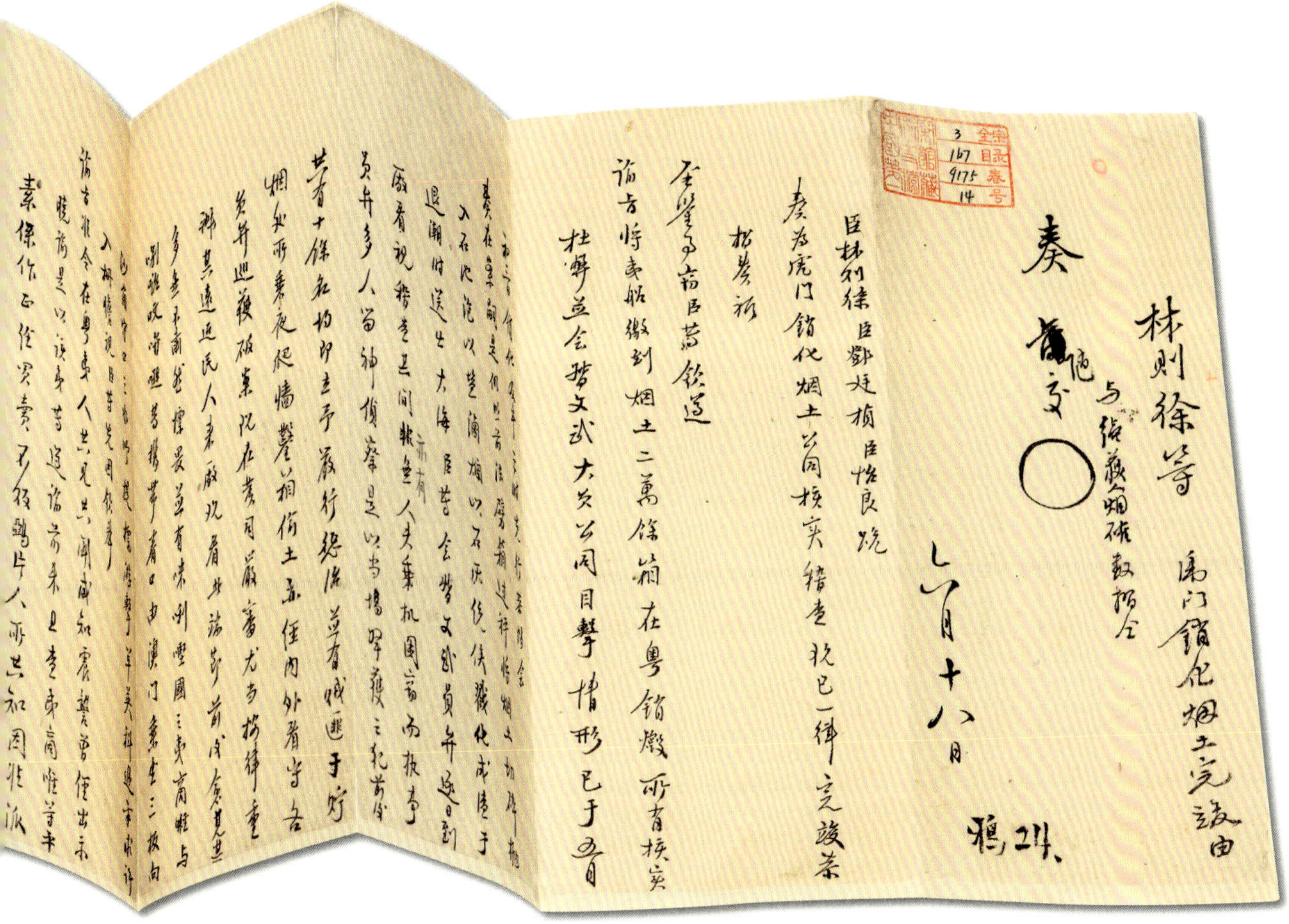

10

和硕礼亲王世铎等奏折

为遵议慈安慈禧两宫皇太后垂帘听政事

同治十三年十二月十八日（1875年1月25日）

| 纸本 |

横 570 厘米　纵 25 厘米

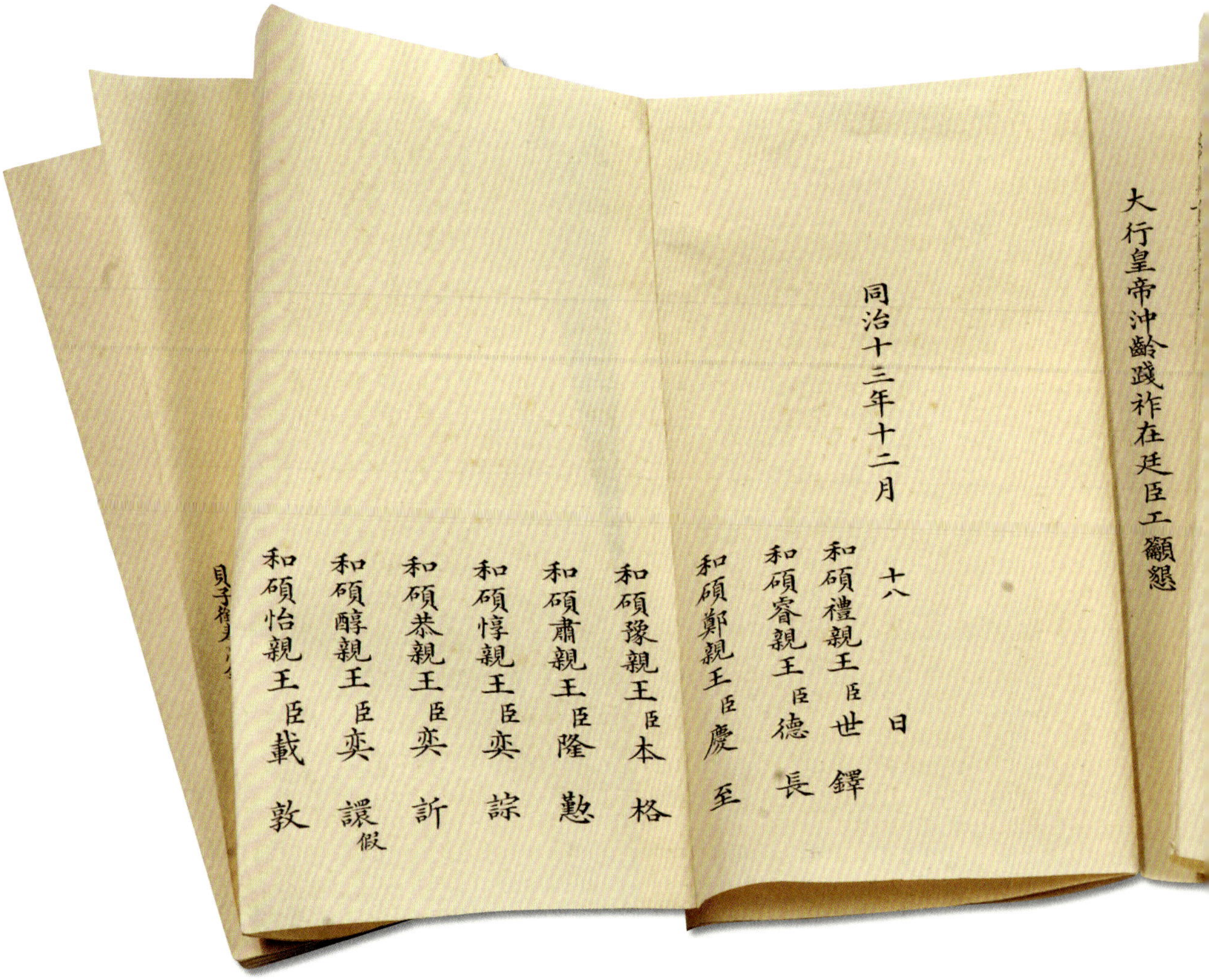

大行皇帝沖齡踐祚在廷臣工籲懇

同治十三年十二月　十八　日

和碩禮親王臣世鐸

和碩睿親王臣德長

和碩鄭親王臣慶至

和碩豫親王臣本格

和碩肅親王臣隆懃

和碩惇親王臣奕誴

和碩恭親王臣奕訢

和碩醇親王臣奕譞假

和碩怡親王臣載敦

貝子……

同治十三年（1875）十二月初五日同治帝逝于紫禁城养心殿，两宫太后召醇亲王奕譞之子载湉入承大统，为嗣皇帝，赐奕譞以亲王世袭罔替，并免朝会行礼。是年，载湉年仅4岁。王公、大学士、六部九卿等遂奏请吁恳慈安、慈禧两宫皇太后再次垂帘听政。本件档案即为和硕礼亲王世铎等200余名大臣遵旨议奏两宫皇太后第二次垂帘听政章程事宜的奏折。

奏

和碩禮親王臣世鐸等跪

奏為遵

旨會議具奏事同治十三年十二月初七日内閣奉

上諭本日據王公大學士六部九卿等奏請籲懇兩宮

皇太后垂簾聽政一摺朕恭呈

慈覽欽奉

慈安端裕康慶皇太后

慈禧端佑康頤皇太后懿旨覽王大臣等所奏更覺悲

痛莫釋垂簾之舉本屬一時權宜惟念嗣皇帝此時

尚在沖齡且時事多艱王大臣等不能無所稟承不

得已姑如所請一俟嗣皇帝典學有成即行歸政

11

闽浙总督杨昌浚等奏折

为筹议台湾建省事

光绪十二年六月十三日（1886年7月14日）

折	单
丨纸本丨	丨纸本丨
横 147 厘米　纵 21 厘米	横 171 厘米　纵 22 厘米

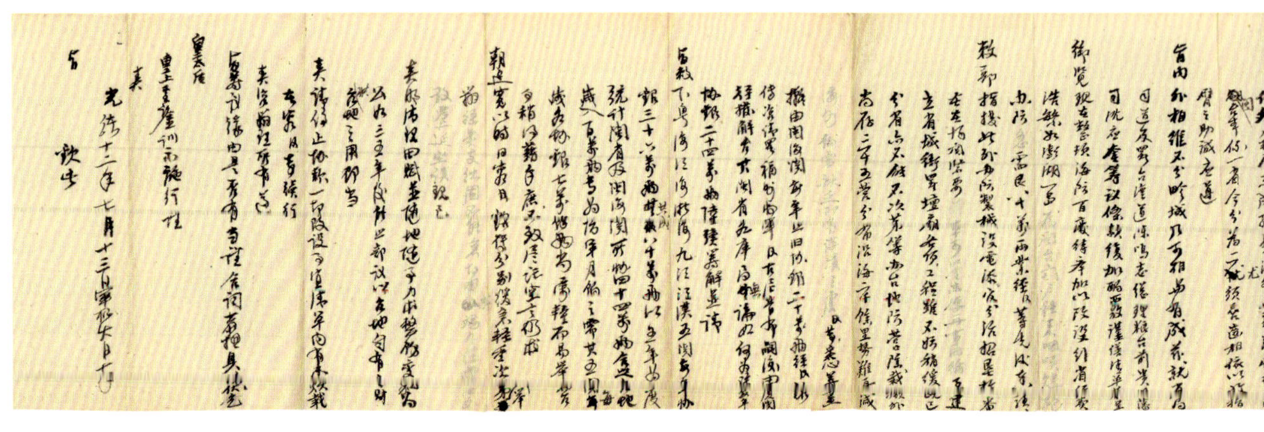

同治十三年(1874)清廷采纳沈葆祯建议，饬令福建巡抚冬春驻台，夏秋驻省，以为兼顾之计。后经数次讨论，终于光绪十一年(1885)九月五日正式建省，改福建巡抚为台湾巡抚，以刘铭传为首任巡抚。本件档案为闽浙总督杨昌浚、福建巡抚刘铭传奏报筹议台湾改设行省的奏折，随附清单开列了16条具体事项，对台湾建省提出较为完整的方案。奏折为军机处抄录件，清单为原呈递件。

伍

清宫生活

顺治元年（1644），清朝定都北京，将紫禁城作为皇宫。截至1924年逊帝溥仪搬出紫禁城，清朝共有十位皇帝在此度过了280年的时光。期间，主管皇族事务的内务府、宗人府等机构产生了大量的文书档案，记载了当时的清宫生活。这些档案，按形制可分为折件类、簿册类、卷轴类等，材质以纸质为主，兼有木质、绢质、铁质等。

清宫生活档案是皇帝、后妃在皇宫起居活动的写真，其内容十分丰富。主要包括：一是皇室的衣食住行。如记载帝后所用膳品的《膳食档》、帝后穿着配饰的《穿戴档》等；二是皇室的婚丧寿病。如记载皇帝大婚情形的《大婚典礼红档》、操办宫内白事和寿事的《白事档》《寿事档》、御药房按季核销宫廷用药数目的《进药清单》、太医为皇帝诊病情形汇辑而成的各朝《脉案》等；三是清朝各类祭祀及“三节两寿”礼仪典制。如记载清宫元旦行礼的《元旦令节行礼大臣命妇档》、奉先殿大祭备差的《奉先殿大祭档》等；四是清宫的文化生活。如文渊阁藏书的各部目录和《考证总目分架图》、帝后观看京剧等所用《戏单》《恩赏档》等；五是宫内太监、宫女、苏拉人等的管理。如记载清宫匠役人等的《匠役名册》、清宫禁卫值班情形的《值宿档》、慈宁宫太监俸禄的《米粮册》等；此外，还有记载各宫殿陈设情形的《陈设档》、“三山五园”管理情形的《圆明园王公大臣用饭银两贴单》、宫内各处房屋修葺等工程情形的用工档簿等。

01

《起居注册》

康熙二十一年（1682 年）

纸本 | 包背装 | 满汉文

单册横 21 厘米　纵 36 厘米　厚 1 厘米

《起居注册》是中国古代记录皇帝日常起居及相关谕旨、官员题奏引见等政务活动的重要文书，一般由专人记录，存于专门机构。清代置《起居注册》，每月分为两册，正本存内阁大库，草本存起居注馆。康熙九年（1670）设起居注馆，藏有康熙十一年至宣统三年的《起居注册》。《起居注册》为包背装，墨画框栏，无界行，半叶七行，四周双边，黑口，双鱼尾，书口右开，黄绫书衣。

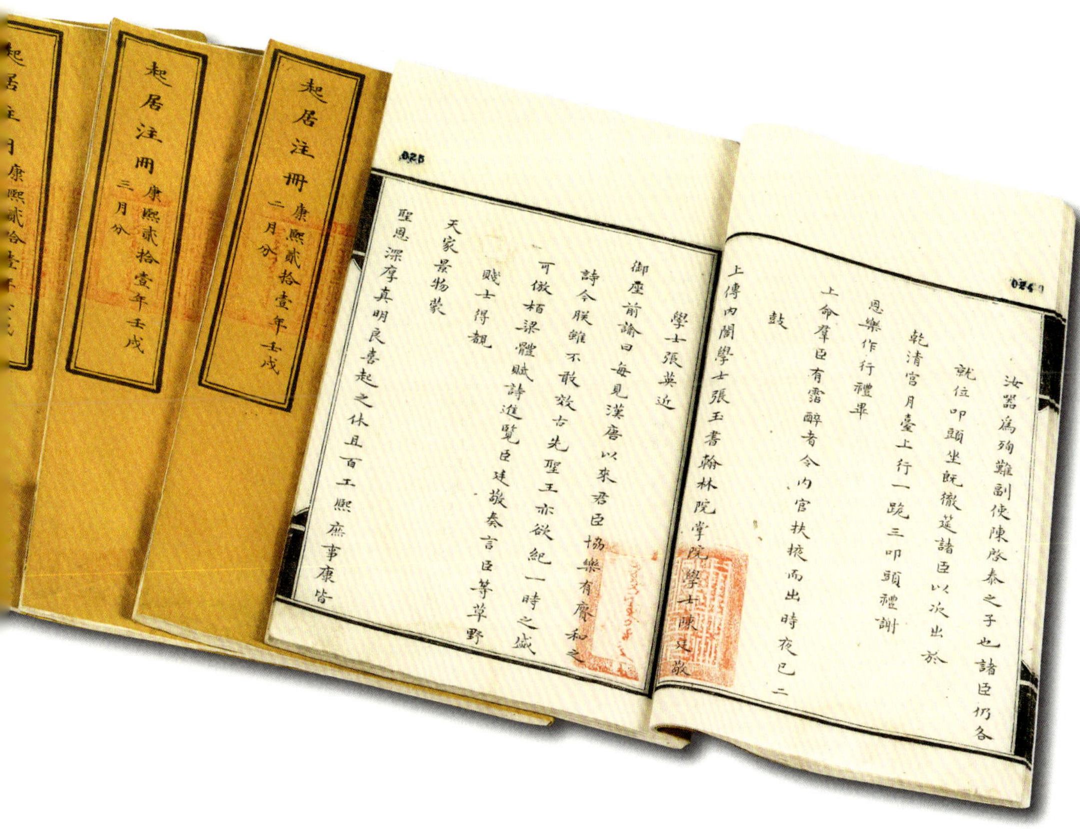
起居注冊 康熙貳拾壹年壬戌 二月分
起居注冊 康熙貳拾壹年壬戌 三月分
汝器爲殉難副使陳啓泰之子也諸臣仍各
就位叩頭坐既徹筵諸臣以次出於
乾清宮月臺上行一跪三叩頭禮謝
恩樂作行禮畢
上命羣臣有霑醉者令内官扶掖而出時夜已二
鼓
上傳內閣學士張玉書翰林院掌院學士陳廷敬
學士張英近
御座前諭曰每見漢唐以來君臣協樂有賡和之
詩今朕雖不敢效古先聖王亦欲紀一時之盛
可倣柏梁體賦詩進覽臣廷敬奏言臣等草野
賤士得覩
天家景物蒙
聖恩深厚真明良喜起之休且百工熙庶事康皆

02

弘历生辰立象安命图说

康熙五十八年八月十三日（1719 年 9 月 26 日）

《圣寿无疆》

| 纸本 |

横 300 厘米　纵 28 厘米

《万年如意》

| 纸本 |

横 113 厘米　纵 25 厘米

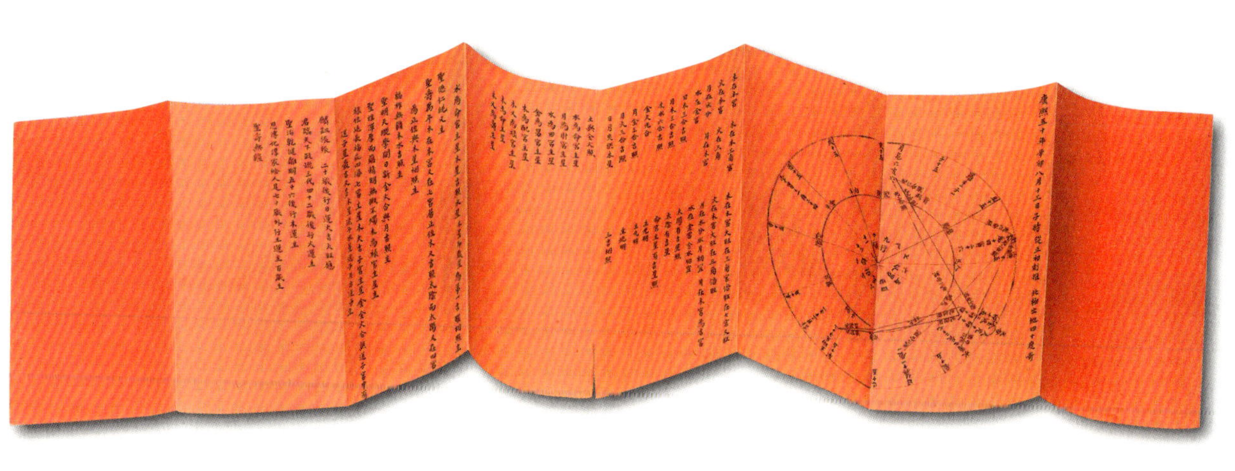

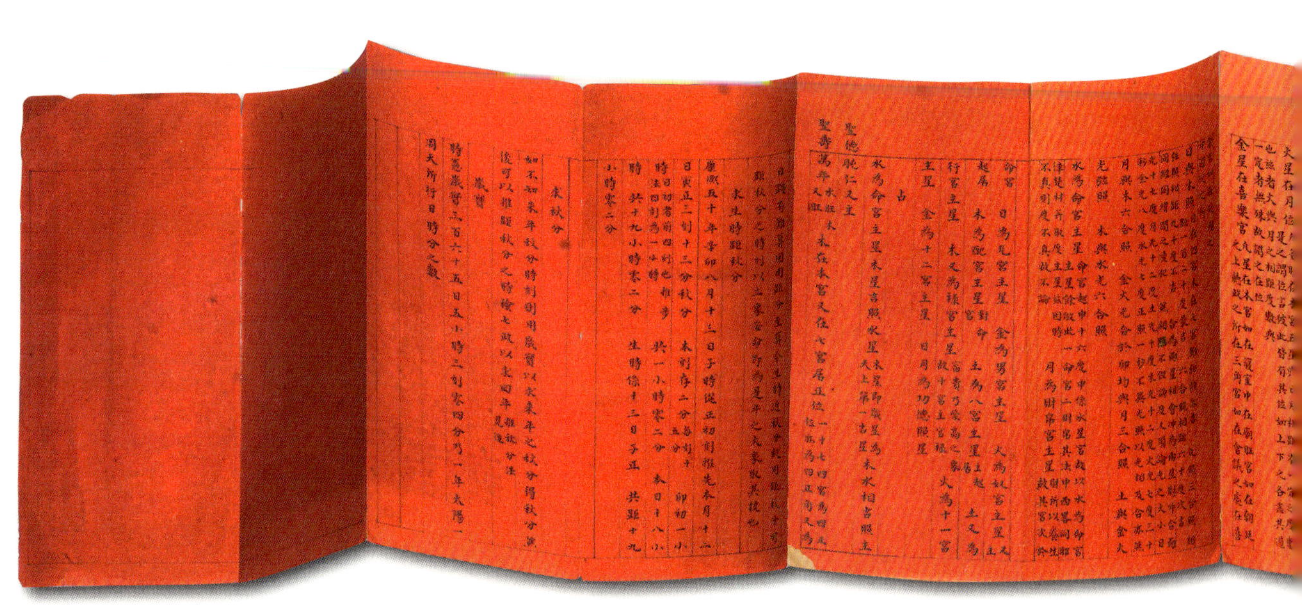

乾隆帝弘历出生在雍正帝的潜邸雍亲王府，本图说是对弘历的生辰八字进行推演的档案记载，包括《万年如意》和《圣寿无疆》。一说《万年如意》采用了中国传统的推命方法，《圣寿无疆》采用了西方十二星座的占验法，均是对乾隆帝“命”“运”的推演。另有研究认为，该组档案应为乾隆帝三十寿辰时由臣子呈进，其中采用了源于阿拉伯天文学的星命数推算方法。从该组档案可以看出，中国传统的天文学以及从中衍生出的星象术等在清代的皇室中有着重要的影响。

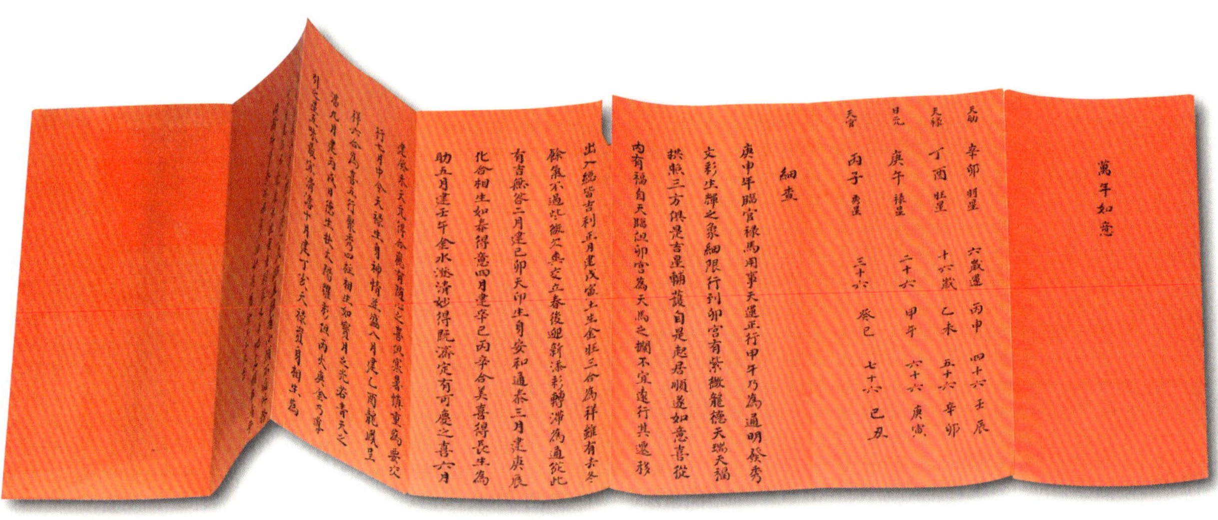

萬年如意

天赋 辛卯 財星 六歲運 丙申 四十六 壬辰
天祿 丁酉 旺星 十六歲 乙未 五十六 辛卯
日元 庚午 祿星 二十六 甲午 六十六 庚寅
天官 丙子 秀星 三十六 癸巳 七十六 己丑

細查

庚申年臨官祿馬用事天運正行甲午乃為通明發秀文彩生輝之象細限行到卯宮有紫微龍德天瑞天福拱照三方俱是吉星輔護自是起居順遂如意喜從內有福自天臨但卯宮為天馬之攔不宜遠行其遷移出入總留吉利正月建戊寅土生金旺三合為祥雖有去冬餘氣不過些微災愆立春後迎新滌彩轉滞為通從此有吉無咎二月建己卯天印生身安和通泰三月建庚辰化合相生如春得意四月建辛巳丙辛合美喜得長生為助五月建壬午金水涵清妙得既濟定有可慶之喜六月

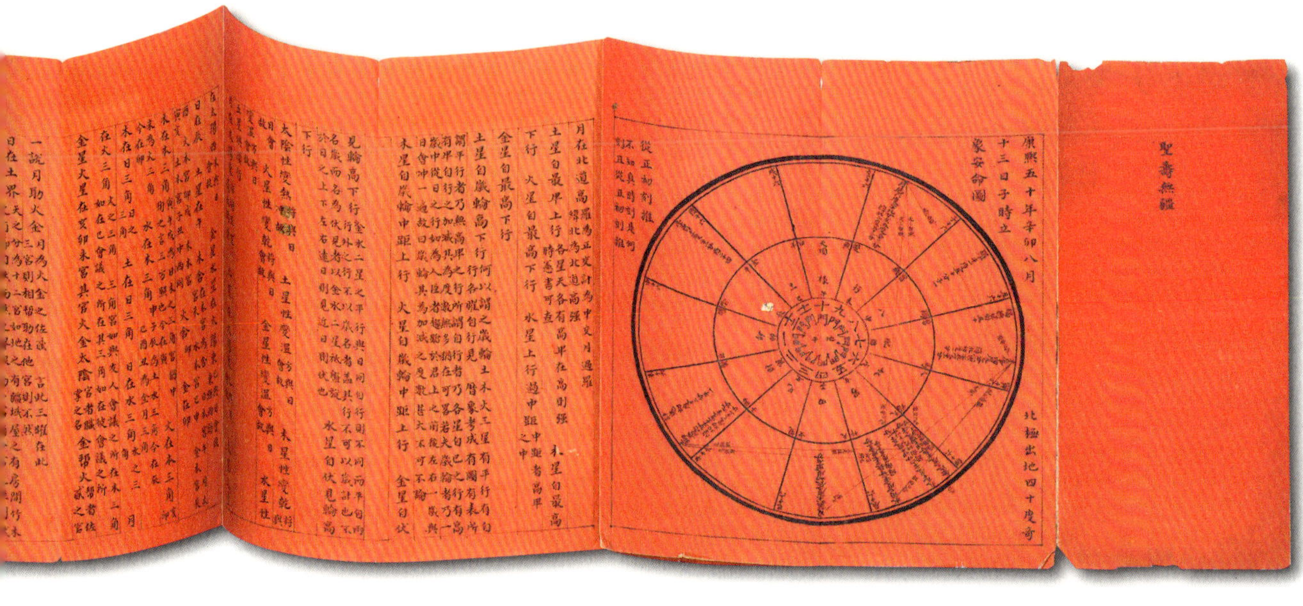

聖壽無疆

康熙五十年辛卯八月十三日子時立象安命圖

北極出地四十度奇

從正初刻推 不知真時刻是何刻且從正初刻推

03

圆明园西洋楼铜版画

乾隆朝

| 铜版画 |

横 97 厘米　纵 64 厘米

圆明园始建于康熙朝，是清代皇帝在紫禁城之外用于居住和处理政务的皇家园林之一。乾隆年间在圆明园增建长春园、绮春园两处附园。其中，长春园北端建有一组西洋风格的建筑群，自乾隆十二年（1747）开始筹划，到乾隆四十八年最终完成，包括谐奇趣、万花阵、海晏堂、远瀛观、大水法等十余座西洋建筑及园林小品。其中，海晏堂喷水池左右的十二生肖人身兽头铜像，分别对应一天的十二个时辰，轮流喷射泉水，至正午时十二生肖同时喷射，是为“水力钟”。西洋楼群建成后，乾隆帝命宫廷画师伊兰泰将这十余处景观详细绘制，由造办处刻制成铜版画。

海晏堂西面十

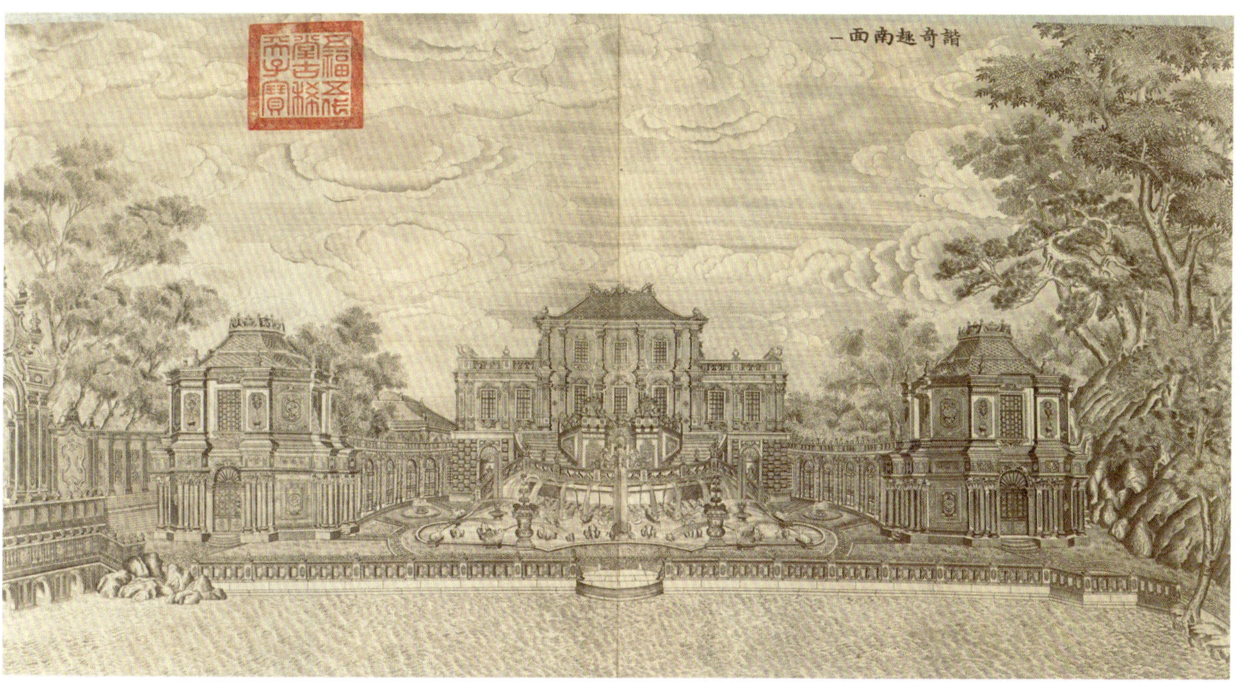
諧奇趣南面一

04

宫中春帖子词

乾隆朝

纸本 | 黄绫面

横 244 厘米　纵 18 厘米

清宫习俗，每逢立春之日，宫中词臣向皇帝恭进诗作以为祝贺，或书写为小轴，或为屏幅，文字工丽，内容多为歌功颂德，这些诗作即被称为“春帖子”。乾隆年间，规定春帖子为五言绝句二首、七言绝句一首，嘉庆时期亦作三言绝句。春帖子不仅是词臣所作，皇帝有时也会亲书绝句，乾隆帝便曾御笔题写春帖子，悬于养心殿东暖阁随安室，随年更换。此处的春帖子乃是由乾隆朝的刘墉、金士松等臣工所进呈。

05

《经筵御论》

乾隆朝

纸本 | 黄绫面

第一册横 911 厘米　纵 26 厘米　共六册

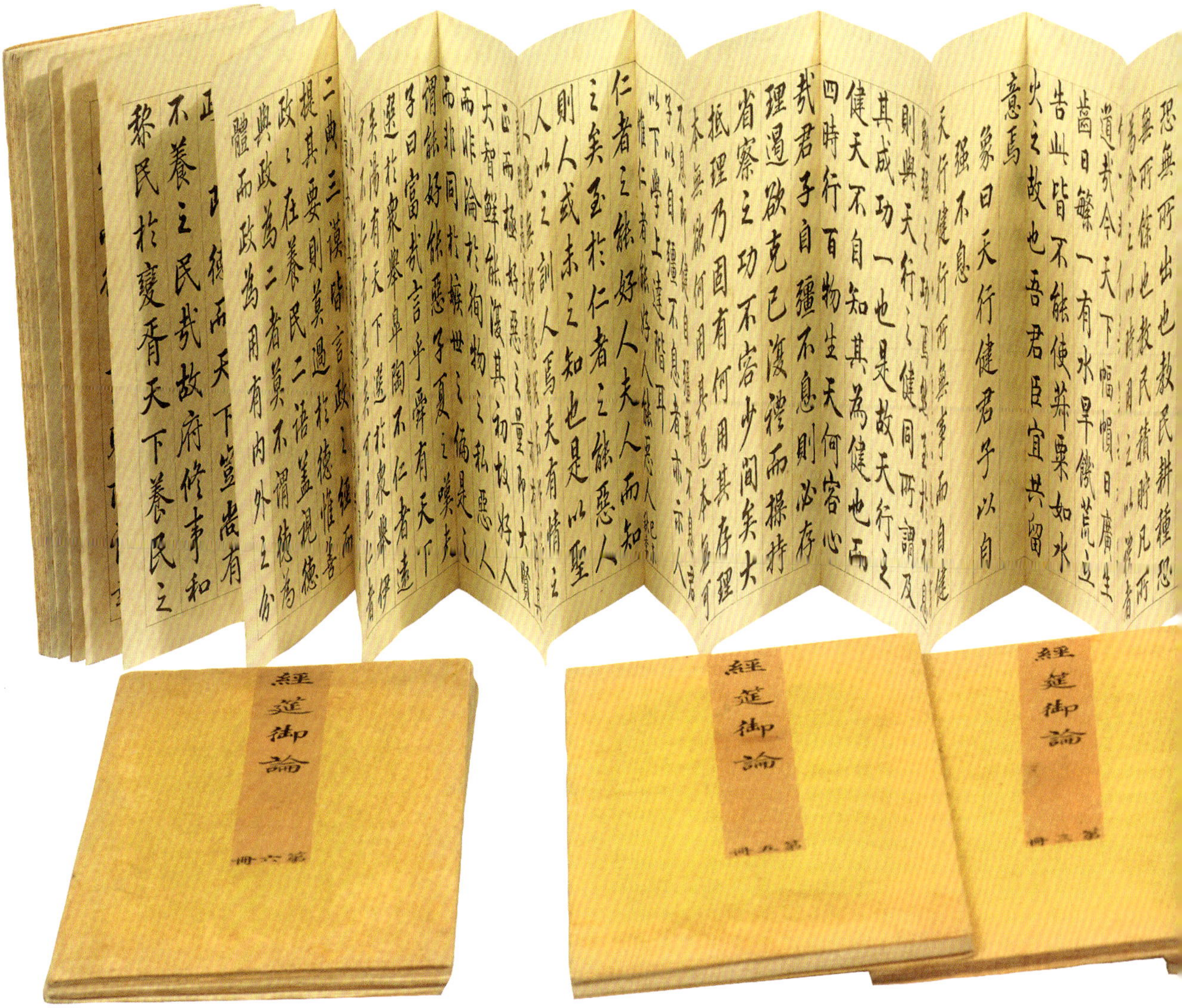

经筵制度源自宋朝，清朝沿袭旧例，设经筵作为清宫例行的一种文化活动，由皇帝临席召经筵讲官在御前讲习儒家经典、宣示御论等。每年的经筵分春秋二季，均在文华殿举行。经筵讲官进讲所用的经书讲题文字称为“经筵讲章”，进讲后皇帝发表的论谈称为“经筵御论”。经筵结束后，翰林院安排专人将“经筵御论”缮录成册保存。此组《经筵御论》即为乾隆帝当时发表的论谈记录。

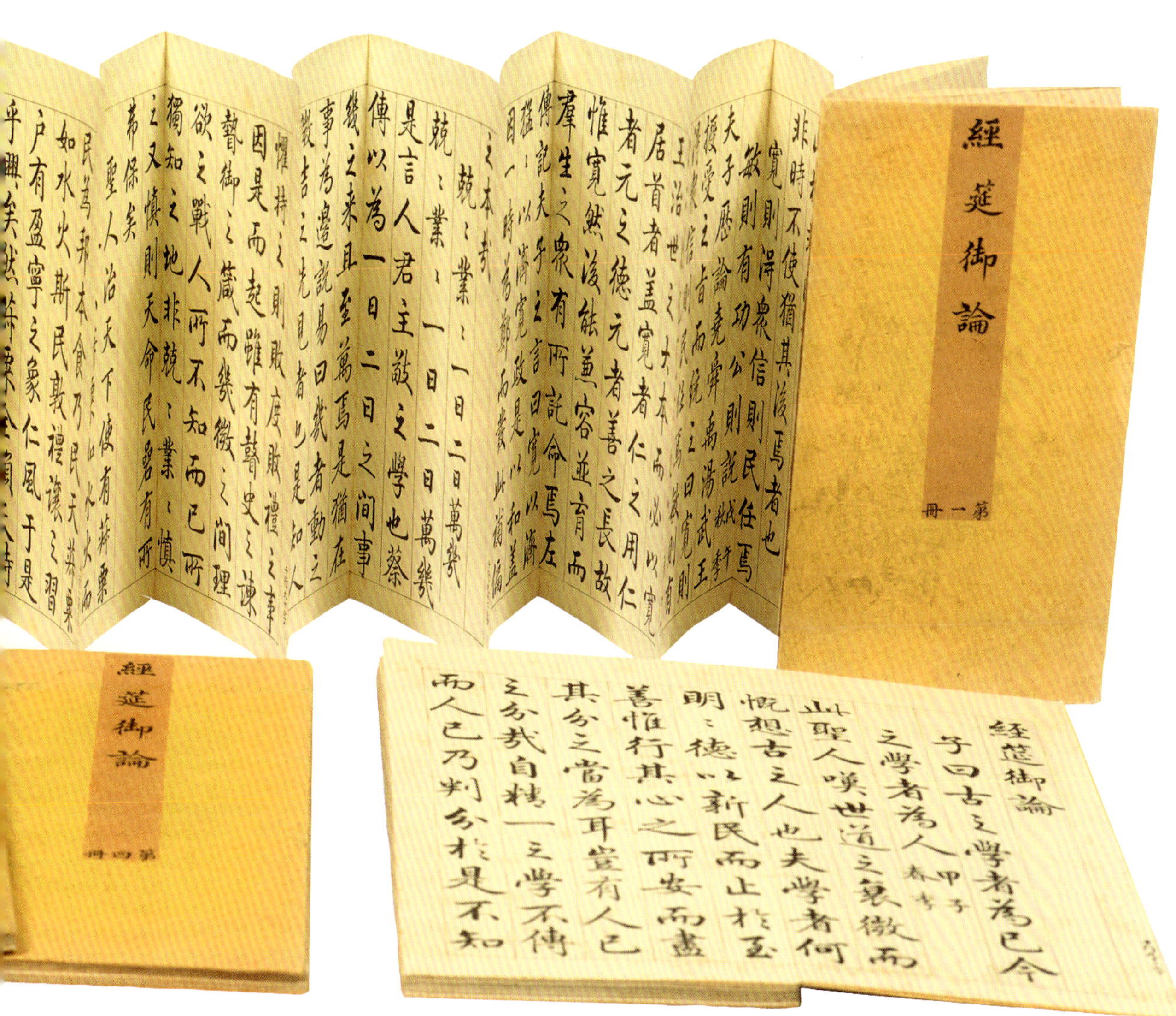

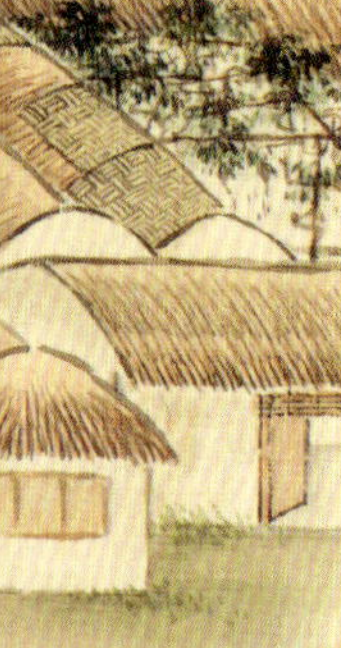

06

九九消寒图

道光二十年至宣统三年（1840-1911 年）

管城春满图
纸本 丨 设色
横 29 厘米　纵 38 厘米

葫芦形消寒图

绢本丨设色

横 35 厘米　纵 57 厘米

消寒图是清代后宫冬天流行的一种娱乐消遣的形式，来源于北方地区传统民俗。一般由九个九笔字构成，有数九、画九和写九之分，自冬至日起至九九，每日填写一笔，共九九八十一笔。所画所写均挂于宫廷居室之中，统称“九九消寒图”。

葫芦形消寒图。以诗歌形式记述了从“三皇治世”到“大清坐金銮”的故事，全诗围绕“雁南飞哉柳芽待春来”九个字盘旋环绕成葫芦形，每字为九笔，每日填一笔，填完则“九九八十一日尽”。

管城春满图。“管城春满”四字下为九宫格，书写“庭前垂柳珍重待春风”，每格一字，每字九笔，每日填一笔，写完一字即过一九，句成而八十一天尽。

07

《记名秀女排单》

咸丰朝至同治朝

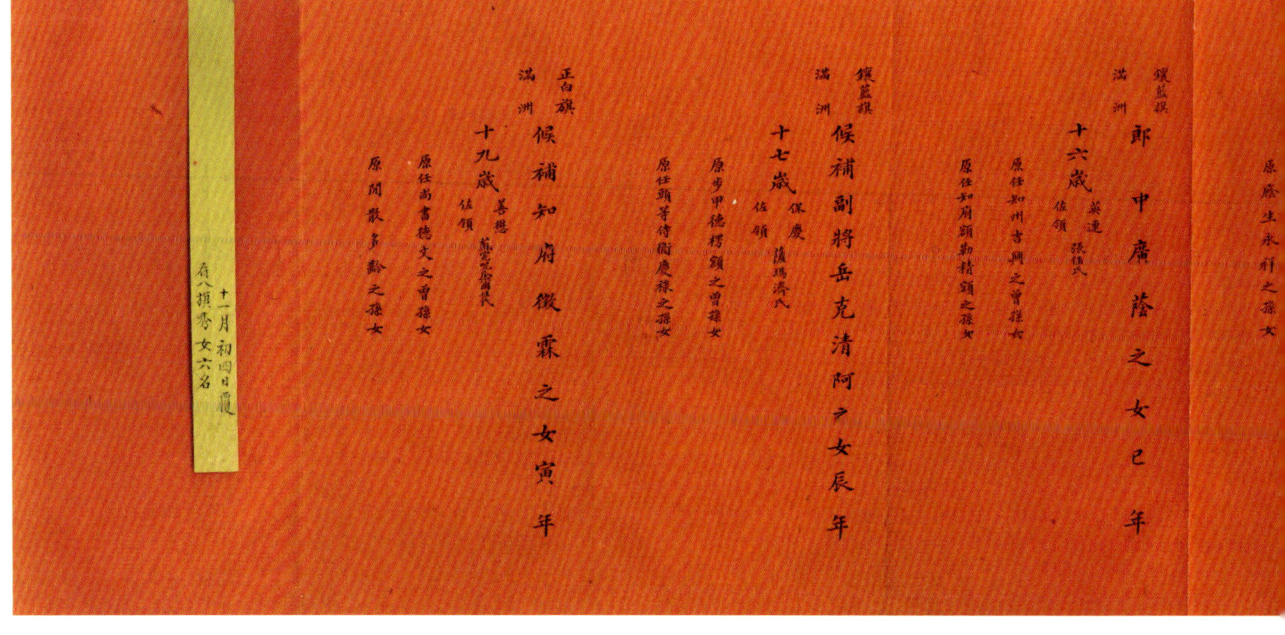

原廕生永祥之孫女

鑲藍旗 滿洲 郎中廣蔭之女巳年
十六歲 英連 佐領 張佳氏
原任知州吉興之曾孫女
原任知府額勒精額之孫女

鑲藍旗 滿洲 候補副將岳克清阿之女辰年
十七歲 保慶 佐領 薩瑪濟氏
原步甲德楞額之曾孫女
原任頭等侍衛慶祿之孫女

正白旗 滿洲 候補知府徵霖之女寅年
十九歲 善懋 佐領 蘇完瓜爾佳氏
原任尚書德文之曾孫女
原閑散多齡之孫女

十一月初四日覆
看八旗秀女六名

“选秀女”制度是清代皇室为了满足自身需求，在八旗和内务府包衣三旗中挑选未婚女子的制度，分为八旗秀女和包衣三旗秀女。八旗秀女每三年挑选一次，由户部主持，备后妃之选或赐婚近支宗室；包衣三旗秀女每年挑选一次，由内务府主持，作为宫女供内廷使役。挑选时，参选秀女以旗为单位，按该旗参选人数多少分排，每排人数并无定数。《记名秀女排单》便是记录参选秀女身份以供挑选的候选人名单，内容包括参选秀女的旗籍、家庭和年龄等信息，每排一册。

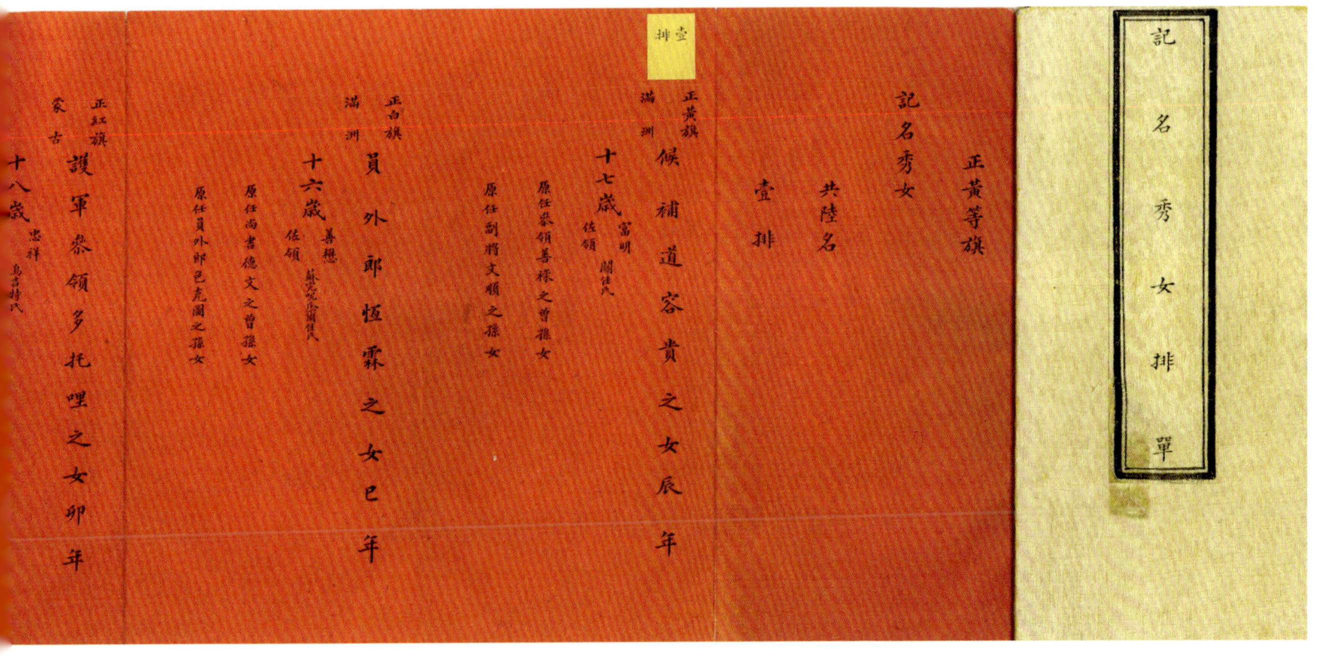

記名秀女排單

正黃等旗
記名秀女
共陸名
壹排

壹排

正黃旗
滿洲
候補道容貴之女辰年
十七歲
富明
佐領
關佳氏
原任參領善祿之曾孫女
原任副將文顯之孫女

正白旗
滿洲
員外郎恆霖之女巳年
十六歲
善懋
佐領
蘇完瓜爾佳氏
原任尚書德文之曾孫女
原任員外郎色克圖之孫女

正紅旗
蒙古
護軍參領多托哩之女卯年
十八歲
忠祥
烏吉特氏

08

慈禧太后膳食《特记册》

光绪七年二月二十七日（1881 年 3 月 26 日）

纸木 | 毛装

单册横 23 厘米　纵 16 厘米　厚 1 厘米

清代为管理皇帝、后妃与宫中其他皇室成员的饮食，以及典礼筵宴等事务，于内务府下设立专门机构，顺治初年时称为“茶房”“膳房”，乾隆年间合并为“御茶膳房”。清末，慈禧太后每日用膳除由御茶膳房按时配制外，另开设私厨为其特制偏爱的食品，并由专人负责记录及保存食谱，是为《特记册》，其中如慈禧太后在光绪七年（1881）二月二十七日的早膳中，便有鸭条溜鲜蘑、里脊丁黄瓜酱等菜品。

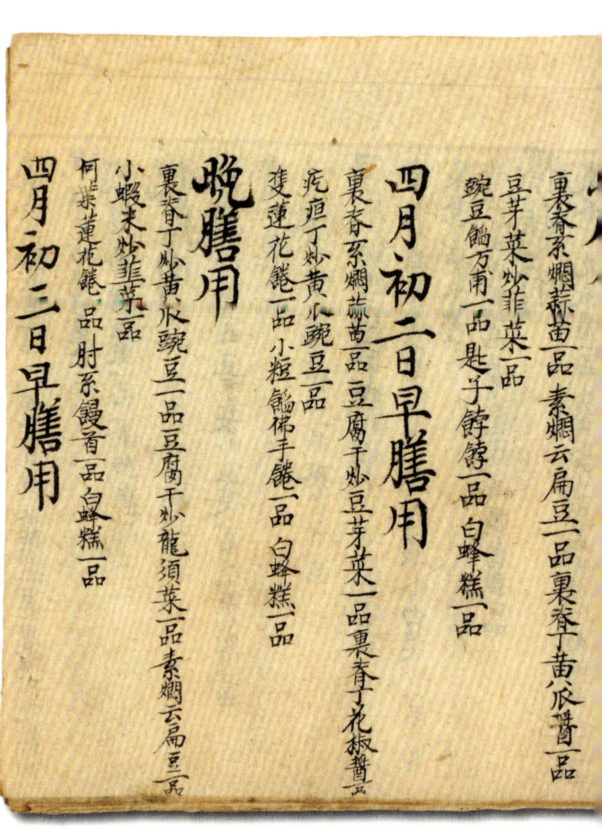
裏脊系燜蒜苗一品 素燜云扁豆一品 裏脊丁黃瓜醬一品
豆芽菜炒韭菜一品
豌豆餡万甬一品 匙子餑餑一品 白蜂糕一品
四月初二日早膳用
裏脊系燜蒜苗一品 豆腐干炒豆芽菜一品 裏脊丁花椒醬一品
疙疸丁炒黃瓜小豌豆一品
變蓮花饅一品 小粒餡佛手饅一品 白蜂糕一品
晚膳用
裏脊丁炒黃瓜豌豆一品 豆腐干炒龍須菜一品 素燜云扁豆一品
小蝦米炒韭菜一品
荷葉蓮花饅一品 肘系饅首一品 白蜂糕一品
四月初三日早膳用

特記

光緒七年二月二十七日

三月二十七日早膳用

鴨条溜鮮蘑一品 裹脊丁黃瓜醬一品 鴨丁炒白菜豆芽

裹脊絲炒龍須菜一品

大梅花蒸餅一品 千張糕一品 白蜂糕一品

晚膳用

鴨丁溜豌豆一品 裹脊丁黃瓜醬一品 豆芽菜炒韭菜一品

裹脊絲燜蒜苗一品

荷葉蓮花饊一品 白蜂糕一品 棗糖糕一品

三月二十八日早膳用

肉片溜鮮蘑一品 裹脊絲燜蒜苗一品 豆芽菜炒韭菜一品

炒三鮮丁一品

蓮花饊一品 白蜂糕一品 棗糖糕一品

晚膳用

裹脊絲燜蒜苗一品 裹脊丁黃瓜醬一品 小炒茄子丁一品 糖醋白菜

匙子餑餑一品 飯饊子一品 白蜂糕一品

三月二十九日早膳用

裹脊丁花椒醬一品 香干煎豆芽菜一品 裹脊絲燜蒜苗一品

炒疙疸丁黃瓜豌豆一品

小豆餡佛手饊一品 進文蓮花饊一品 棗糖糕一品

晚膳用

燜扁豆一品 裹脊絲燜蒜苗一品 裹脊丁花椒醬一品

鴨丁炒白菜豆芽一品

清油花饊一品 豌豆餡饅首一品 白蜂糕一品

四月初一日早膳用

裹脊絲炒鮮蘑一品 疙疸炒黃瓜豌豆一品 裹脊絲燜蒜苗一品

裹脊丁花椒醬一品

09

光绪帝《大婚典礼红档》

光绪十五年（1889年）

纸本 | 线装 | 朱丝栏 | 红绫面

单册横 21cm　纵 28 厘米　厚 1 厘米　共六册

清代皇帝迎娶皇后的典礼仪式称为“大婚礼”，是皇室最为重要的典礼之一。光绪十五年（1889）正月，光绪帝载湉举行大婚典礼，册立慈禧太后胞弟桂祥之女叶赫那拉氏为后。《大婚典礼红档》详细记录了整个过程，包括大婚典礼筹办过程中皇帝下发的谕旨、各项礼仪经过、经费开支情况、各类用品使用等行文。

光緒十三年閏四月十四日由內閣鈔出欽奉
慈禧端佑康頤昭豫莊誠皇太后懿旨皇帝大婚典禮
崇隆允宜先期豫備一切應辦事宜著派總管內務
府大臣遵照會典敬謹辦理國家經費有常日下整
頓武備需款孔多各省時有偏災尤宜體念民艱愛
惜物力朝廷躬行節儉為天下先該大臣等務當仰
體崇實黜華之意嚴飭承辦各員認真經理不准稍
涉浮冒所有支發款項著醇親王奕譞隨時稽察以
期核實至各衙門應行備辦事宜並著敬稽典禮先
期具奏候旨遵行欽此

大婚典禮紅檔
第六函
行文

大婚典禮紅檔
卷二
文平

10

光绪帝祝慈禧太后六十岁生日贺表

光绪二十年十月初十日（1894年11月7日）

正表
纸本丨卷装丨磁青泥金丨满汉文
横122厘米　纵31厘米

副表
折装丨纸本锦面丨磁青泥金丨满汉文
横229厘米　纵31厘米

内匣
绫面丨磁青泥金
横16厘米　纵32厘米　高13厘米

外函套
丨锦面丨
横18厘米　纵33厘米　高15厘米

清制，逢皇太后诞辰，皇帝应具表庆贺。光绪二十年（1894）十月，适逢慈禧太后六十岁寿辰，光绪帝进表文致贺。贺表做工精致，外用锦匣盒具包装，盒具正面书“万寿无疆”，内呈正、副贺表，正表卷装，置于托架之上，副表折装，置于托架之下，正、副贺表内容无差别。光绪帝于贺表中自称“子皇帝臣载湉”，恭贺圣母皇太后慈禧万寿无疆等，文末钤印“皇帝尊亲之宝”。

子皇帝臣載湉誠懽誠忭稽首頓首

上

賀伏以瑞蓂紀朔慶都稱孅夫堯廷覃萬貽箴太姒

流輝夫周室粵稽前牒式炳徽章仰

慈德於

璇闈備嘉祥於璆冊九如允協百祿永綏欽維

聖母慈禧端佑康頤昭豫莊誠壽恭欽獻崇熙皇太后陛下

德美思齊

釐凝長樂

慈雲垂蔭

周甲籙而延庥

愛日承暄建亥杓而迓福臣欣逢

聖節仰奉

母儀率萬國以承

歡物備夫航琛輦賮緜

億齡而獻

壽聲騰乎華祝嵩呼臣無任瞻

天仰

聖懽忭之至謹奉

表稱

賀以

聞

光緒廿年十月初十日子皇帝臣載湉謹上表

11

光绪帝脉案

光绪三十四年十月二十一日（1908 年 11 月 14 日）

纸本丨线装

横 23 厘米　纵 27 厘米　厚 2 厘米

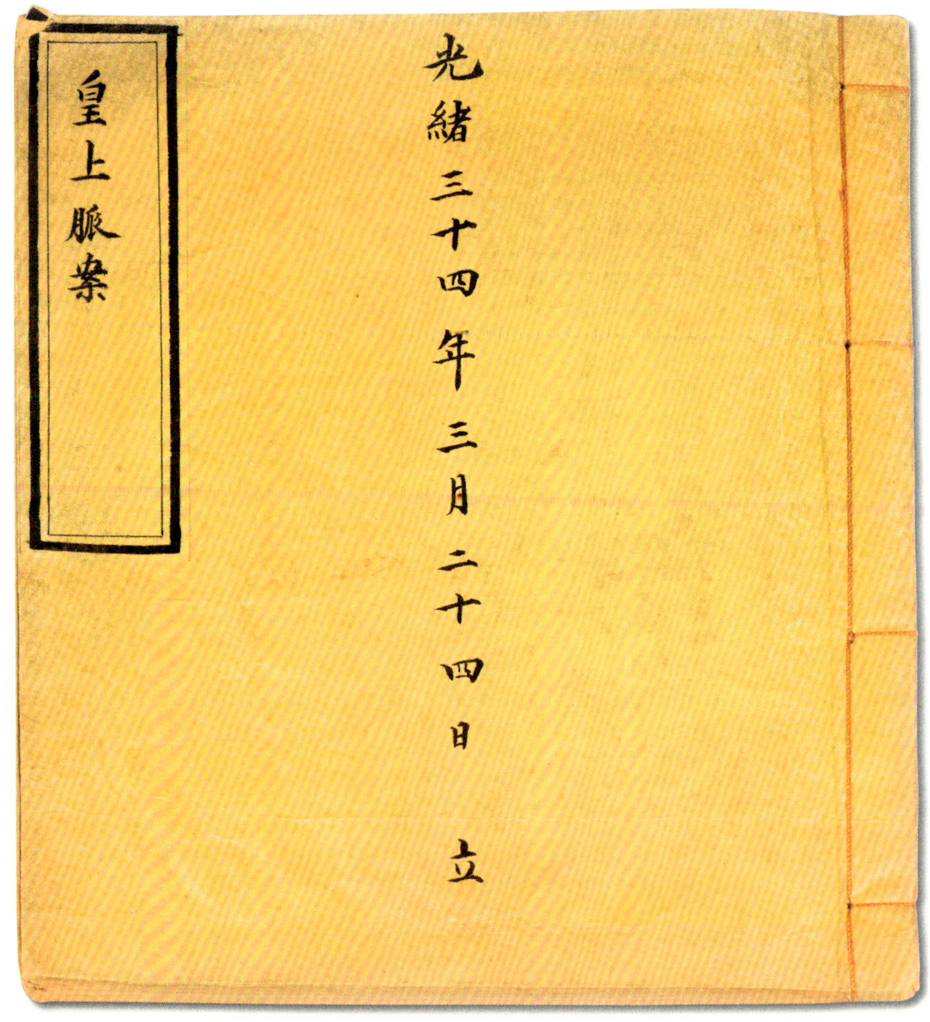

“戊戌变法”失败后，光绪帝被囚禁于瀛台。光绪三十四年（1908）十月二十一日子刻，光绪帝病危，御医张仲元、全顺、忠勋前来为其把脉探病，发现光绪帝“脉息如丝欲绝，肢冷气陷，二目上翻，神识已迷，牙关紧闭，势已将脱”，即开方制成生脉饮为其灌服。酉正二刻三分，光绪帝医治无效去世。当日所有为光绪帝请脉、开方、治疗等情况均记录于《皇上脉案》中。

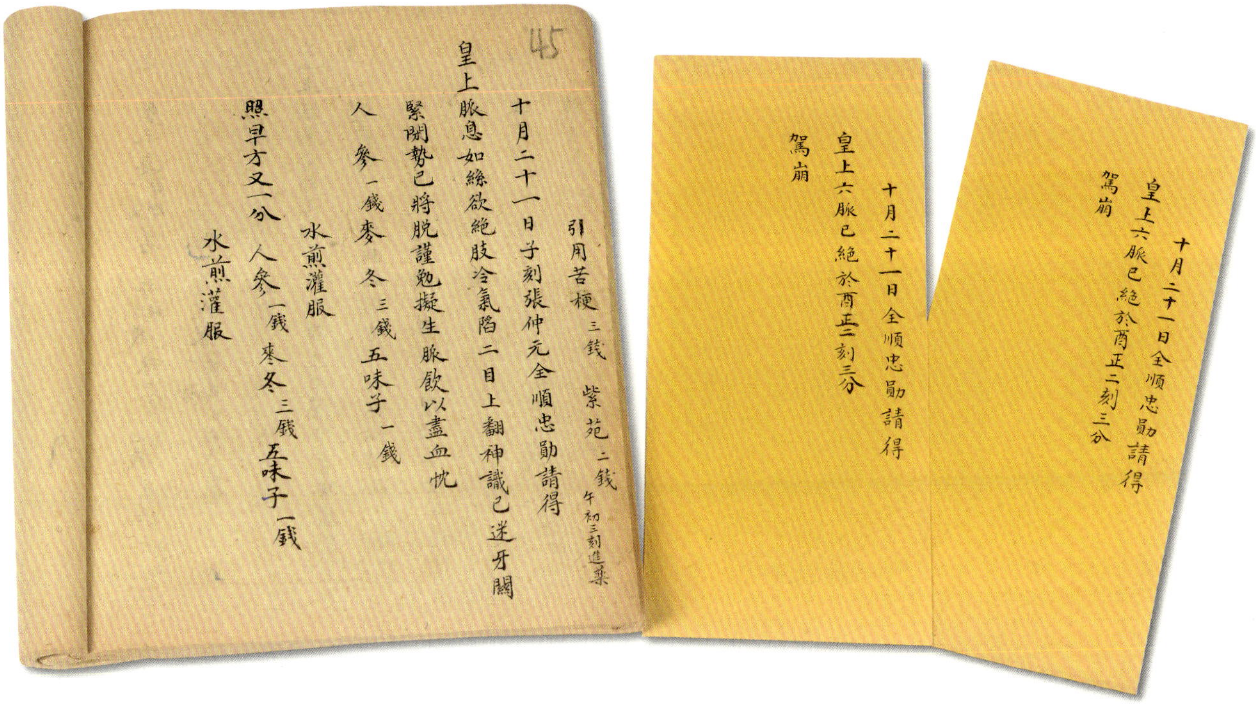

12

宫中腰牌

晚清

火印木牌

墨笔填写 | 满汉文

横 8 厘米　纵 11 厘米　厚 1 厘米

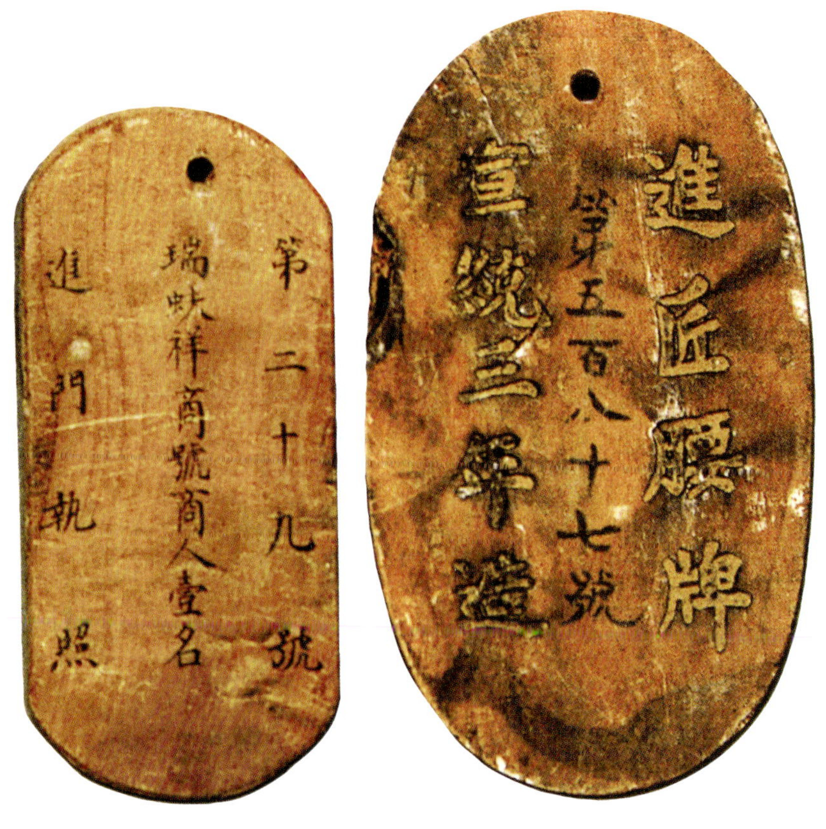

天聪五年（1631），清太宗采纳参将宁完我的建议，“分辨服制，造设腰牌”，按照官员的品阶、身份颁发使用。清朝定都北京后，皇宫内始用腰牌，由内务府负责制作及管理，规定：凡内务府、内阁及内廷行走各处供事的书吏、苏拉、皂隶、茶役、厨役、匠役、戏子等人均需从内务府领取腰牌，方能出入皇宫。宫中腰牌初时较为简单，后多有变化，至咸丰年间定为木质，火印墨书，正面标有持牌者所在机构、姓名、年龄、相貌特征、腰牌编号，背面标注发牌机构、日期，并以满文书写“总管内务府”，三年一换。

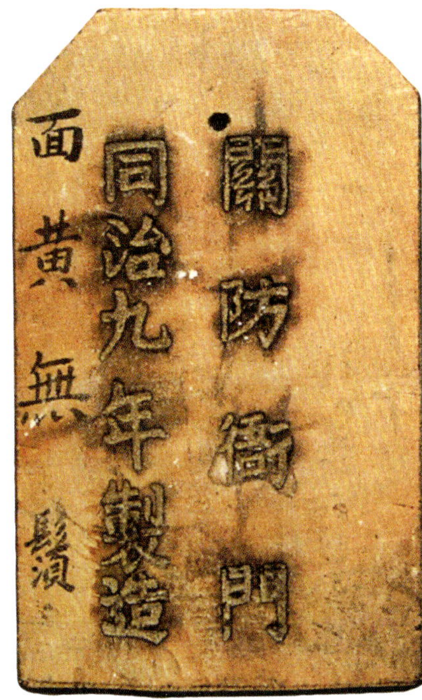
闗防衙門
同治九年製造
面黃無鬚

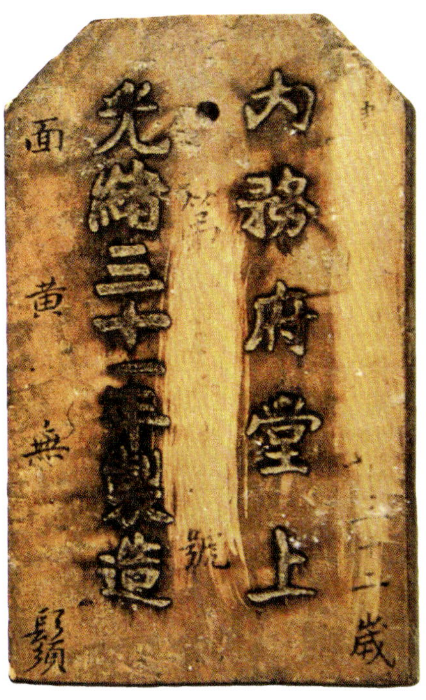
内務府堂上
光緒三十一年製造
面黃無鬚

腰牌
内務府頒發

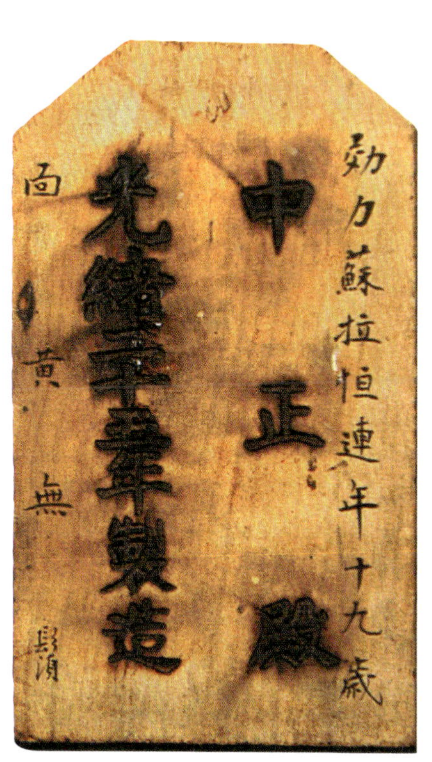
勁力蘇拉恒連年十九歲
中正殿
面黃無鬚

13

昇平署档案

晚清至溥仪小朝廷

康熙时期，由南府专管宫中的演戏事宜，道光朝改南府为昇平署。昇平署负责管理宫中的演戏太监和外学艺人，同时也招令民间著名的戏班、伶人等进宫为皇室演出。昇平署将各类事务均记录在案，包括为帝后演出的戏本、戏单、商单、花名册以及各项公文簿册等，如《雁门关》戏本、伶人姓名棋子等，其中如梅兰芳进宫演出《黛玉葬花》的戏单、同庆班谭鑫培等进宫演出受赏的银两单等，都反映出当时清代皇室对京剧及其名角的喜好和欣赏。

伶人姓名棋子

| 木质 |

直径 4 厘米　高 2 厘米

万寿庆典戏单

| 纸本 |

横 181 厘米　纵 26 厘米

戏班赏单

| 纸本 |

横 57 厘米　纵 22 厘米

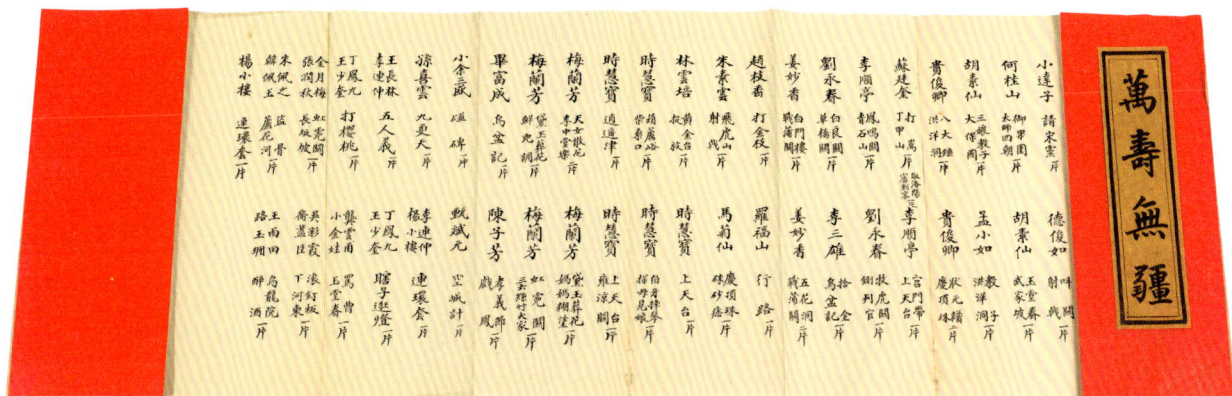

萬壽無疆

小達子 請宋靈 一斤　德俊如 轅門射戟 一斤
何桂山 御果園 太師回朝 一斤　胡素仙 玉堂春 武家坡 一斤
胡素仙 三娘教子 大保國 一斤　孟小如 教子 洪洋洞 一斤
賈俊卿 八大錘 洪洋洞 一斤　賈俊卿 狀元譜 慶頂珠 一斤
蘇建奎 打丁甲山 萬 一斤　取洛陽 審刺客 一斤　李順亭 宮門帶 上天台 一斤
李順亭 鳳鳴關 青石山 一斤　劉永春 牧虎關 鍘判官 一斤
劉永春 白良關 單橋關 一斤　李三雄 拾金 烏盆記 一斤
姜妙香 白門樓 戰蒲關 一斤　姜妙香 五花洞 戰蒲關 一斤
趙枝香 打金枝 一斤　羅福山 行路 一斤
朱素雲 飛虎山 射戟 一斤　馬菊仙 慶頂珠 硃砂痣 一斤
林雲培 黃金台 一斤　時慧寶 上天台 一斤
時慧寶 葫蘆峪 柴桑口 一斤　時慧寶 伯牙摔琴 桑母見娘 一斤
時慧寶 逍遙津 一斤　時慧寶 上天台 雍涼關 一斤
梅蘭芳 天女散花 李中堂樂 一斤　梅蘭芳 黛玉葬花 媽媽糊塗 一斤
梅蘭芳 黛玉葬花 一斤　梅蘭芳 虹霓關 一斤
畢富成 烏盆記 一斤　陳子芳 孝義節 戲鳳 一斤
小余三勝 碰碑 一斤　甄斌元 空城計 一斤
孫喜雲 九更天 一斤　李連仲 楊小樓 連環套 一斤
王長林 李連仲 五人義 一斤　丁鳳九 王少奎 瞎子逛燈 一斤
丁鳳九 王少奎 打櫻桃 一斤　龔雲甫 小金娃 罵曹 玉堂春 一斤
金月梅 張潤秋 虹霓關 長坂坡 一斤　吳彩霞 喬蓋臣 滾釘板 下河東 一斤
朱佩之 錄佩玉 盜骨 蘆花河 一斤　王雨田 路玉珊 烏龍院 醉酒 一斤
楊小樓 連環套 一斤

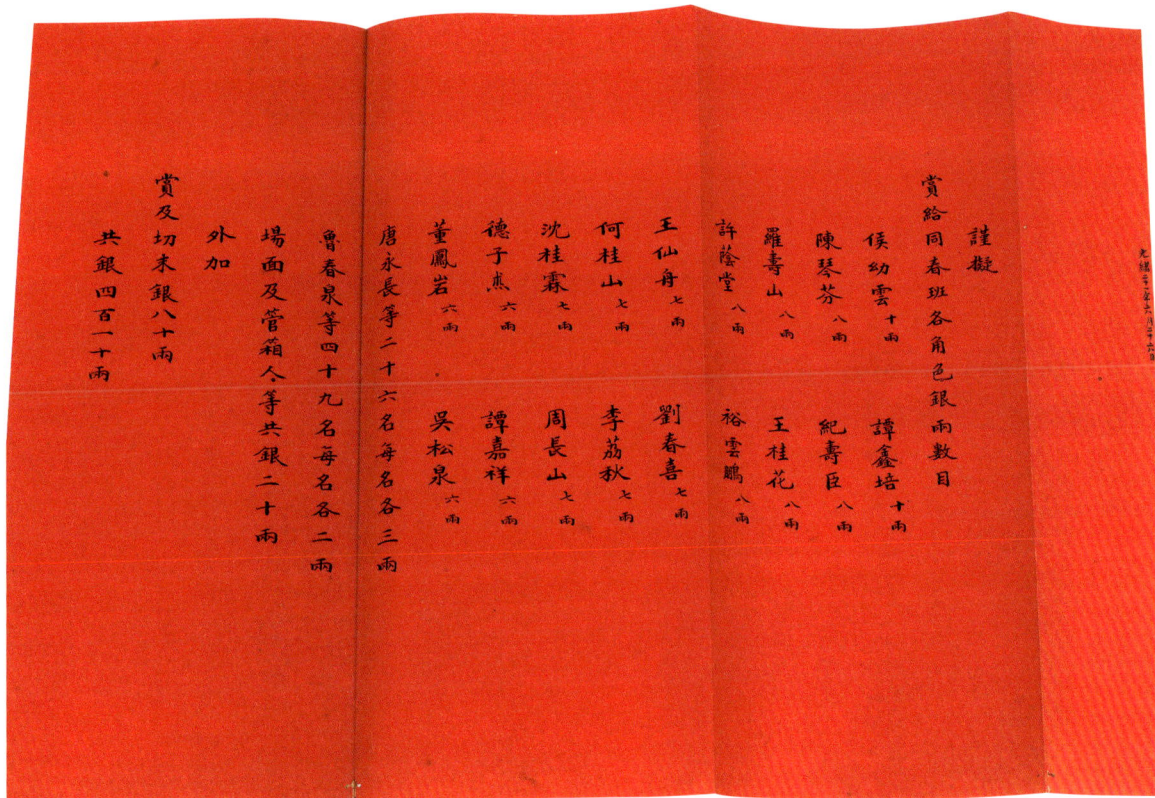

謹擬

賞給同春班各角色銀兩數目

侯幼雲 十兩　譚鑫培 十兩

陳琴芬 八兩　紀壽臣 八兩

羅壽山 八兩　王桂花 八兩

許蔭堂 八兩　裕雲鵬 八兩

王仙舟 七兩　劉春喜 七兩

何桂山 七兩　李菊秋 七兩

沈桂霖 七兩　周長山 七兩

德子杰 六兩　譚嘉祥 六兩

董鳳岩 六兩　吳松泉 六兩

唐永長等二十六名每名各三兩

曾春泉等四十九名每名各二兩

場面及管箱人等共銀二十兩

外加

賞及切末銀八十兩

共銀四百一十兩

14

玉牒

清

帝系	列祖女孙
纸本 丨 黄绫面	纸本 丨 绢面
单册横 52 厘米　纵 89 厘米　厚 6 厘米	单册横 31 厘米　纵 48 厘米　厚 11 厘米

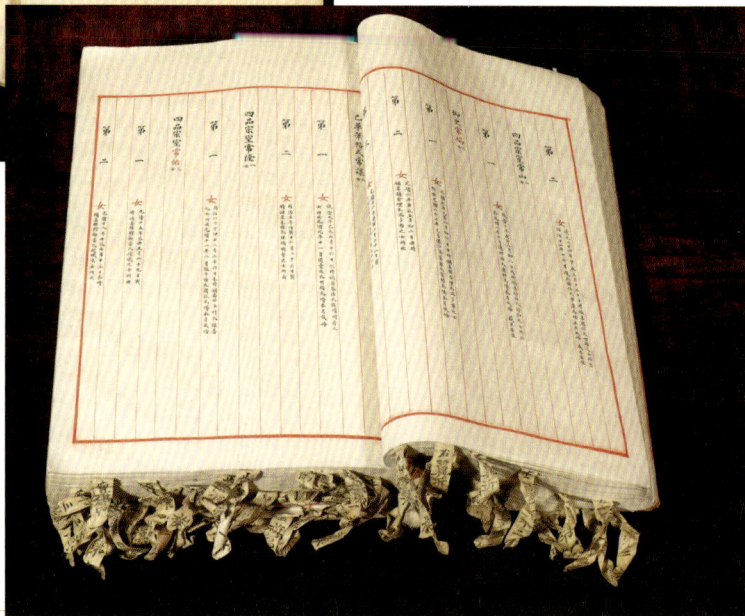

列祖子孙

纸本 | 黄绫面

单册横 46 厘米　纵 83 厘米　厚 68 厘米

清代皇室的宗族谱牒称为玉牒，其中记载最早可追溯到努尔哈赤曾祖父福满，以帝系为统，长幼为序开列。黄册为宗室玉牒，红册为觉罗玉牒，男女分记，各有满、汉两种版本。玉牒纂修，以直格表示第次，横格表示辈分，其时生者朱字，死者墨字。清朝从顺治十三年（1656）开设玉牒馆，规定每十年纂修一次，至 1924 年溥仪小朝廷时期，共纂修 28 次。玉牒每次纂修缮录三份，分别存于皇史宬、盛京敬典阁及宗人府，置于龙柜当中。清代玉牒是我国目前保存最为完整齐备的皇室族谱，已被列入《中国档案文献遗产名录》。

15

《大学图》

清

纸本 | 卷轴

横 63 厘米　纵 131 厘米

清朝十分重视皇室教育，以儒家传统的“四书”“五经”作为治学教材。其中，《大学》作为“四书”之一，自南宋以降，为宋明理学中研习伦理、政治和哲学的基本纲领。清代学者吕抚用言简意赅的词句诠释《大学》，将其主要内容图表化，是为《大学图》。该图分为《大学之道》《心图》《操守》《省察》四部分，提出明德、新民、止于至善等纲领，详细阐释了格物、致知、诚意、正心、修身、齐家、治国、平天下等概念。《大学图》流传入皇宫后，成为清代历朝皇帝及皇子皇孙学习儒家思想文化的重要教材。

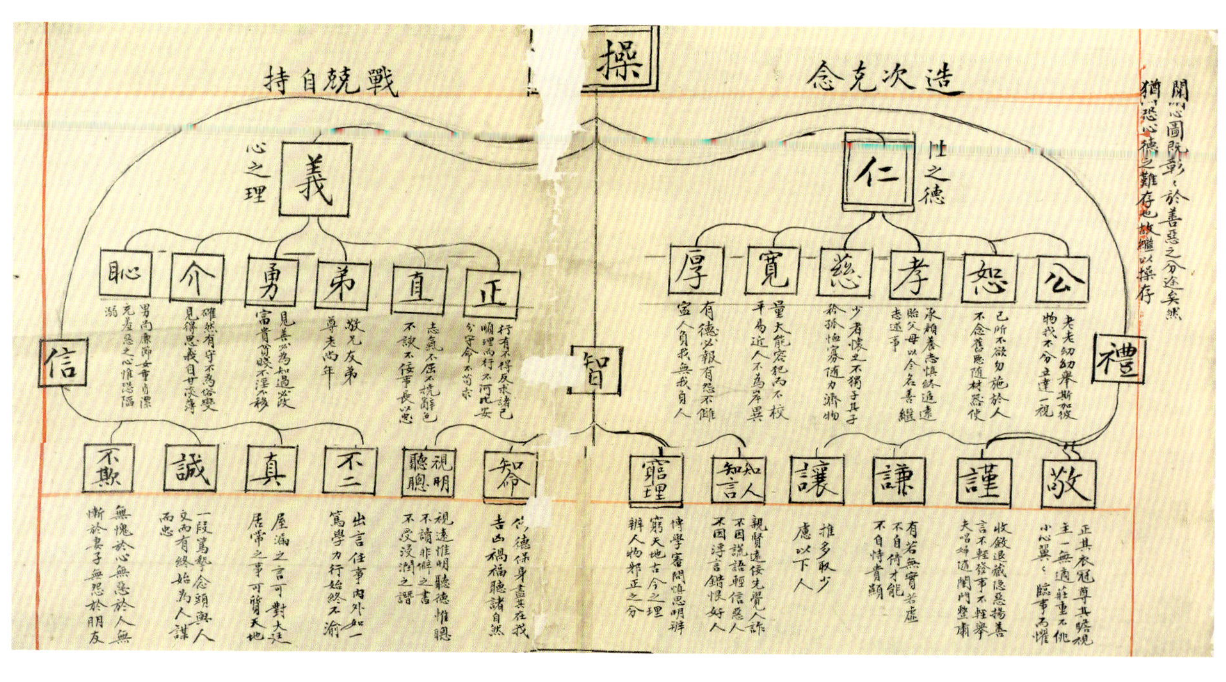

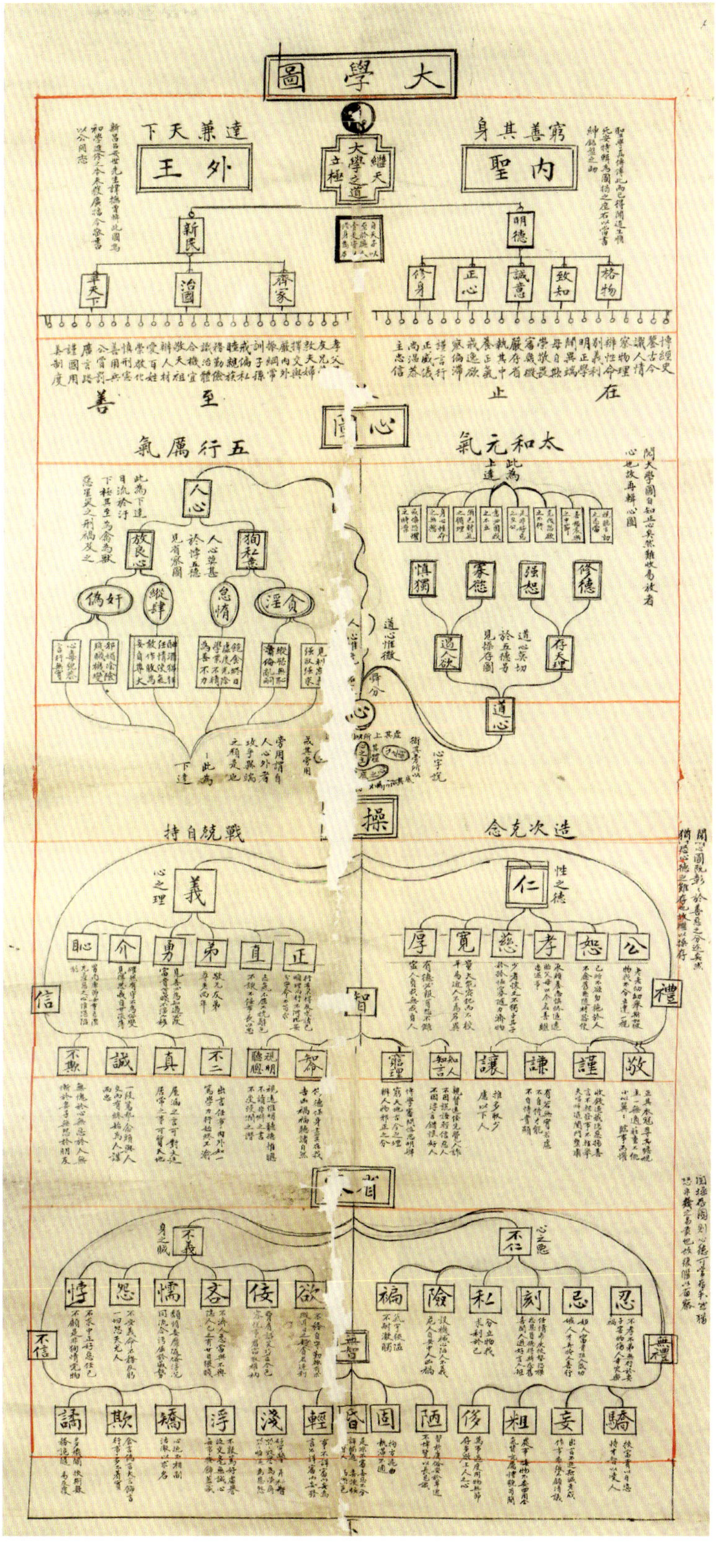

大學圖

達兼天下　　窮善其身

外王　　大學之道 繼天立極　　內聖

新民　　明德

平天下　治國　齊家　　修身　正心　誠意　致知　格物

至善　　在止

心圖

五行屬氣　　太和元氣

人心　　道心

放良心　猶私意

偽奸　驕肆　怠惰　淫貪

慎獨　寡慾　強恕　修德

遏欲　存理

心

操

戰兢自持　　造次克念

義　　仁

恥　介　勇　弟　直　正　　厚　寬　慈　孝　恕　公

信　　智　　禮

不欺　誠　真　不二　聰明　智　　窮理　知人　讓　謙　謹　敬

舍

不義　　不仁

悖　忍　懦　吝　佞　欲　　褊　險　私　刻　忌　忍

不信　　無智　　無禮

譎　欺　矯　浮　淺　輕　昏　固　陋　侈　粗　妄　驕

陆

民族融合

清朝是满族建立的具有辽阔疆域的统一多民族国家，为今天的中国版图奠定了基础。当时，满语是“国语”，汉语则是全国通用语言，而在各少数民族地区，蒙语、藏语、维吾尔语等各自通行，清廷尊重各少数民族的民生风俗，在保证一统之下实行“因俗而治”。中国第一历史档案馆保存的清政府处理民族事务档案文书,形式多样,有木牌、告示、诰命、铜版画、敕谕等；文字丰富，有的是满汉合璧、有的是满蒙藏合璧、有的是汉维合璧；内容繁富，涉及清政府在西南推行改土归流、平定金川、在西藏设立金奔巴瓶制度、新疆设省管理民政等重大史事，反映了清政府对西藏、新疆及蒙古等边疆民族地区的有效管控。

01

满文木牌

崇德元年（1636年）

木质 | 满文

横2-4.8厘米　纵18-32.5厘米

清入关前，多以木牌为材料，用满文书写，称为牌子，今统称“满文木牌”。据笔记《柳边纪略》记载：“边外文字多书于木，往来传递者曰牌子，以削木片若牌故也。”木牌形状各异，长短宽窄也不同，末端有小孔用于贯绳。木牌记事形式简明扼要，这些木牌主要记录崇德元年（1636）英王阿济格率兵进攻京畿及山东等地时，与明军交战情形和伤亡人数，以及俘获人口财物数目的情况。

02

户部禁烟告示

崇德四年六月二十六日（1639 年 7 月 26 日）

纸本 | 满汉文

横 77 厘米　纵 64 厘米

清入关前由户部发布的禁止种植烟草（丹白桂）的刻印告示。烟草原产于美洲，明末时传入中国并逐渐流行，后金已意识到吸食烟草之害，于是颁布告示禁烟。告示为满汉文合璧，规定发现违禁者将根据身份的不同给予处罚，该管官员也相应治罪，举报者则予以奖励。

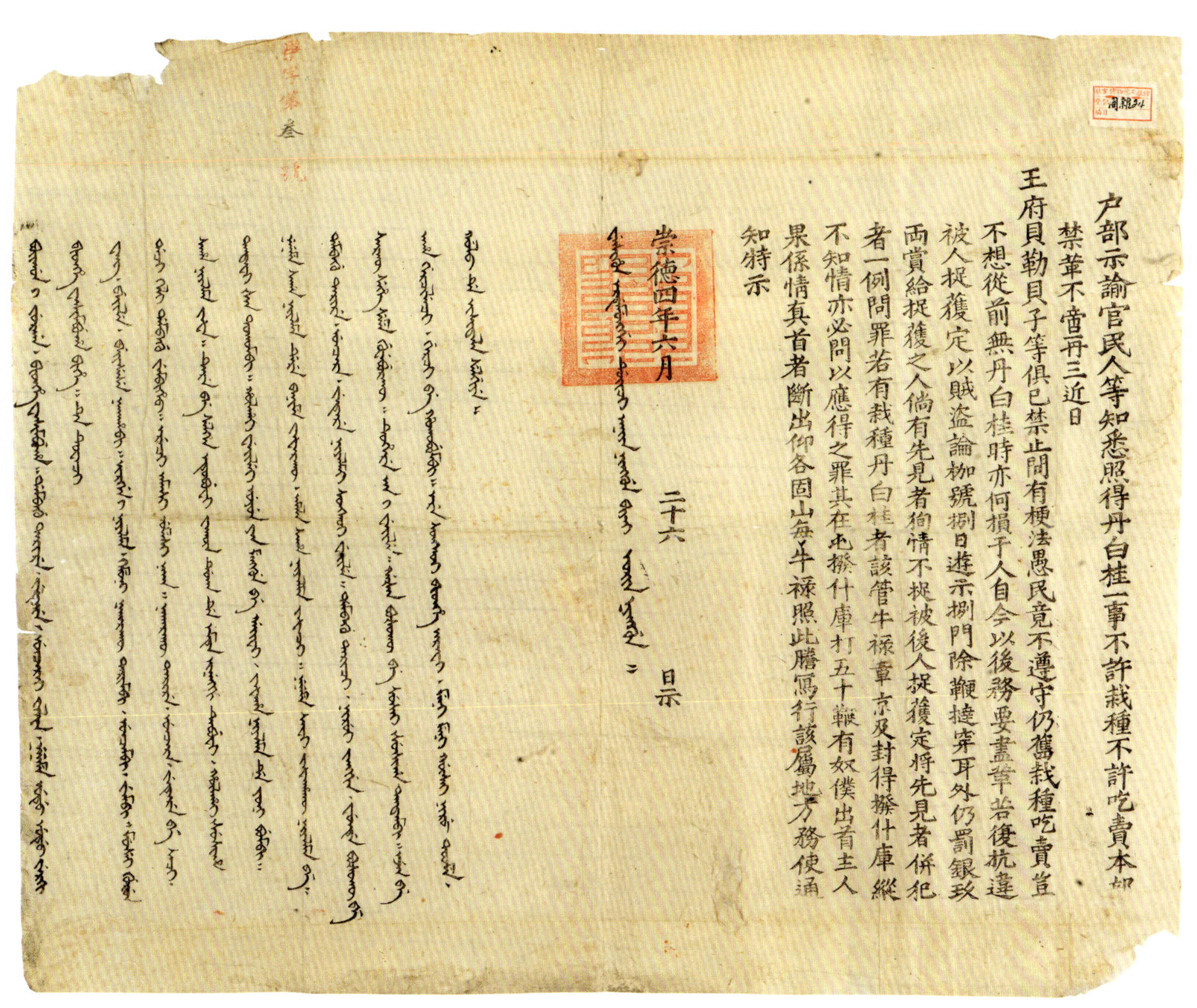

户部示諭官民人等知悉照得丹白桂一事不許栽種不許吃賣本部
禁革不啻再三近日
王府貝勒貝子等俱已禁止間有梗法愚民竟不遵守仍舊栽種吃賣豈
不想從前無丹白桂時亦何損于人自今以後務要盡革若復抗違
被人捉獲定以賊盜論枷號捌日遊示捌門除鞭撻穿耳外仍罰銀玖
兩賞給捉獲之人倘有先見者徇情不捉被後人捉獲定將先見者併犯
者一例問罪若有栽種丹白桂者該管牛祿章京及封得撥什庫縱
不知情亦必問以應得之罪其在屯撥什庫打五十鞭有奴僕出首主人
果係情真首者斷出仰各固山每牛祿照此謄寫行該屬地方務使通
知特示

崇德四年六月二十六日示

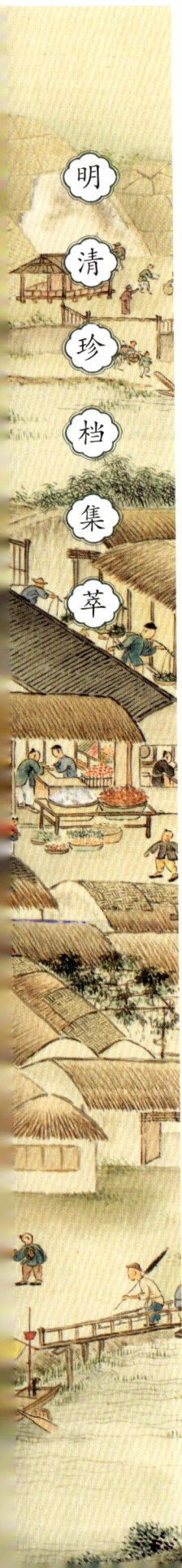

03

陕西总督岳钟琪奏折

为奏请推行改土归流事

雍正五年正月二十九日（1727 年 2 月 19 日）

| 纸本 |

横 102 厘米　纵 21 厘米

端民怨若沸實
功令之所難容而神人相爲痛恨臣訪聞既確復
密飭按察司程如絲建南道劉應鼎等查明款
跡証佐據實揭報前來除一面會同撫臣馬會
伯恭疏
題參請
旨嚴加究審一面行調高若璠楊自唐赴省候
旨發審外查二處土民俱屬素守法度久願歸流並
非頑梗者可比俟參案歸結之後改土歸流甚
屬便易其安設州縣編查戶口起徵錢糧一切
事宜容臣逐一酌議另
奏所有題參改土歸流緣由理合具摺先爲奏
聞伏祈
睿鑒爲此謹
奏請
旨
甚如是者從前地方大臣皆貪其小利總不肯如
此澈底清楚以圖永遠之計今卿既存如此肯爲國
家長生民安寧之念乃可嘉之謀一勞永逸之策凡
有似此貽害地方者皆當斟酌料理可也
雍正五年正月二十九日具

雍正四年（1726），云贵总督鄂尔泰奏请改世袭土司为流官，得到采纳，从此清廷在西南少数民族地区厉行改土归流政策。至雍正末年，在滇、黔、桂、川、湘、鄂六省推行改土归流。此为陕西总督岳钟琪奏报遵旨访察四川雅州土司，拟请改土归流等事。此奏折半叶七行字，与之后定制半叶六行字不同，可见奏折制度初期的演变。

奏
陝西總督臣岳鍾琪謹
奏爲奏
聞事竊臣伏查土司之設原以番苗蠻猓之屬遠處
邊荒向居化外故擇其中之稍有功者授以世
職俾其約束此歷代權宜一時之計也自我
朝定鼎以來
德教覃敷無遠弗届山陬海澨一道同風固已尺土
盡爲樂郊一民莫非赤子矣何況逼居腹地本
與漢民雜處而日親
聖世之薰陶者哉臣查川省土司較之他省爲多而
其中駕驁成性每有恃其世職悖
恩狂肆逞志虐民無所不至者此實深負
天朝寛大之恩而自暴自棄斷不可一日姑容以貽
邊氓之害者也臣遵
旨赴川料理涼山事務亟圖整飭邊陲以仰副
聖主同仁之至意凡有土司地方無不逐加察訪如
雅州屬之天全高楊二土司界連雅州名山蘆
山滎經各縣及黎州守禦所等處週圍環繞漢
民所以語言服食種種與內地無異而且民性
淳良通曉文義土地肥沃財賦充裕似此地方
皆非土司所得私據之鄉又兼該土司高若璠

04

《御笔平定两金川得胜图》铜版画

乾隆四十一年（1776年）

| 铜版画 |

横 378 厘米　纵 153 厘米

金川，位于四川金沙江流域，大、小金川相邻，是少数民族聚居地。乾隆时期曾两次出兵金川，平定土司挑起的战乱。乾隆十二年（1747），一征大金川土司莎罗奔。乾隆三十六年，再次出兵大、小金川。五年后，清军最终取得了第二次金川之战的胜利。为了纪念平定两金川的胜利，乾隆帝令宫廷画家绘制得胜图16幅，并为每幅图亲笔作诗。得胜图由内府制作为铜版画，收藏宫中并颁赐臣工。

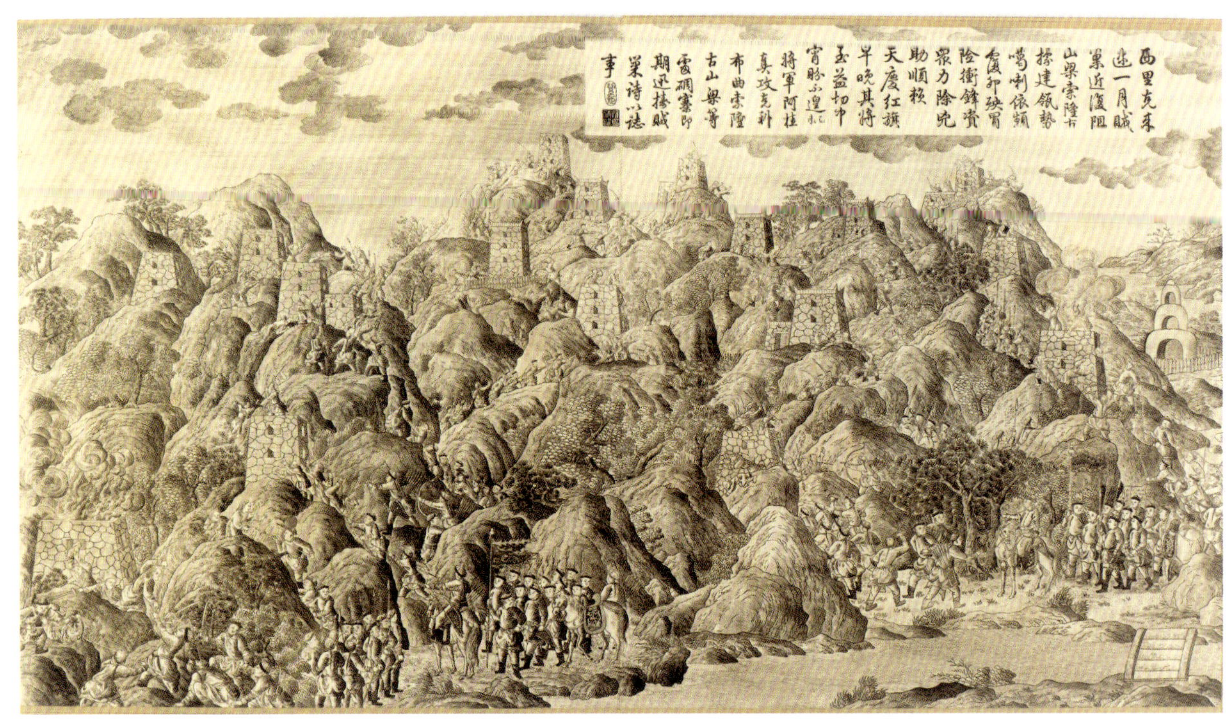

05

乾隆帝敕谕

谕令六世班禅及藏区各寺院喇嘛款待钦差官员

乾隆四十二年（1777 年）

黄龙蜡笺纸 | 满蒙藏文

横 162 厘米　纵 93 厘米

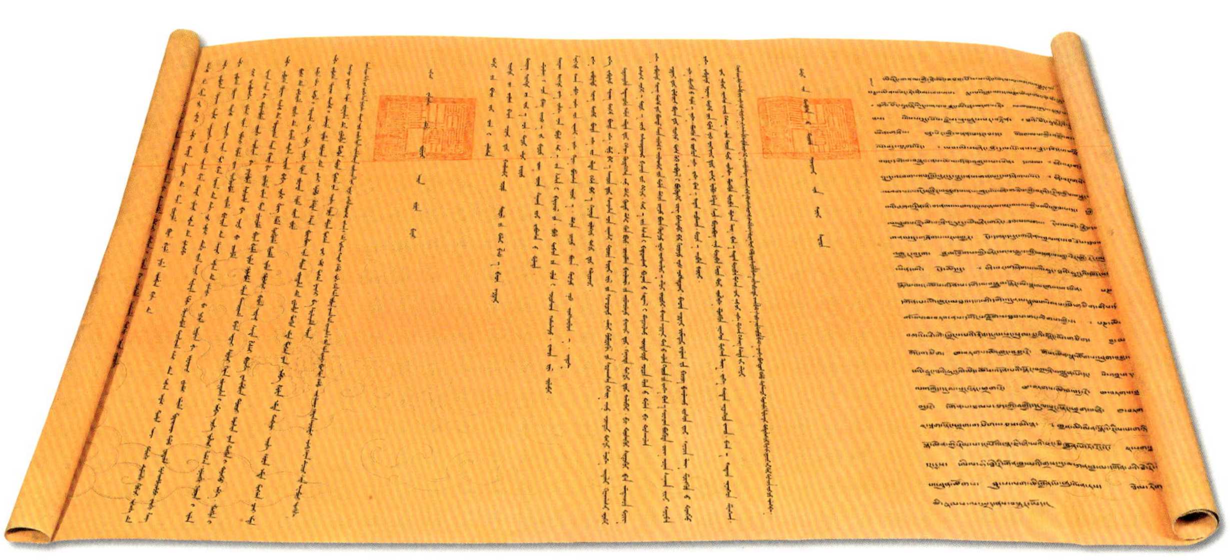

班禅额尔德尼是后藏地区的宗教领袖。乾隆四十二年（1777），崇庆皇太后病逝。乾隆帝特派官员前往西藏熬茶和布施法事。特谕六世班禅额尔德尼及西藏大小寺院的喇嘛接待特派官员，并为皇太后诵经念佛。

大将军福康安等奏折

为拟将钦颁金瓶在大昭寺内供奉事

乾隆五十七年十月二十三日（1792 年 12 月 6 日）

| 纸本 |

乾隆五十七年（1792），清廷颁发两金瓶，一贮拉萨大昭寺，一贮北京雍和宫，规定达赖、班禅、哲布尊丹巴、章嘉呼图克图及其他黄教大活佛转世时，须将所觅若干“灵童”名字用满、汉、藏三体文字缮写在象牙签上，置金瓶中，由驻藏大臣在大昭寺、理藩院尚书在雍和宫监督掣签。由金瓶掣签所掣定之转世灵童，必须报经中央政府批准之后，始能举行坐床典礼。

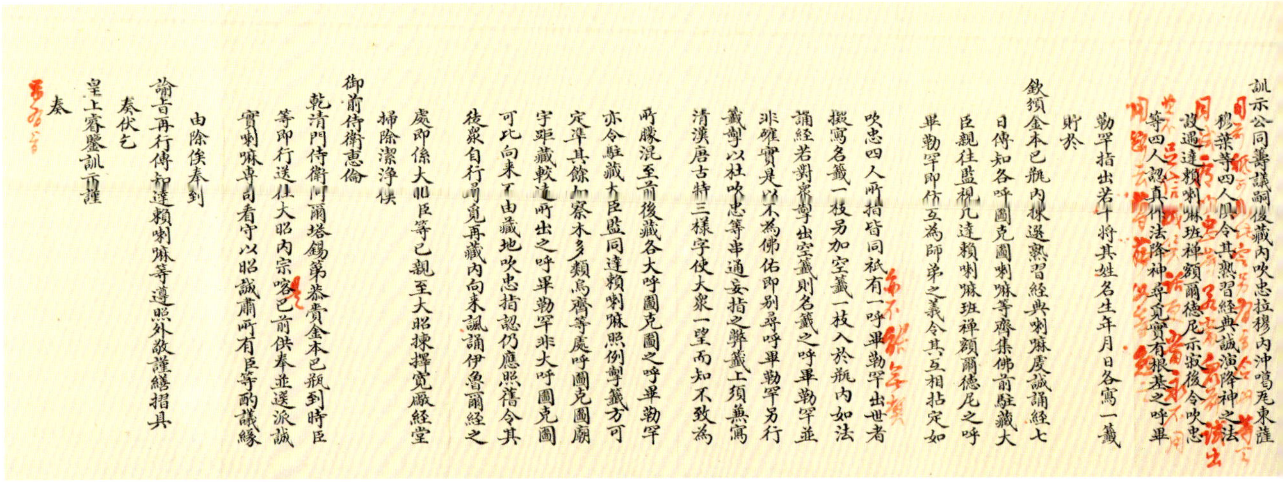

訓示公同壽議嗣後藏內吹忠拉穆內沖噶尼東薩
穆桑等四人俱令其熟習經典誠演降神之法
設遇達賴喇嘛班禪額爾德尼示寂後令吹忠
等四人認真作法降神尋覓實有根基之呼畢
勒罕指出若干將其姓名生年月日各寫一籤
貯於
欽頒金本巴瓶內揀選熟習經典喇嘛虔誠誦經七
日傳知各呼圖克圖喇嘛等齊集佛前駐藏大
臣親往監視凡達賴喇嘛班禪額爾德尼之呼
畢勒罕即係互為師弟之義令其互相拈定如
吹忠四人所指皆同祇有一呼畢勒罕出世者
擬寫名籤一枝另加空籤一枝入於瓶內如法
誦經若對眾掣出空籤則名籤之呼畢勒罕並
非確實是以不為佛佑即別尋呼畢勒罕另行
籤掣以杜吹忠等串通妄指之弊籤上須兼寫
清漢唐古特三樣字使大眾一望而知不致為
所朦混至前後藏各大呼圖克圖之呼畢勒罕
亦令駐藏大臣監同達賴喇嘛照例掣籤方可
定準其餘如察木多類烏齊等處呼圖克圖廟
宇非藏較遠所出之呼畢勒罕非大呼圖克圖
可比向來不由藏地吹忠指認仍應照舊令其
徒眾自行尋覓再藏內向來諷誦伊魯爾經之
處即係大昭臣等已親至大昭揀擇寬廠經堂
掃除潔淨俟
御前侍衛惠倫
乾清門侍衛阿爾塔錫第恭賫金本巴瓶到時臣
等即行送往大昭內宗喀巴前供奉並選派誠
實喇嘛專司看守以昭誠肅所有臣等酌議緣
由除俟奉到
諭旨再行傳知達賴喇嘛等遵照外敬謹繕摺具
奏伏乞
皇上睿鑒訓示謹
奏

聖主振興黄教
頒發金本巴瓶一件令將吹忠四人所指之呼畢勒
罕姓名及生年月日各寫一籤貯於瓶内對衆
拈定實足以防弊竇而愜衆心奉到節次
諭旨仰見我
皇上釐定正教撫馭外番於因勢利導之中寓循名
責實之意臣等實深欽佩並敬向達賴喇嘛班
禪額爾德尼濟嚨呼圖克圖大喇嘛及吹忠等
宣示
聖諭無不感激悦服兹復欽遵
訓示公同籌議嗣後藏内吹忠拉穆内沖噶尾東薩
穆業等四人俱令其熟習經典誠演降神之法
設遇達賴喇嘛班禪額爾德尼示寂後令吹忠
等四人認真作法降神尋覓實有根基之呼畢
勒罕指出若干將其姓名生年月日各寫一籤
貯於
欽頒金本巴瓶内揀選熟習經典喇嘛虔誠誦經七
日傳知各呼圖克圖喇嘛等齊集佛前駐藏大
臣親往監視凡達賴喇嘛班禪額爾德尼之呼
畢勒罕即仿互為師弟之義令其互相拈定如
吹忠四人所指皆同祇有一呼畢勒罕出世者
擬寫名籤一枝另加空籤一枝入於瓶内如法
誦經若對衆掣出空籤則名籤之呼畢勒罕並
非確實是以不為佛佑即别尋呼畢勒罕另行
籤掣以杜吹忠等串通妄指之弊籤上須兼寫

奏
臣福康安孫士毅惠齡和琳跪
奏為遵
旨設立金本巴瓶拈定呼畢勒罕以興黄教事查達
賴喇嘛班禪額爾德尼為黄教之宗自宗喀巴
流傳至今凡達賴喇嘛班禪額爾德尼圓寂後
不迷本性俱有呼畢勒罕出世以衍其教向係
令吹忠等作法降神秉公指認是以化身示現
僧俗人等悉皆信以為真歷輩以來仰蒙
天朝衛法興教
恩禮優隆各蒙古部落以及各處大小番族俱憑吹
忠作法指定誠心敬奉遠近皈依是達賴喇嘛
班禪額爾德尼轉世後必有實在根基向來遠
近番民數萬衆總以作法降神為敬信竟成相
沿不改之習然行之既久其中妄指之弊定所
不免即如藏内各呼圖克圖内仲巴為前輩班
禪額爾德尼之兄哲卜尊丹巴呼圖克圖為達
賴喇嘛之姪而丹津班珠爾之子即係三巴呼
圖克圖之呼畢勒罕族屬姻婭遞相傳襲誠如
聖諭竟與世職無異各呼畢勒罕既出於一家親族
不能使人無疑恐將來達賴喇嘛班禪額爾德
尼之呼畢勒罕若亦指認未真於事殊有關係
仰蒙
聖主振興黄教
頒發金本巴瓶一件令將吹忠四人所指之呼畢勒
罕姓名及生年月日各寫一籤貯於瓶内對衆
拈定實足以防弊竇而愜衆心奉到節次
諭旨仰見我
皇上釐定正教撫馭外番於因勢利導之中寓循名
責實之意臣等實深欽佩並敬向達賴喇嘛班
禪額爾德尼濟嚨呼圖克圖大喇嘛及吹忠等

07

《西南少数民族衣冠图》

乾隆朝

| 纸本 |

[illegible]竹下六閑各寨畬婦服飾梳髮挽髻
包花布手巾帶耳環下繫小紅珠壹串
穿鑲腰細褶長衣束紅毛長帶掛硨磲
素珠亦習紡織知漢語

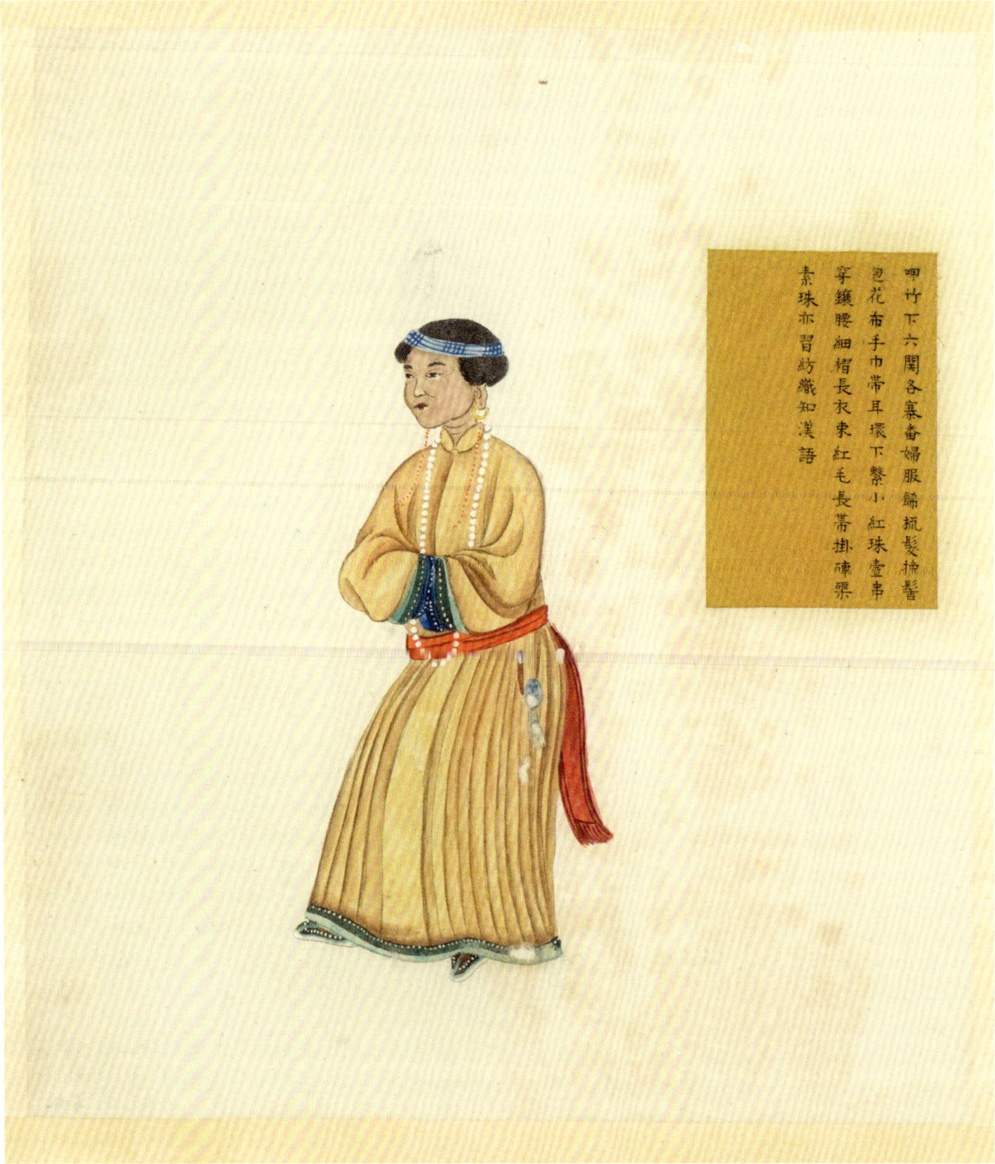

本图是《皇清职贡图》的一部分。《皇清职贡图》编绘于乾隆朝，嘉庆朝时曾有增补，描绘了清朝邦交国、藩属国民族及国内藩部、土司和边地少数民族人物的衣饰服习等。本图展现的是西南藏、彝、苗、瑶等少数民族的状貌、服饰，具有重要的民族图志价值。

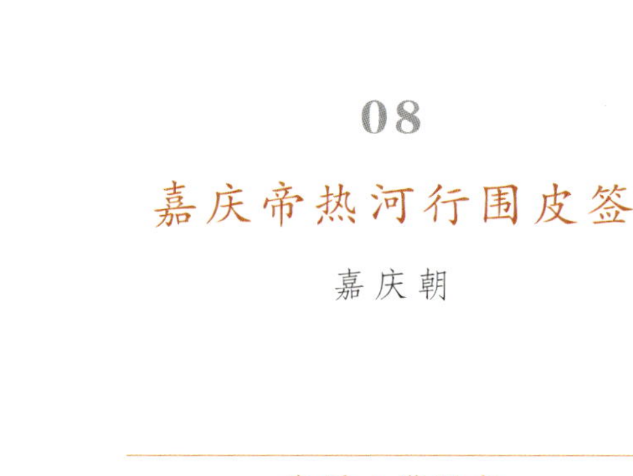

08

嘉庆帝热河行围皮签

嘉庆朝

皮质 | 满汉文

横 5 厘米　纵 19 厘米

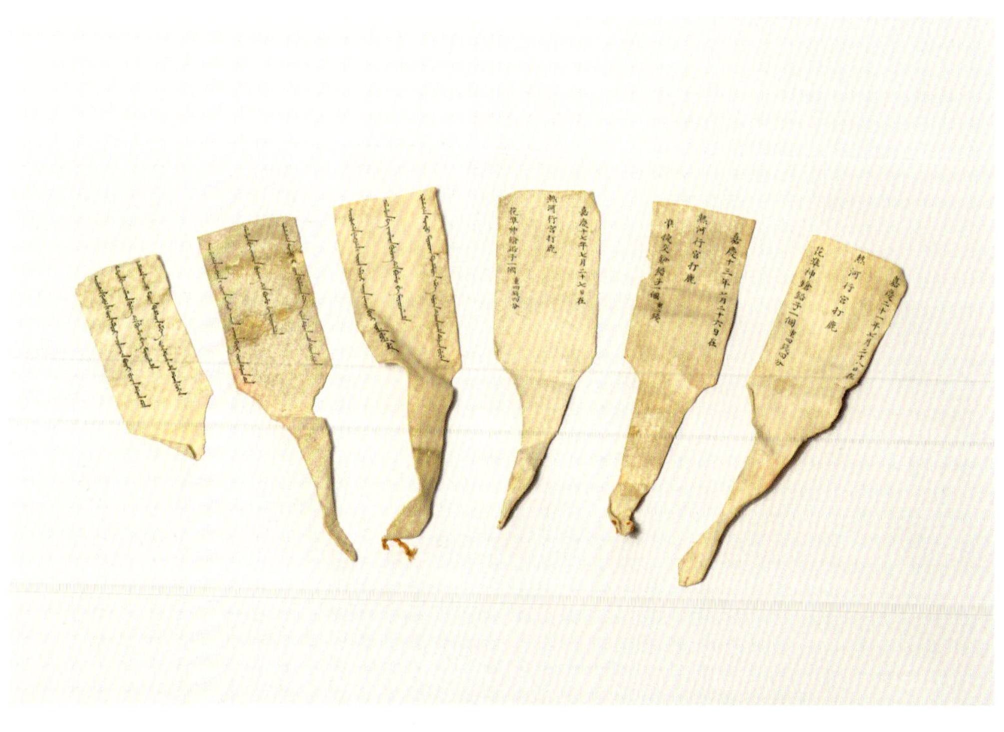

围场，是清代皇帝及八旗官兵演武和射猎的场所。康熙和乾隆时期，皇帝于秋季率八旗官兵及蒙古王公在木兰围场演射围猎，称为“木兰秋狝”。嘉庆帝亲政后依旧继承了自康熙以来木兰秋狝的祖制，共巡幸木兰围场八次。这组白皮条上记载的分别是嘉庆十三年（1808）、十七年、二十一年秋季，嘉庆帝在热河行宫狩鹿时所用枪支和子弹重量详情。

09

新疆吐鲁番抚民厅布告

为严禁勒索钱粮事

光绪三十年十月三十日（1904年12月6日）

纸本丨汉维文

横46厘米　纵77厘米

光绪三年（1877），清政府收复新疆后，设立了新疆省，管理当地各项事务。在新疆东部的吐鲁番地区，设立了抚民同知厅。光绪三十年十月，吐鲁番抚民厅发现当地官员在办理经征钱粮、审理案件等事务的过程中，借机向民众勒索钱财粮物，又或者以官差之名格外摊派，“以图肥己”，便贴出告示，告知当地民众如发现再有类似情况，“准该户民等来厅喊禀，立即提讯，按法重惩，决不姑容”。

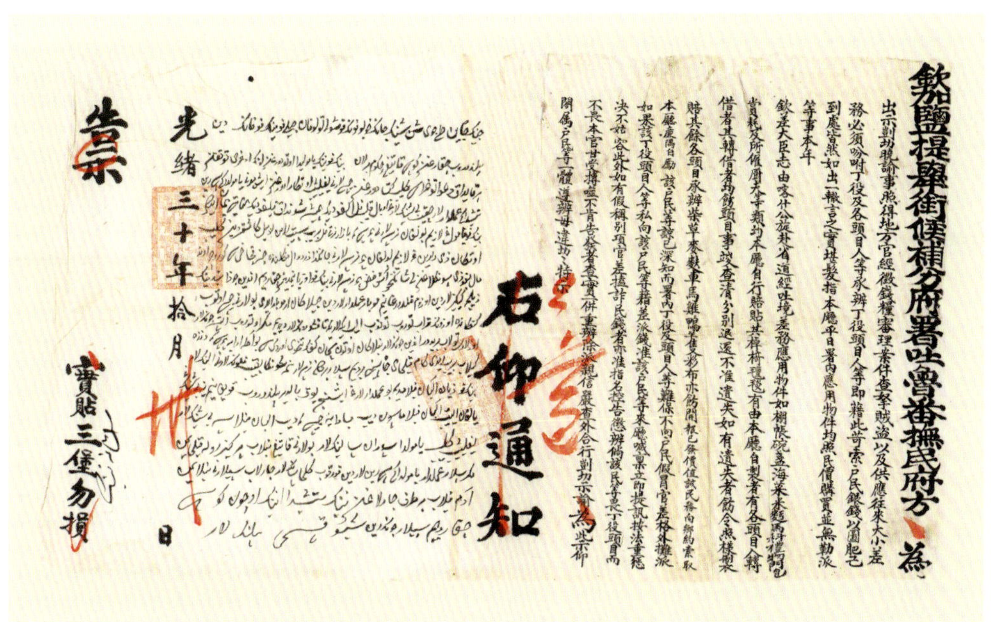

欽加鹽提舉銜候補分府署吐魯番撫民府方　為

出示剴切曉諭事照得地方官經徵錢糧審理案件查拏賊盜以及供應往來大小差務必須吩咐丁役及各頭目人等承辦丁役頭目人等即藉此苛索戶民銀錢以圖肥己到處皆然如出一轍言之實堪髮指本廳平日署內應用物件均照民價購買並無勒派等事本年

欽差大臣志由喀什公旋赴省道經吐境差務應用物件如棚帳碗盞海菜米麵馬料禮物包賞耗及所僱廚夫等類均本廳自行賠貼其棹椅毡毯有由本廳自製者有各頭目人轉借者其轉借者均飭頭目事竣查清分別退還不准遺失如有遺失者飭令照樣製來賠其餘各頭目承辦柴草麥麩車馬雞鴨羊隻彩布亦飭開報已發價值該民鄉向鄉約索取本廳廉隅自勵該戶民等諒已深知而署內丁役及頭目人等難保不向戶民假冒官差格外攤派如果該丁役頭目人等私向該戶民等藉差派錢准該戶民等來廳喊稟立即提訊按法重懲決不姑容此外如有假稱別項官差揑詐民錢者亦准指名控告懲辦倘該民等畏丁役頭目而不畏本官甘受搾噬不肯告發者查實一併重辦除派親信嚴查外合行剴切示諭　為此示仰閤屬戶民等一體遵辦毋違切切特示

右仰通知

光緒三十年拾月　日

告示

實貼三堡勿損

柒

科举取士

中国科举制度，自隋唐时期建立以来，在甄拔人才、推进阶层流动、保持社会稳定上发挥了极其重要的作用。清朝入关后，大体继承了明朝制度，科举制就是其中之一。顺治初年，清廷首次开科取士，以笼络士心；咸、同以后，由于列强侵略，中国日益陷入严重的民族存亡危机之中，而科举制度不能充分选拔真才以应对危局，遭到朝野上下的抨击；戊戌变法期间，清廷曾改试策论，对科举制度进行改革，虽然此举随着戊戌政变而被废止，但却反映了人心所向；最终，光绪三十年（1904），清廷毅然废除科举制度。中国第一历史档案馆所藏科举档案，涵盖了从首次开科取士至最终废除科举的史事，包括各式登科录、题名录，大、小金榜，皇帝钦命试题，殿试卷等丰富的内容，在一定程度上反映了清代科举制度的兴衰。

01

实录

清廷首次开科取士

顺治二年（1645 年）

| 纸本 |

清朝建立后，蠲免明末“辽饷”加赋，并开科取士以赢取人心尤其是士心。顺治二年（1645）初，礼科都给事中龚鼎孳题请改革明朝乡试旧制，减少时文，并请修葺京城贡院。礼部议如所请。不过，清廷决定仍然照明朝旧例行。于是，顺天、江南、河南、山东、山西、陕西等地陆续举行乙酉科乡试。顺治三年，清廷举行丙戌科会试。最终，傅以渐等 400 人中式，成为清朝第一批进士。

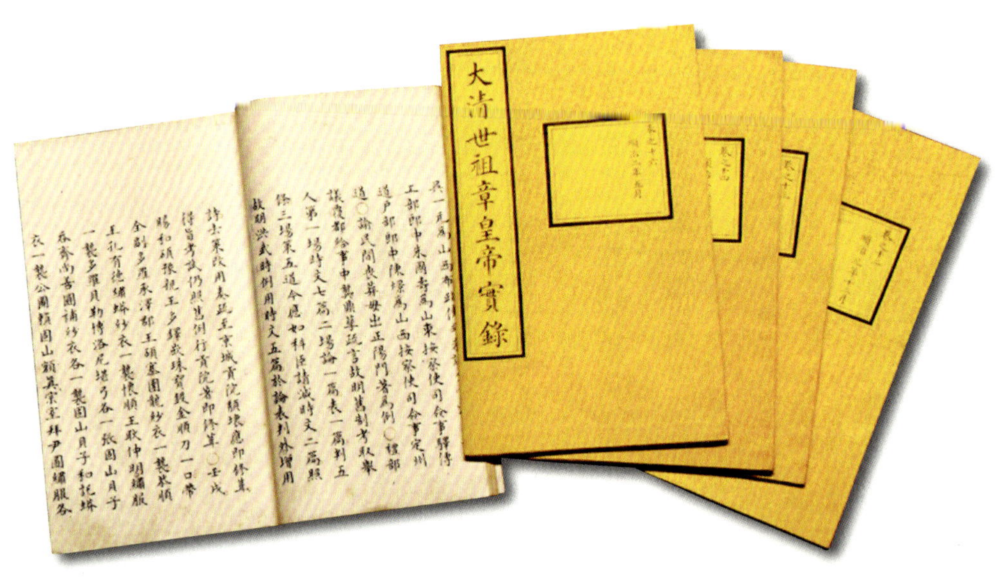

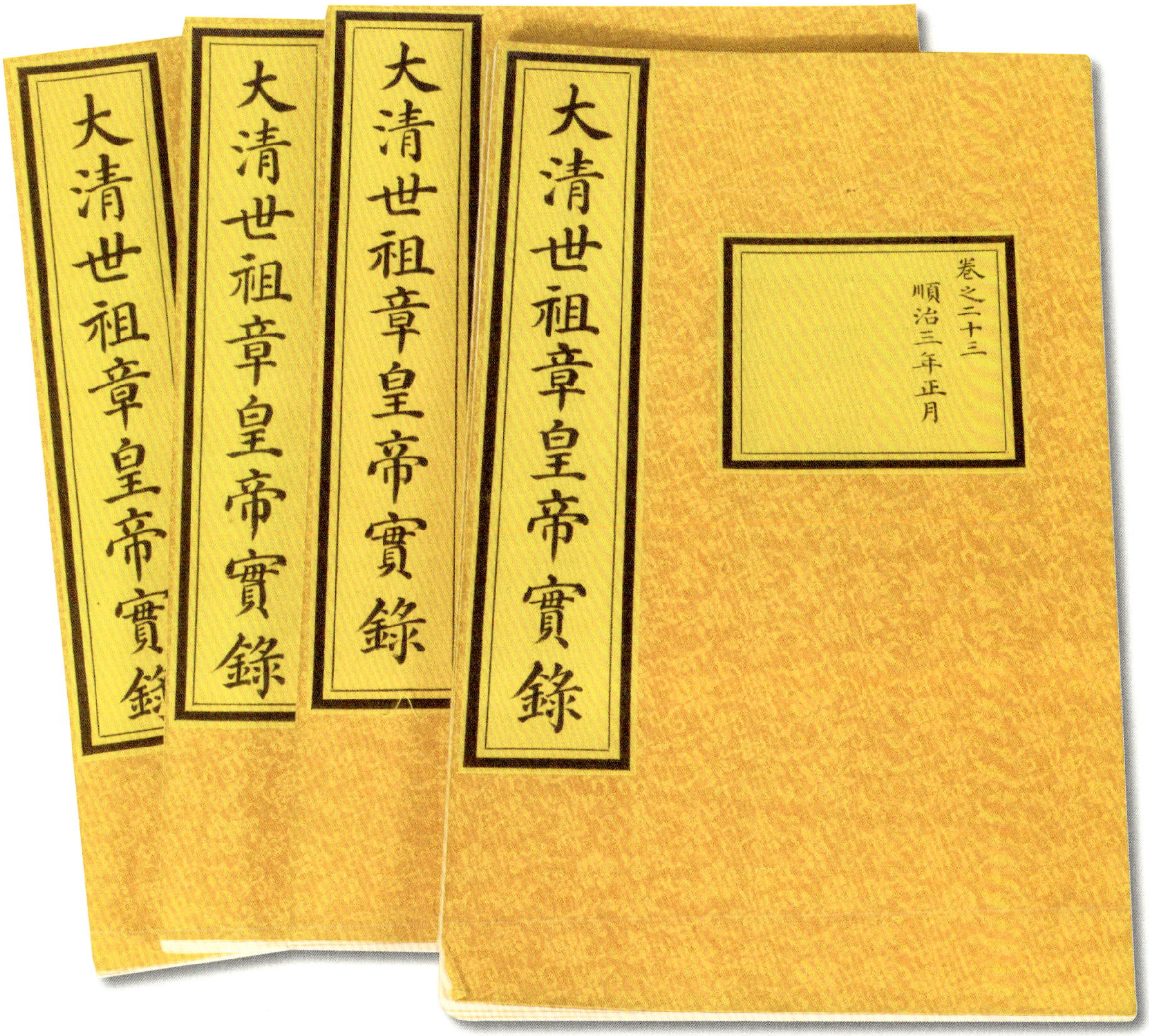

大清世祖章皇帝實錄

卷之二十三
順治三年正月

02

登科录

雍正八年（1730 年）

丨纸本丨

横 20 厘米　纵 32 厘米

登科录亦称“殿试录”，始于唐之“登科记”。清代登科录，实为殿试文件汇编，首列“玉音”，即由礼部题请皇帝派出殿试执事官员，如读卷、提调等官衔名，并御制试题；次“恩荣及第”，即殿试传制唱名、张挂黄榜、赐宴礼部、赐状元及诸进士衣物银两等先后日期；又次为一甲三名对策文卷，一、二、三甲进士姓名、籍贯、年岁、出生年月、三代、妻氏、曾经某科乡会试名次等。

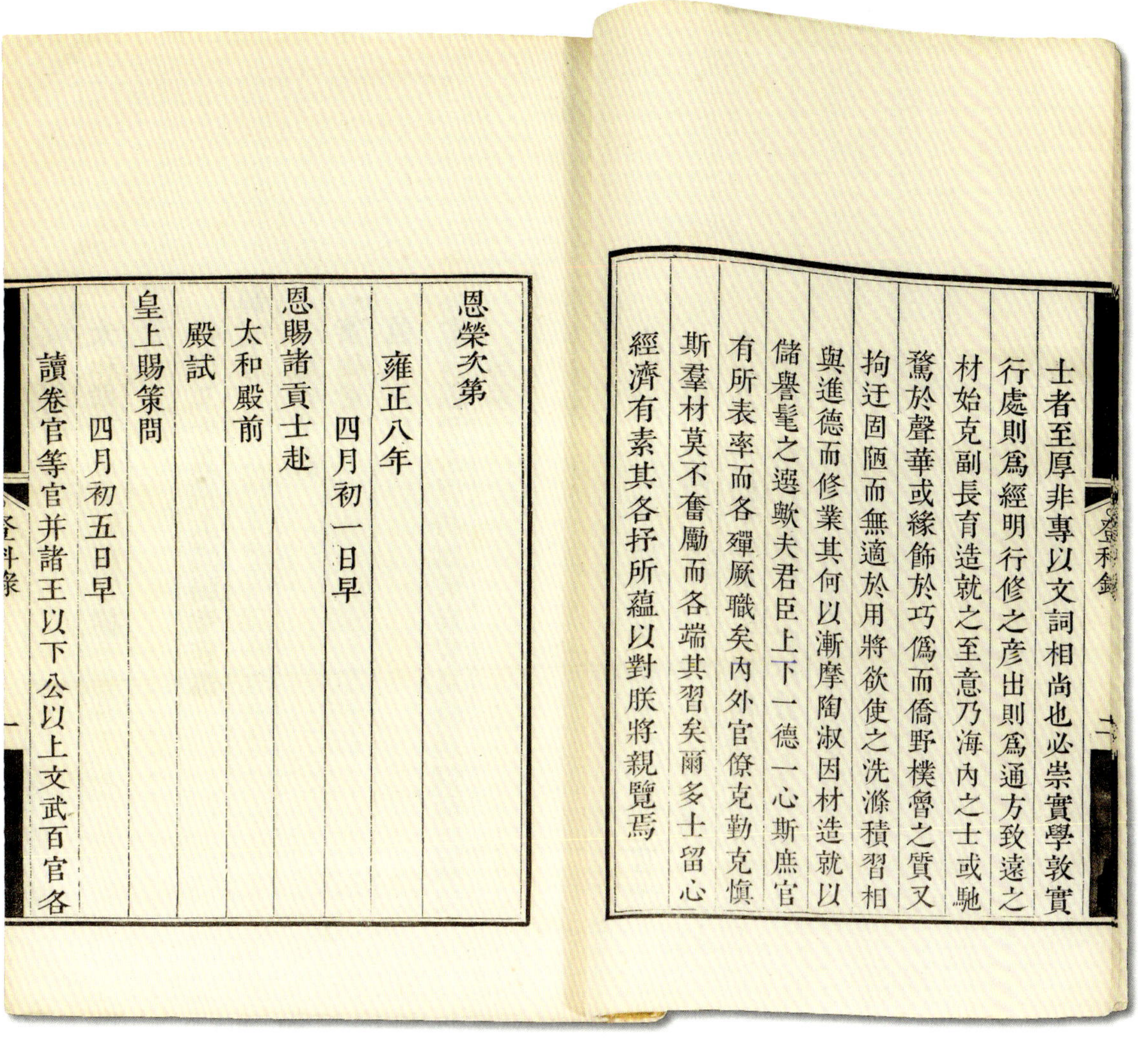

士者至厚非專以文詞相尚也必崇實學敦實
行處則爲經明行修之彥出則爲通方致遠之
材始克副長育造就之至意乃海內之士或馳
騖於聲華或緣飾於巧僞而僑野樸魯之質又
拘迂固陋而無適於用將欲使之洗滌積習相
與進德而修業其何以漸摩陶淑因材造就以
儲譽髦之選歟夫君臣上下一德一心斯庶官
有所表率而各殫厥職矣內外官僚克勤克慎
斯羣材莫不奮勵而各端其習矣爾多士留心
經濟有素其各抒所蘊以對朕將親覽焉

登科錄 十六

恩榮次第
雍正八年
四月初一日早
恩賜諸貢士赴
太和殿前
殿試
皇上賜策問
四月初五日早
讀卷官等官并諸王以下公以上文武百官各

登科錄 一

03

会试题名录

乾隆十六年（1751 年）

| 纸本 |

横 19 厘米　纵 30 厘米

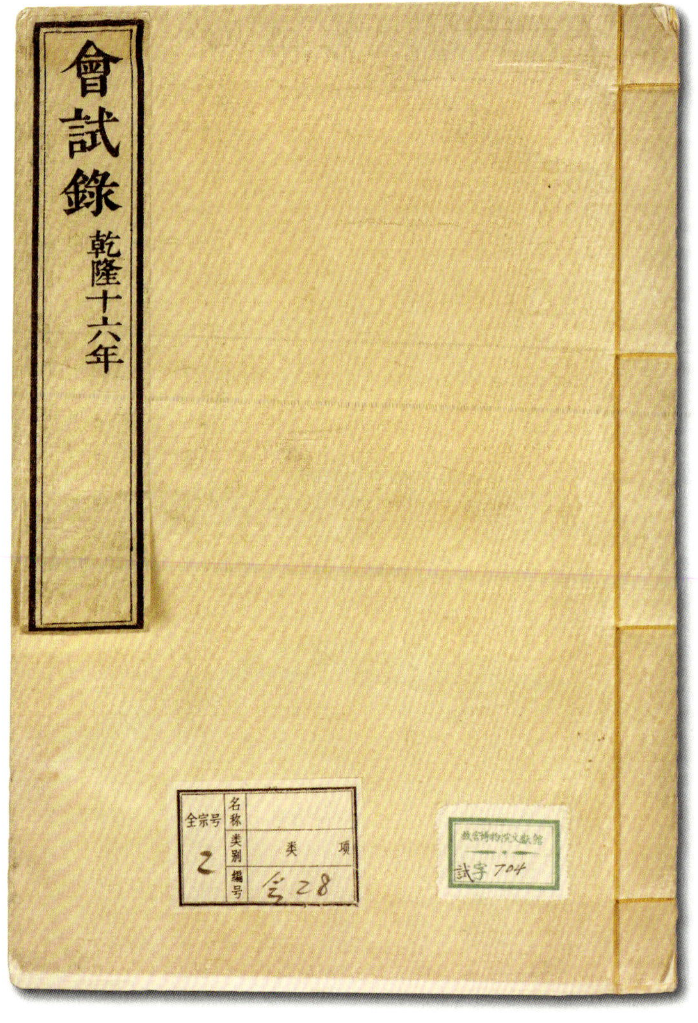

会试题名录是会试后题写登第人员的名录。顺治二年(1645)定,凡会试揭晓日,在场内将中式者姓名、籍贯、年龄,按榜上次序开列名录,钤盖印信,进呈御览。康熙八年(1669)并令开列三场题目进呈。旧制,会试题名录须进呈皇太后、皇后各一本,乾隆二十八年(1763)停止。

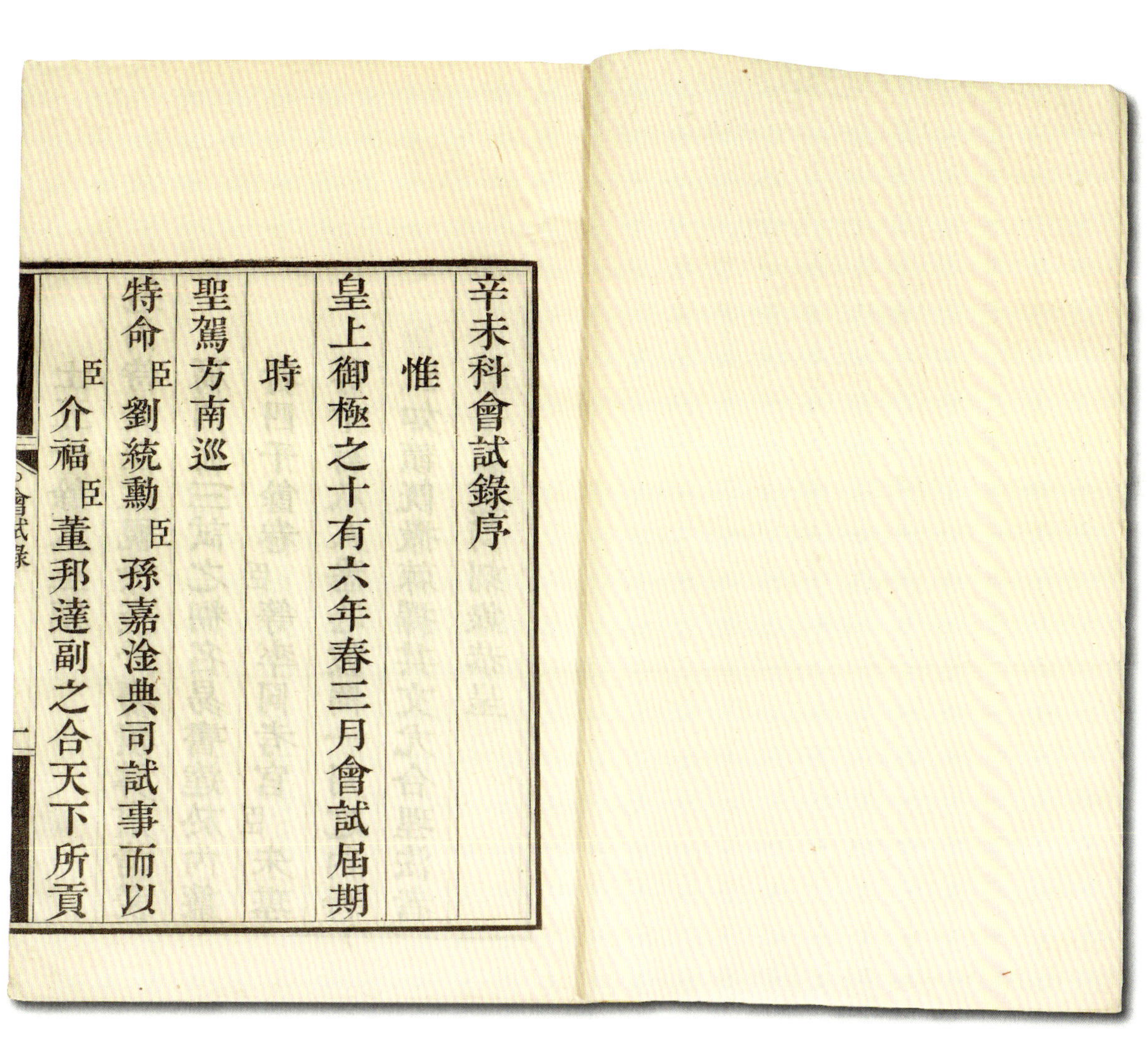
辛未科會試錄序

惟

皇上御極之十有六年春三月會試居期

時

聖駕方南巡

特命臣劉統勳臣孫嘉淦典司試事而以

臣介福臣董邦達副之合天下所貢

04

乾隆帝钦命试题

乾隆二十六年（1761 年）

| 纸本 |

清廷对会试极其重视，由皇帝亲自命题，并且包封紧实，严格保密，直至开考前才允许打开。此件是乾隆二十六年（1761）辛巳恩科会试试题。该科主考官为吏部尚书刘统勋、兵部侍郎观保、户部侍郎于敏中，故包封上写刘统勋、于敏中开看。试题均由乾隆朱笔书写。本科会元为江苏江宁人陈步瀛。

05

文科小金榜

乾隆二十六年（1761年）

纸本 | 满汉文

横872厘米　纵30厘米

金榜

奉

天承運

皇帝制曰乾隆二十六年四月二十一日策試天下貢士陳步瀛等二百十七名第一甲賜進士及第第二甲賜進士出身第三甲賜同進士出身故兹誥示

第一甲賜進士及第

第一名王杰　陝西韓城縣人

第二名胡高望　浙江仁和縣人

第三名趙翼　江南陽湖縣人

第二甲賜進士出身

第一名蔣雍植　江南懷寧縣人

第二名嵇承謙　江南無錫縣人

第三名顧寀　浙江錢塘縣人

第四名孫士毅　浙江仁和縣人

第五名馮秉忠　江南金壇縣人

第六名姚棻　江南桐城縣人

第七名陳步瀛　江南江寧縣人

第八名蔡封　浙江桐鄉縣人

第九名李文藻　山東益都縣人

第十名梁昌聖　廣東南海縣人

第十一名秦承恩　江南江寧縣人

第十二名王永春　湖北興國州人

第十三名汪為善　江南崑山縣人

第十四名薛科暎　江南無錫縣人

第十五名葛正華　山西吉州人

第十六名杜一鴻　江南江陰縣人

第十七名趙杭　浙江錢塘縣人

第十八名彭紹升　江南長洲縣人

第十九名胡翹元　江西樂平縣人

第二十名項淳　江南歙縣人

第二十一名劉埥　江南南豐縣人

第二十二名李[illegible]　直隸吳橋縣人

第二十三名[illegible]　山東海豐縣人

第二十四名王[illegible]　山西安邑縣人

第二十五名謝[illegible]　江西南康縣人

第二十六名歐陽會　廣西馬平縣人

第二十七名張大鵬　河南臨潁縣人

第二十八名馮應榴　浙江桐鄉縣人

第二十九名張慶源　浙江秀水縣人

第三十名趙傳紀　江南上海縣人

金榜又称“黄榜”，即进士题名揭晓榜，通常在殿试后三天公布。清代金榜分为大金榜和小金榜。小金榜为折件形式，满汉合璧，专呈皇帝御览。此为乾隆二十六年（1761）辛巳恩科小金榜，状元为陕西韩城人王杰，榜眼为浙江仁和人胡高望，探花为江苏阳湖人赵翼。

06

乡试题名录

乾隆三十五年（1770年）

| 纸本 |

横 19 厘米　纵 33 厘米

乡试题名录是各省乡试后题写登第人员的名录。按规定，各省乡试，于出场五日内，将监临、提调、监试、主考、同考及稽察、收掌、弥封等各官籍贯姓名，并三场题目、中式名次，备载录内，顺天盖用府尹印信，各省盖用督、抚印信，分咨吏、礼二部查考。

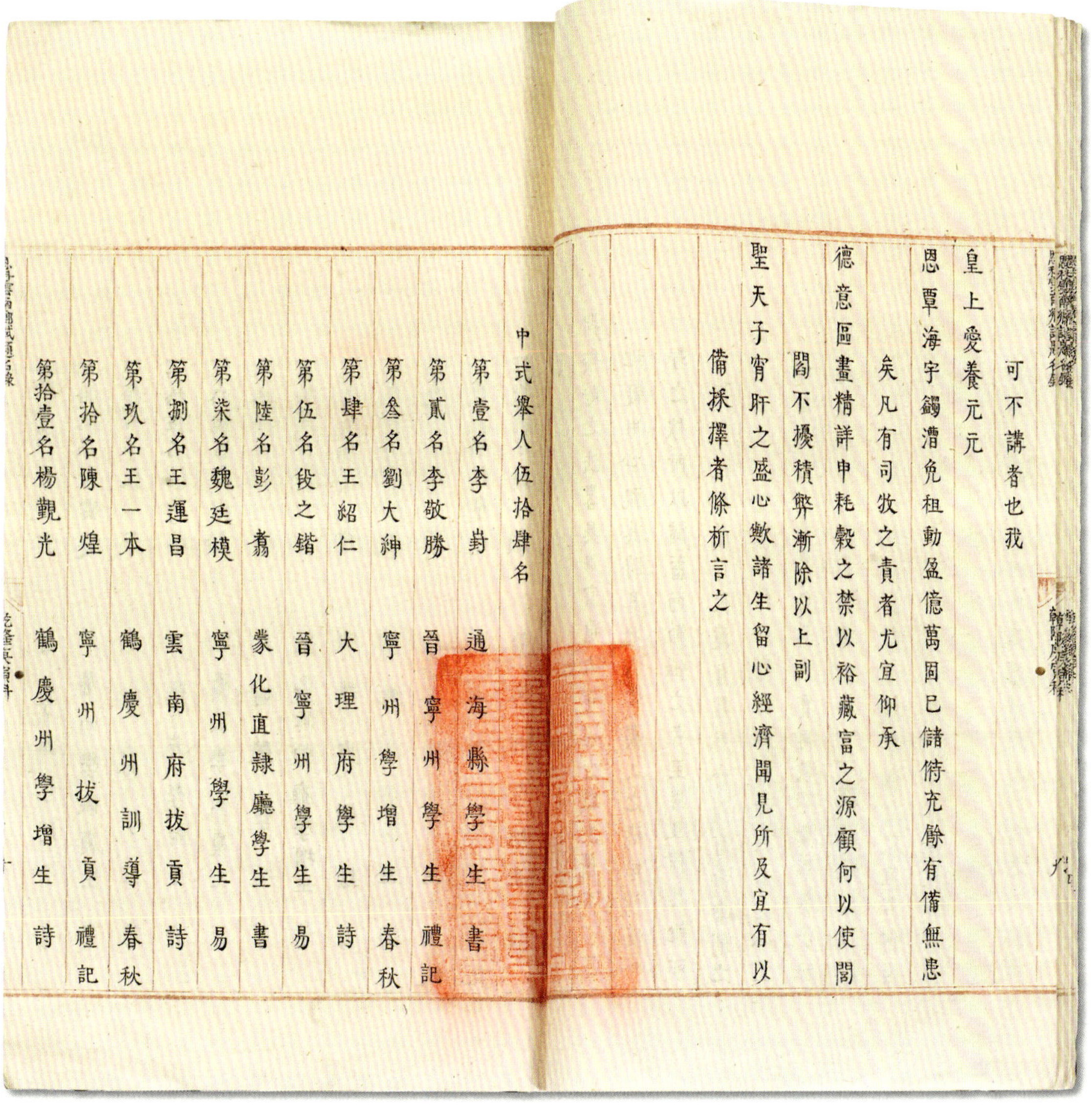

可不講者也我
皇上愛養元元
恩覃海宇錫漕免租動盈億萬固已儲偫充餘有備無患
矣凡有司牧之責者尤宜仰承
德意區畫精詳申耗穀之禁以裕藏富之源顧何以使閭
閻不擾積弊漸除以上副
聖天子宵旰之盛心歟諸生留心經濟聞見所及宜有以
備採擇者條析言之

中式舉人伍拾肆名
第壹名李尌 通海縣學生 書
第貳名李敬勝 晉寧州學生 禮記
第叁名劉大紳 寧州學增生 春秋
第肆名王紹仁 大理府學生 詩
第伍名段之鍇 晉寧州學生 易
第陸名彭翥 蒙化直隸廳學生 書
第柒名魏廷模 寧州學生 易
第捌名王運昌 雲南府拔貢 詩
第玖名王一本 鶴慶州訓導 春秋
第拾名陳煌 寧州拔貢 禮記
第拾壹名楊覲光 鶴慶州學增生 詩

07

贺涛殿试试卷

光绪十二年（1886年）

| 纸本 |

按清代科考制度，会试取中后，中式举人（称贡士）需参加殿试，以决定最后的等第名次。此件档案是光绪十二年（1886）丙戌科会试贡士贺涛的殿试卷。殿试卷前先自述“三代脚色”，然后是策论一篇。殿试卷尤其注重书写水准，书法高超者往往能名列前茅。贺涛最后取中二甲第五十七名。

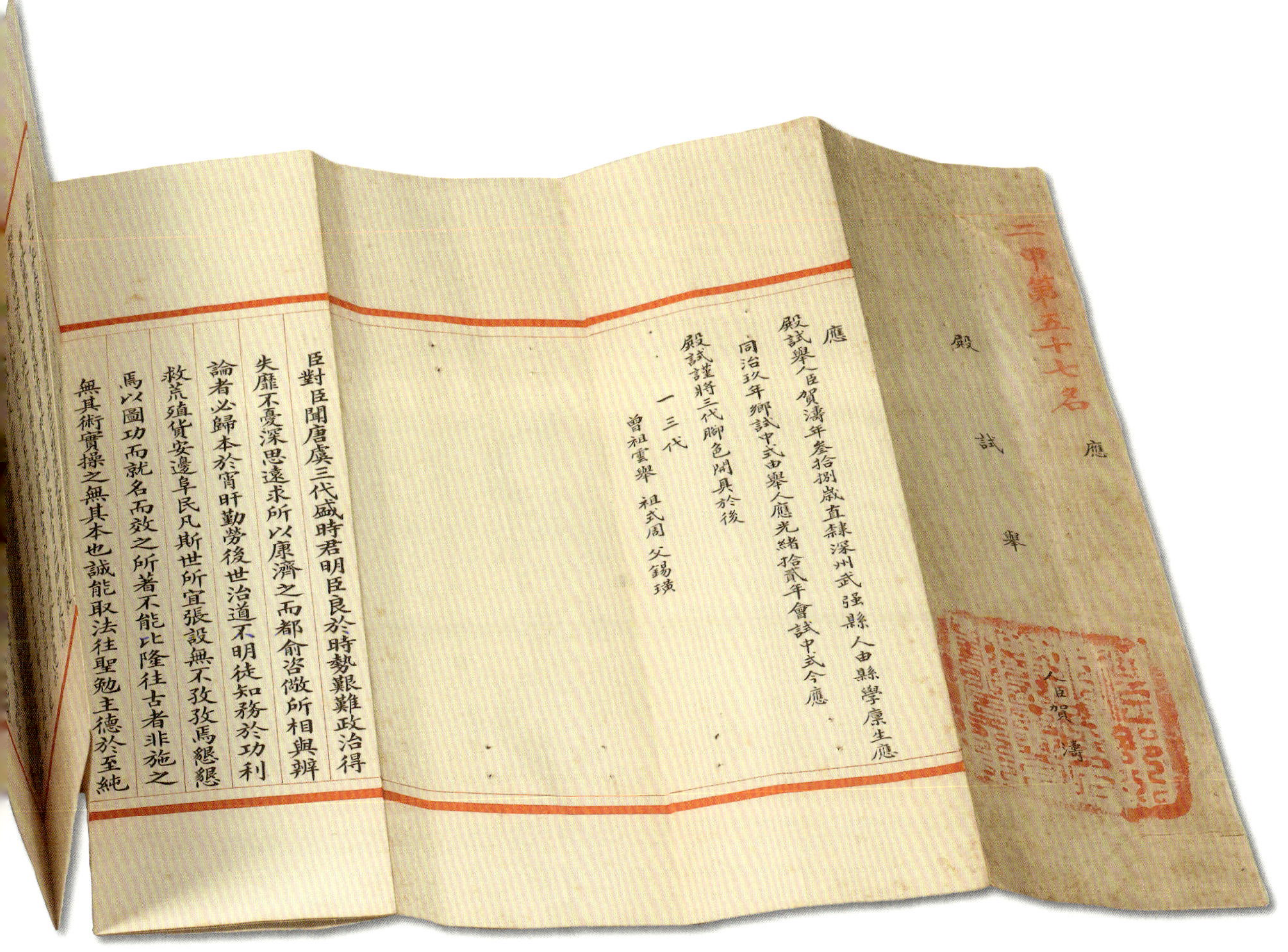
二甲第五十七名

應

殿

試

舉

人臣賀濤

應

殿試舉人臣賀濤年叁拾捌歲直隸深州武强縣人由縣學廪生應

同治玖年鄉試中式由舉人應光緒拾貳年會試中式今應

殿試謹將三代脚色開具於後

一三代

曾祖雲舉　祖式周　父錫璜

臣對臣聞唐虞三代盛時君明臣良於時勢艱難政治得

失靡不憂深思遠求所以康濟之而都俞咨儆所相與辨

論者必歸本於宵旰勤勞後世治道不明徒知務於功利

救荒殖貨安邊阜民凡斯世所宜張設無不孜孜焉懇懇

焉以圖功而就名而效之所著不能比隆往古者非施之

無其術實操之無其本也誠能取法往聖勉主德於至純

08

大金榜（局部）

光绪三十年（1904 年）

纸本 | 满汉文

横 1636 厘米　纵 86 厘米

大金榜为科举殿试后颁布的中式题名定榜，一般长二、三十米。由内阁中书四人书写后，经内阁学士捧至乾清门钤盖“皇帝之宝”，于传胪之日张挂东长安门外（武科挂西长安门外），供应试贡士和普通民众观看，三日后缴回内阁存贮。

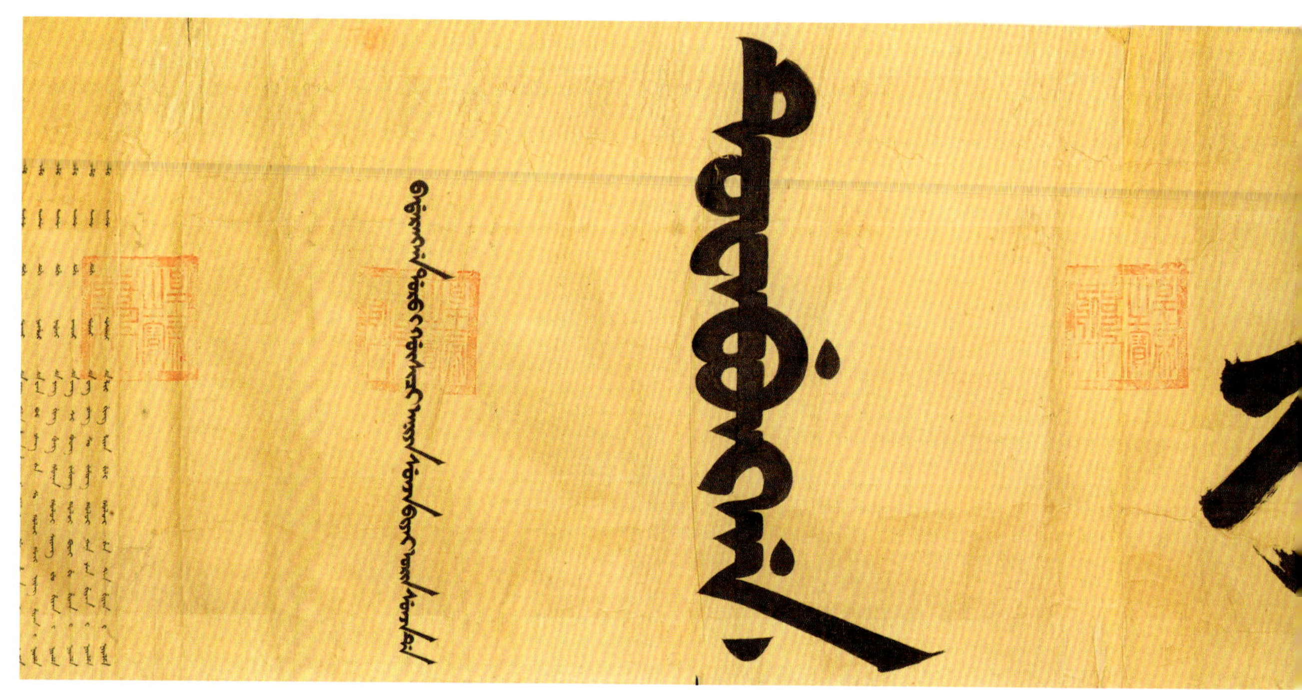

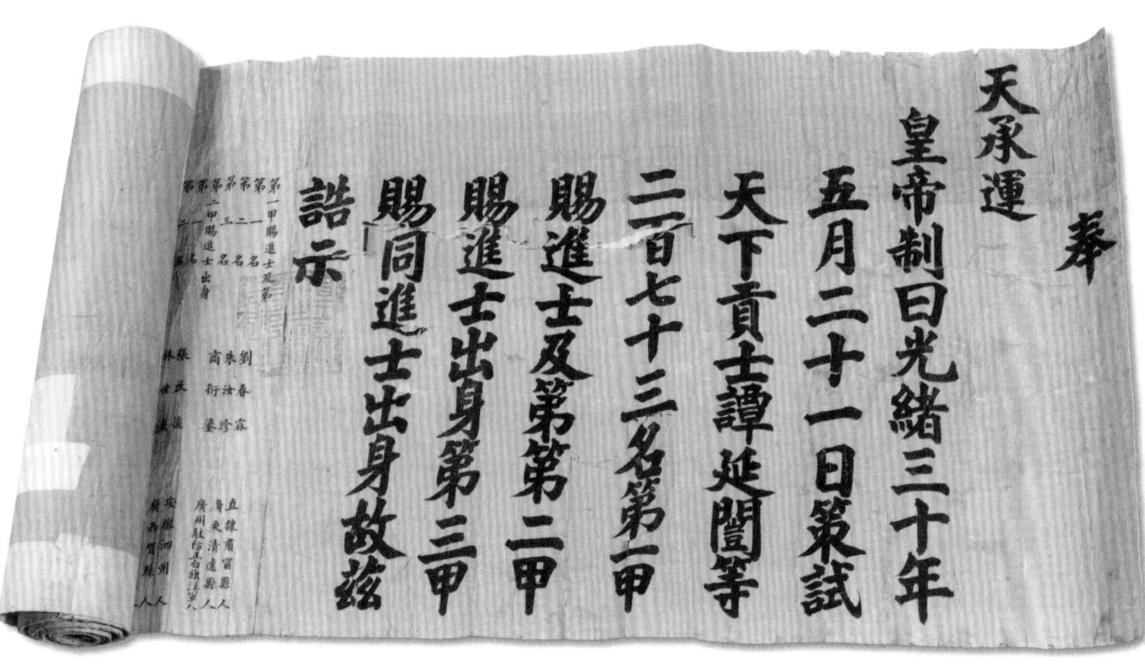
奉
天承運
皇帝制曰光緒三十年
五月二十一日策試
天下貢士譚延闓等
二百七十三名第一甲
賜進士及第第二甲
賜進士出身第三甲
賜同進士出身故茲
誥示

光緒三十年五月二十五日

09

光绪帝谕旨

着停止科举取士

光绪三十一年八月初四日（1905年9月2日）

| 纸本 |

横27厘米　纵30厘米

科举制度是隋唐以至清末众多士子进身的重要途径，但是鸦片战争后，以八股文为主要考试内容的科举制度难以选拔真才来应对日益严重的国家存亡危局，受到了有识之士的猛烈抨击。光绪二十七年（1901），清廷施行新政。光绪三十一年八月，清廷发布上谕，接受直隶总督袁世凯等人的吁请，停止科举取士，大力兴办近代新式学堂。

00013

光緒三十一年八月初四日內閣奉
上諭袁世凱等奏請立停科舉以廣學校並妥籌辦
法一摺三代以前選士皆由學校而得人極盛實
我中國興賢育才之隆軌即東西洋各國富强之
效亦無不本於學堂方今時局多艱儲才為急朝
廷以近日科舉每習空文屢降明詔飭令各省督
撫廣設學堂將俾全國之人咸趨實學以備任使
用意至為深厚前因管學大臣等議奏已准將鄉
會試中額分三科遞減茲據該督等奏稱科舉不
停民間相率觀望欲推廣學堂必先停科舉等語
所陳不為無見著即自丙午科為始所有鄉會試
一律停止各省歲科考試亦即停止其以前之舉

00014

貢生員分別量予出路及其餘各條均著照所請
辦理總之學堂本古學校之制其獎勵出身又與
科舉無異歷次定章原以修身讀經為本各門科
學又皆切於實用是在官紳申明宗旨聞風興起
多建學堂普及教育國家既獲樹人之益即地方
亦與有光榮經此次諭旨後著學務大臣迅速頒
發各種教科書以定指歸而宏造就並著責成各
該督撫實力通籌嚴飭府廳州縣趕緊於城鄉各
處徧設蒙小學堂慎擇師資廣開民智其各認真
舉辦隨時考察不得敷衍瞻徇致滋流弊務期進
德修業體用兼賅共副朝廷勸學作人之至意欽此

10

钦定科场条例

清

| 纸本 |

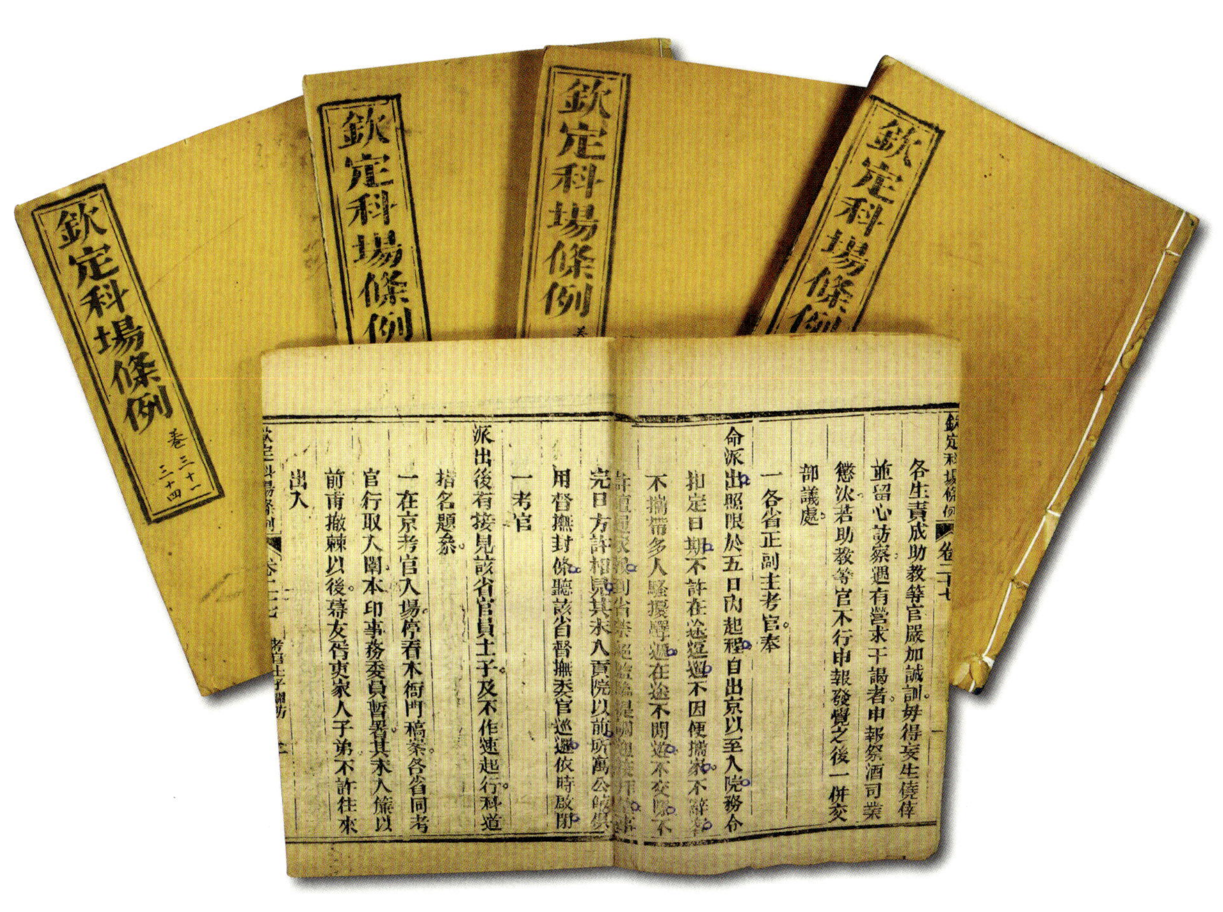

科场条例，是清代规范科举考试事宜文件的汇编，由礼部编定。据会典载：“凡《科场条例》，据屡科沿革及见行事宜纂辑成编，每三年续编，颁发直省遵行。”清代科场条例，尤重防弊，如规定：各省正、副主考官奉命派出，照限于五日内起程……不许在途逗留……在途不闲游，不交际。

大清國國書

捌

中外交往

清前期，清廷秉持传统的天下观和四夷观，以朝贡制度为核心，处理与周边国家的关系，而与欧洲各国，除了俄罗斯较特殊外，则只注重商贸交易，甚少政治往来。乾隆五十八年（1793），英使马戛尔尼借为乾隆帝祝寿的名义访华，但乾隆帝只关注跪拜礼仪问题，对英国驻使通商的要求一律拒绝，被视为“闭关锁国”的标志性事件。道光二十年（1840），英国悍然发动第一次鸦片战争，清朝战败，被迫签订《南京条约》，同意五口通商，海禁大开，成为中外关系的转折点。咸丰十年（1860），清廷设立总理各国事务衙门，成为近代中国第一个专门处理外交事务的国家机构，这是晚清外交史的重要节点。此后，清朝向外国派遣留学生、派驻使节、参加博览会、考察政情，中外交往日益频密。

01

俄国伊尔库茨克长官致索额图函

为由莫斯科派遣商人前往中国贸易事

康熙三十四年六月二十三日（1695年8月2日）

纸本 | 俄文

康熙二十八年（1689）中俄《尼布楚条约》签订后，允许贸易互市。清廷在康熙三十二年又定制：准许俄罗斯隔三年来京贸易一次，每次不得超过二百人。本件档案内称：由莫斯科派遣的商人瓦西里·伊万诺维奇·洛巴诺夫及同伴人等，携带俄国货物前来中国贸易。请依照和好条约，准许该商人及其同伴人等在中国境内自由购买其所需物品并出售货物，并请拨给栈院以便旅居。待买卖完毕，准其自由归国。

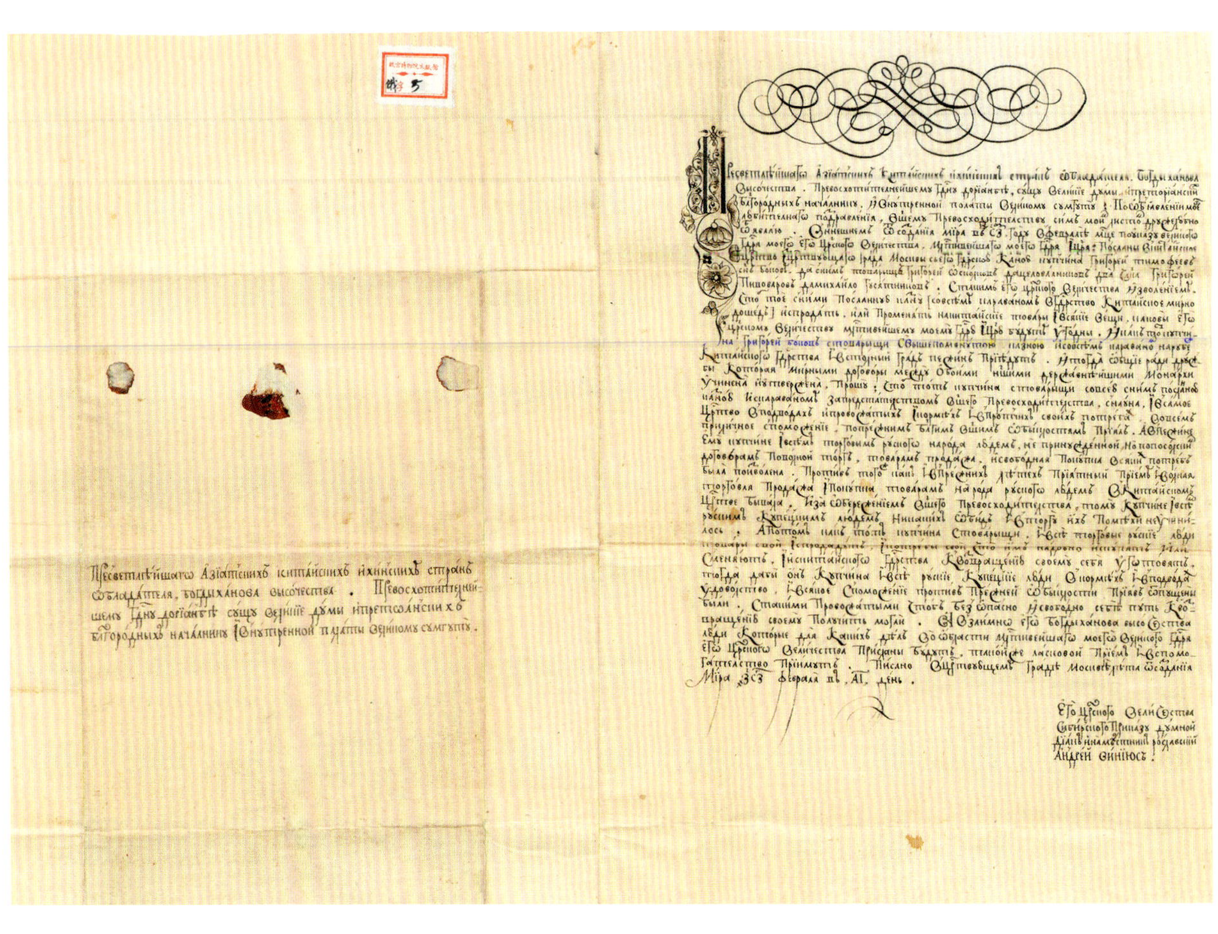

02

英国东印度公司贸易总管佛兰西斯·百灵致署两广总督郭世勋信函

为马戛尔尼使团访华事

乾隆五十七年（1792 年）

羊皮纸 丨 拉丁文
横 52 厘米　纵 60.5 厘米

乾隆五十七年（1792），英王乔治三世派遣以马戛尔尼勋爵为首的使团访问中国。当时，东印度公司享有对华贸易特许权，垄断经营中英贸易，管理在华贸易的英国商人，实际上是英王在东方的代表。于是，东印度公司贸易总管佛兰西斯·百灵致信署两广总督郭世勋通报马戛尔尼即将来华访问的消息。

Domino alto et potenti Fonlock ceu Vice Regi Provinciarum Quantong et Kiang-si Honoratus Praeses Honorabilis Societatis Commercium Magnae Britanniae Regni apud Gentem Sinensem administrantis Salutem.

03

英王乔治三世致乾隆帝信函

乾隆五十七年（1792年）

纸本 | 法文

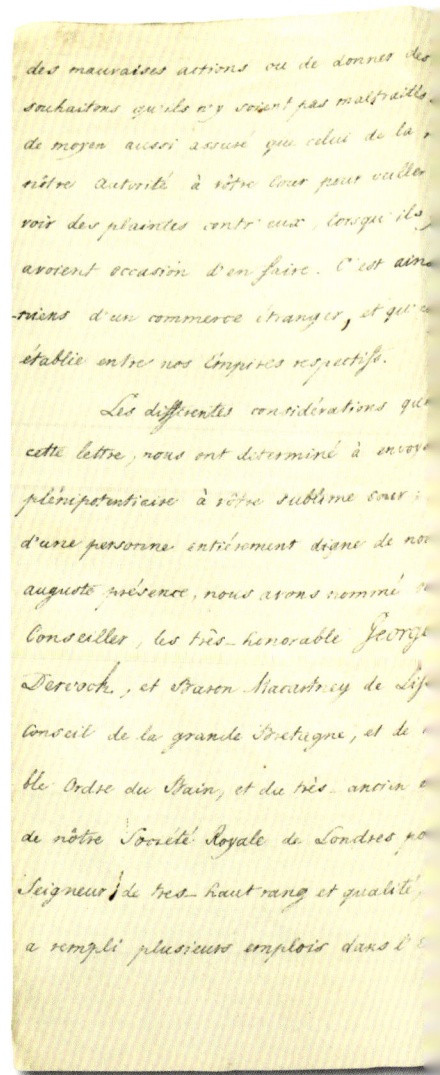

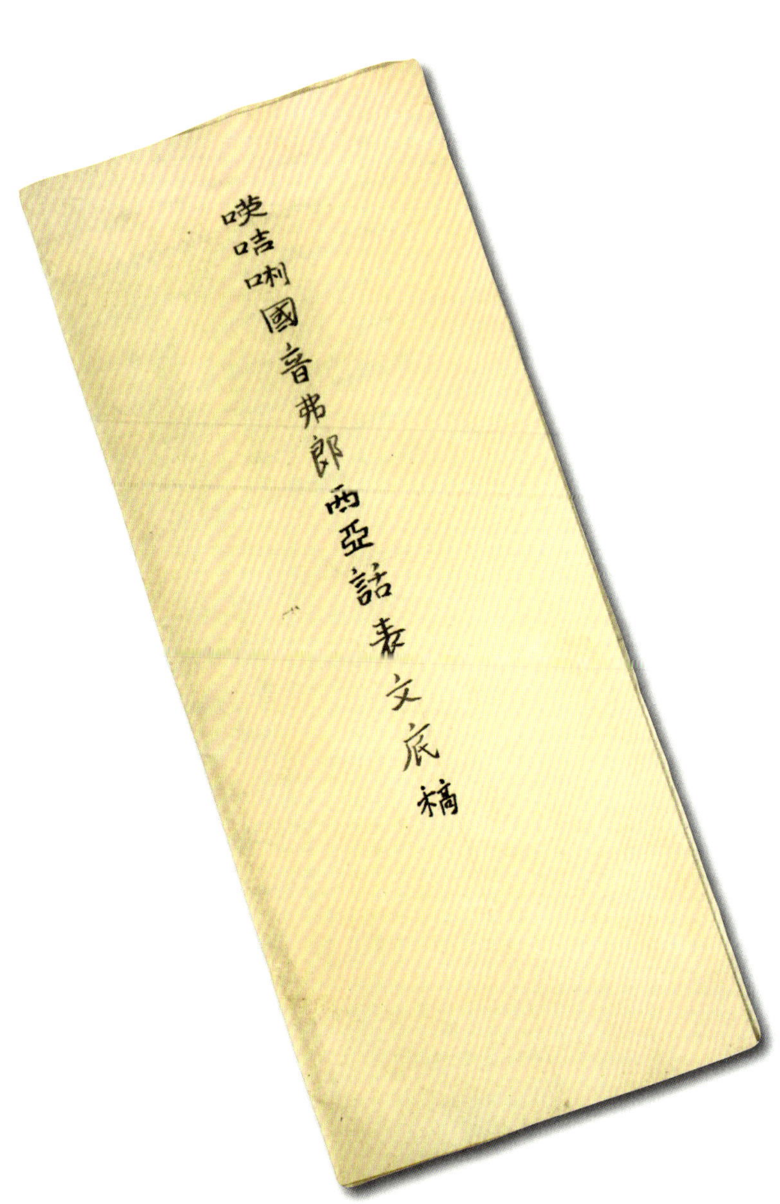

des mauvaises actions ou de donner des
souhaitons qu'ils n'y soient pas maltraités
de moyen aussi assuré que celui de la
nôtre autorité à vôtre Cour pour veiller
voir des plaintes contr' eux, lorsqu'ils
avoient occasion d'en faire. C'est ain
-tiens d'un commerce étranger, et qui
établie entre nos Empires respectifs.

Les différentes considérations que
cette lettre, nous ont déterminé à envoy
plénipotentiaire à vôtre sublime Cour
d'une personne entièrement digne de no
auguste présence, nous avons nommé
Conseiller, le très-honorable George
Dervock, et Baron Macartney de Lis
Conseil de la grande Bretagne, et de
ble Ordre du Bain, et du très-ancien
de nôtre Société Royale de Londres po
Seigneur de très-haut rang et qualité,
a rempli plusieurs emplois dans l'

乾隆五十七年（1792），英王乔治三世派遣以乔治·马戛尔尼勋爵为首的使团来华为乾隆帝贺寿。次年五月，马戛尔尼使团抵达中国，八月，马戛尔尼与部分随员在承德避暑山庄觐见乾隆帝，并参加了万寿庆典等宴会。马戛尔尼转交了乔治三世给乾隆帝的两封信函。其中一封提出希望中英两国友好往来的愿望，并欲遣使常驻中国以庇护侨民。另一封则是交涉两国通商事宜，提出了一些具体条款。乾隆帝以从无先例、不合体制为由拒绝了英国的要求。

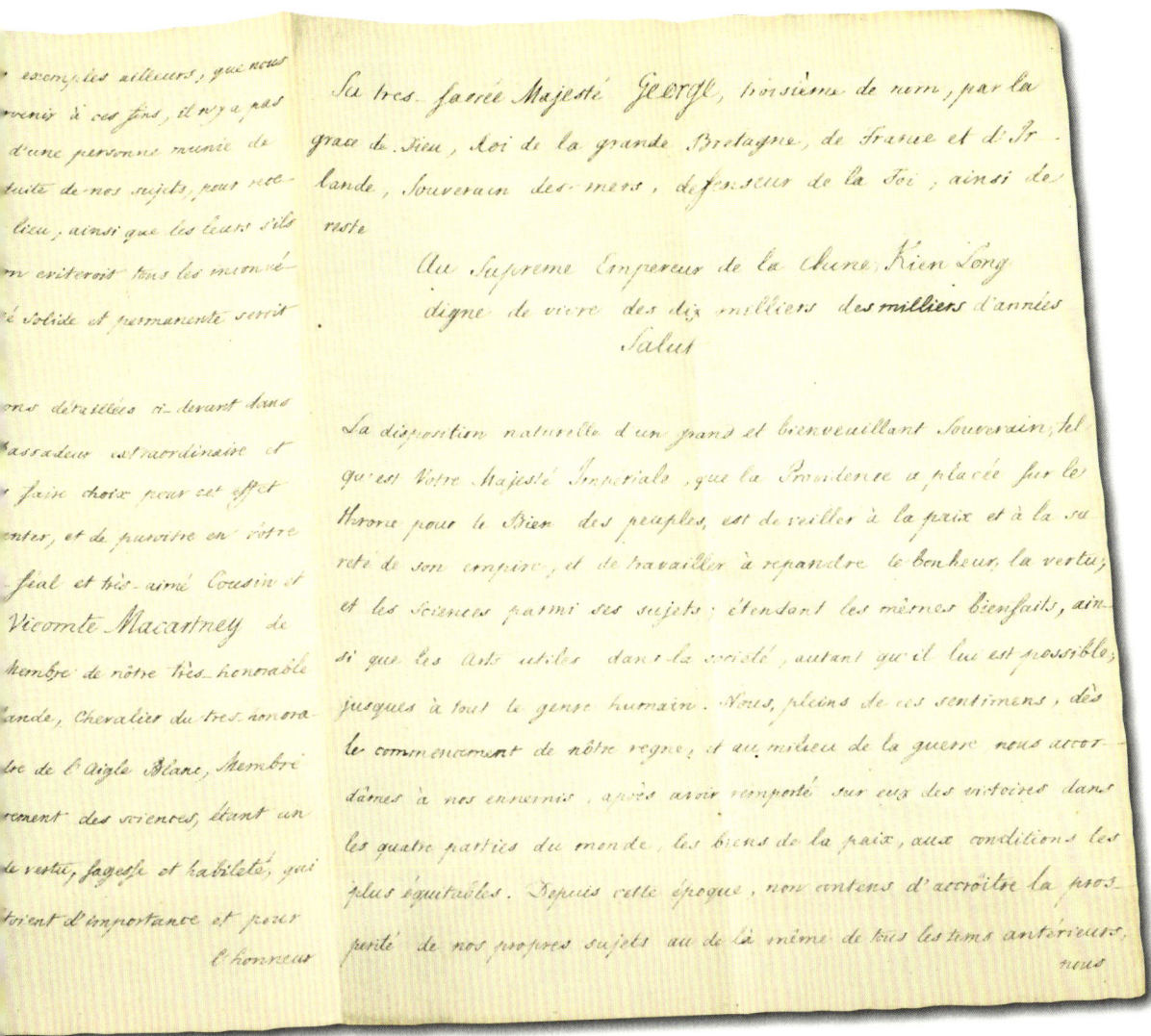

Sa tres sacrée Majesté George, troisième de nom, par la grace de Dieu, Roi de la grande Bretagne, de France et d'Irlande, Souverain des mers, defenseur de la Foi; ainsi de reste

Au Supreme Empereur de la Chine, Kien Long
digne de vivre des dix milliers des milliers d'années
Salut

La disposition naturelle d'un grand et bienveuillant Souverain, tel qu'est Votre Majesté Imperiale, que la Providence a placée sur le throne pour le Bien des peuples, est de veiller à la paix et à la sureté de son empire, et de travailler à repandre le bonheur, la vertu, et les Sciences parmi ses sujets; étendant les mêmes bienfaits, ainsi que les Arts utiles dans la societé, autant qu'il lui est possible, jusques à tout le genre humain. Nous, pleins de ces sentimens, dès le commencement de nôtre regne, et au milieu de la guerre nous accordâmes à nos ennemis, après avoir remporté sur eux des victoires dans les quatre parties du monde, les biens de la paix, aux conditions les plus équitables. Depuis cette époque, non contens d'accroître la prosperité de nos propres sujets au de là même de tous les tems antérieurs, nous

04

恭亲王奕訢等奏折

为筹设总理各国事务衙门事

咸丰十年十二月二十四日（1861 年 2 月 3 日）

奏折	章程
纸本	纸本
横 60 厘米　纵 21 厘米	横 190 厘米　纵 21 厘米

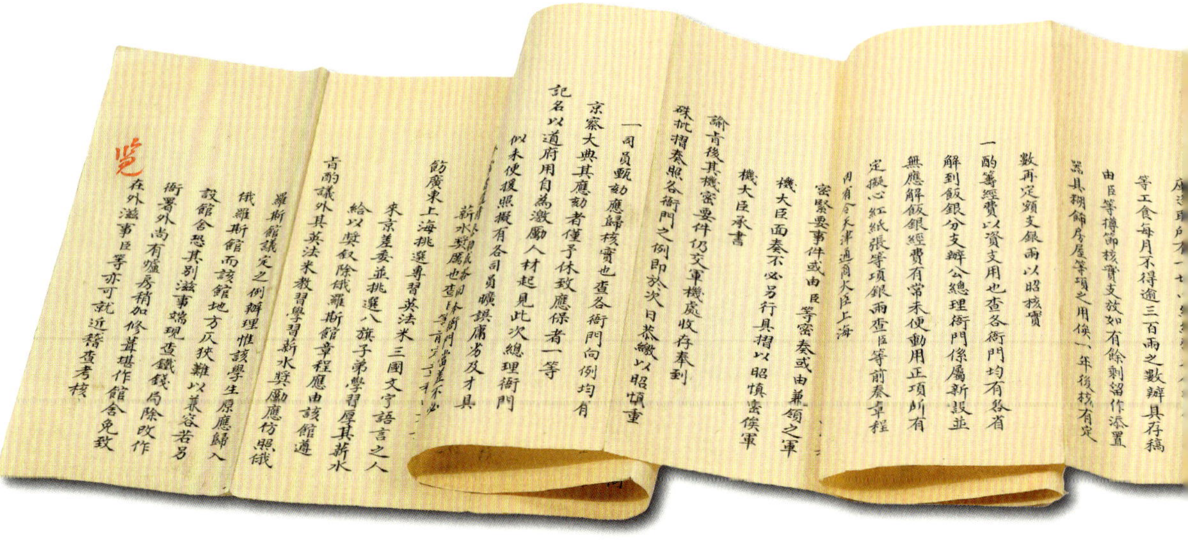

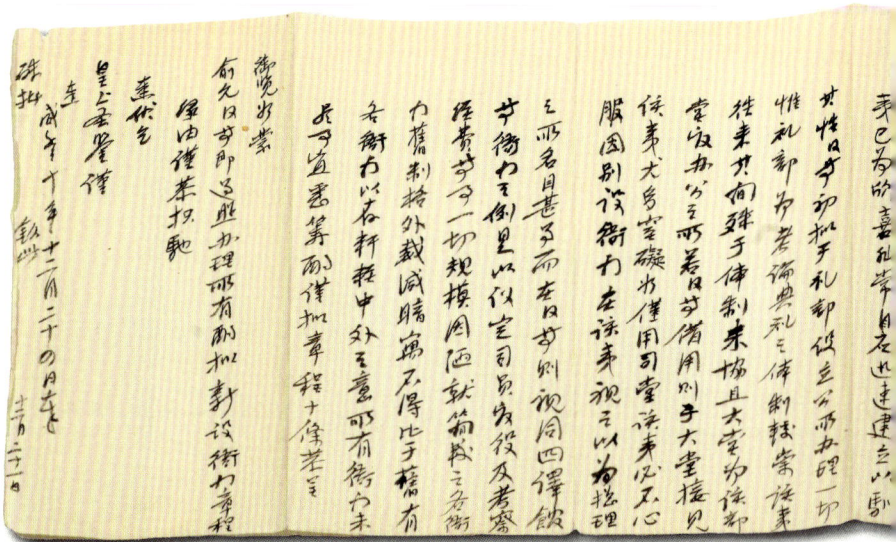

《北京条约》签订后，为办理洋务，咸丰帝批准了恭亲王奕訢等人的奏请，成立总理各国事务衙门，由奕訢、桂良、文祥等为首任管理大臣。此前，清朝外交事务由礼部、理藩部等分别办理，总理衙门的设立，标志着近代中国专门办理外交事务国家机构的诞生。

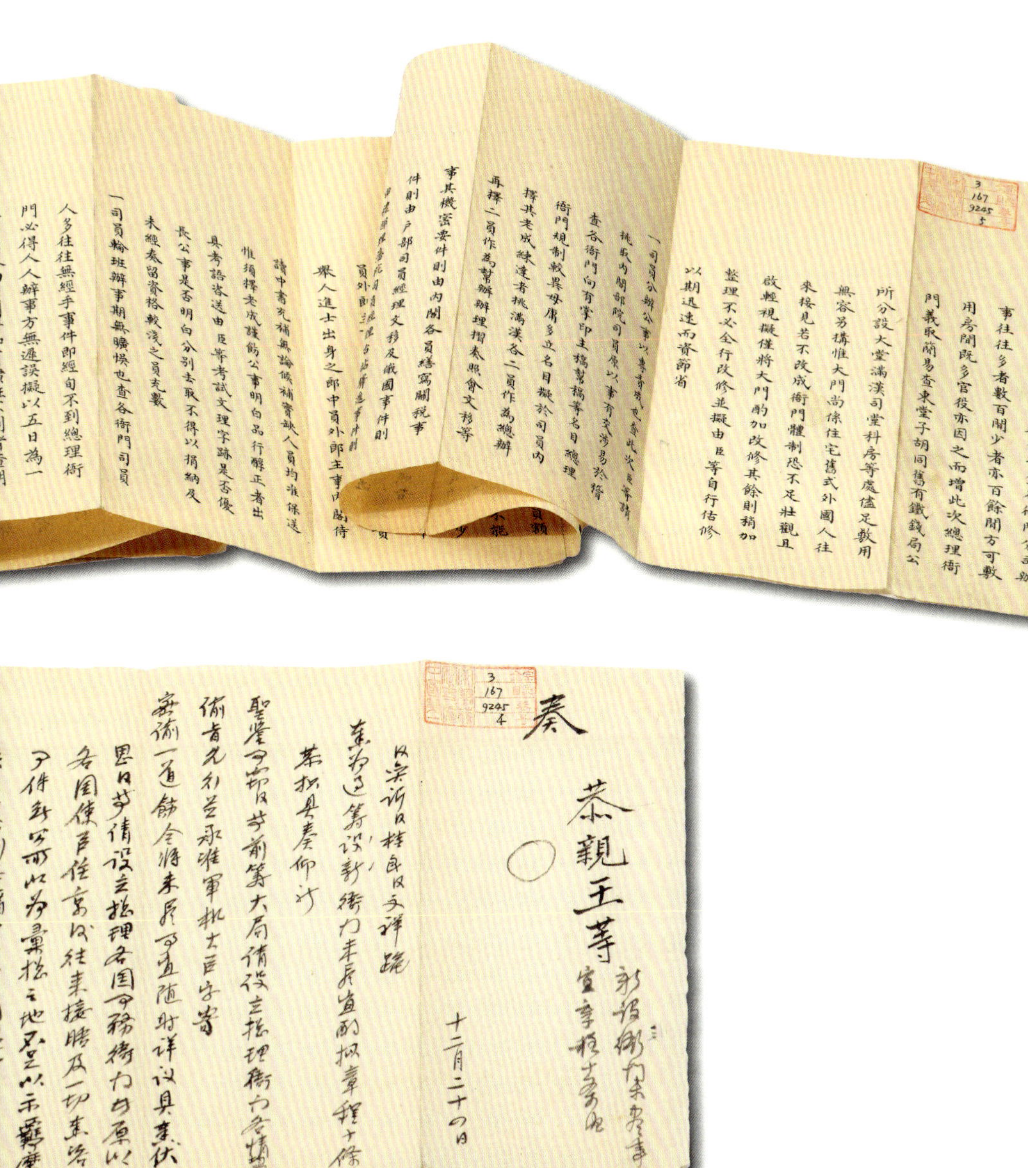
謹酌擬新設衙門章程十條恭呈
御覽
一擬建立衙署以資辦公也查各衙門分司辦事往往多者數百閒少者亦百餘閒方可敷用房閒既多官役亦因之而增此次總理衙門義取簡易查東堂子胡同舊有鐵錢局公所分設大堂滿漢司堂科房等處儘足敷用無容另構惟大門尚係住宅舊式外國人往來接見若不改成衙門體制恐不足壯觀且啟輕視擬俟將大門酌加改修其餘則稍加整理不必全行改修並擬由臣等自行估修以期迅速而資節省

05

俄美等五国公使照会

为觐见事

同治十二年六月初四日（1873年6月28日）

纸本

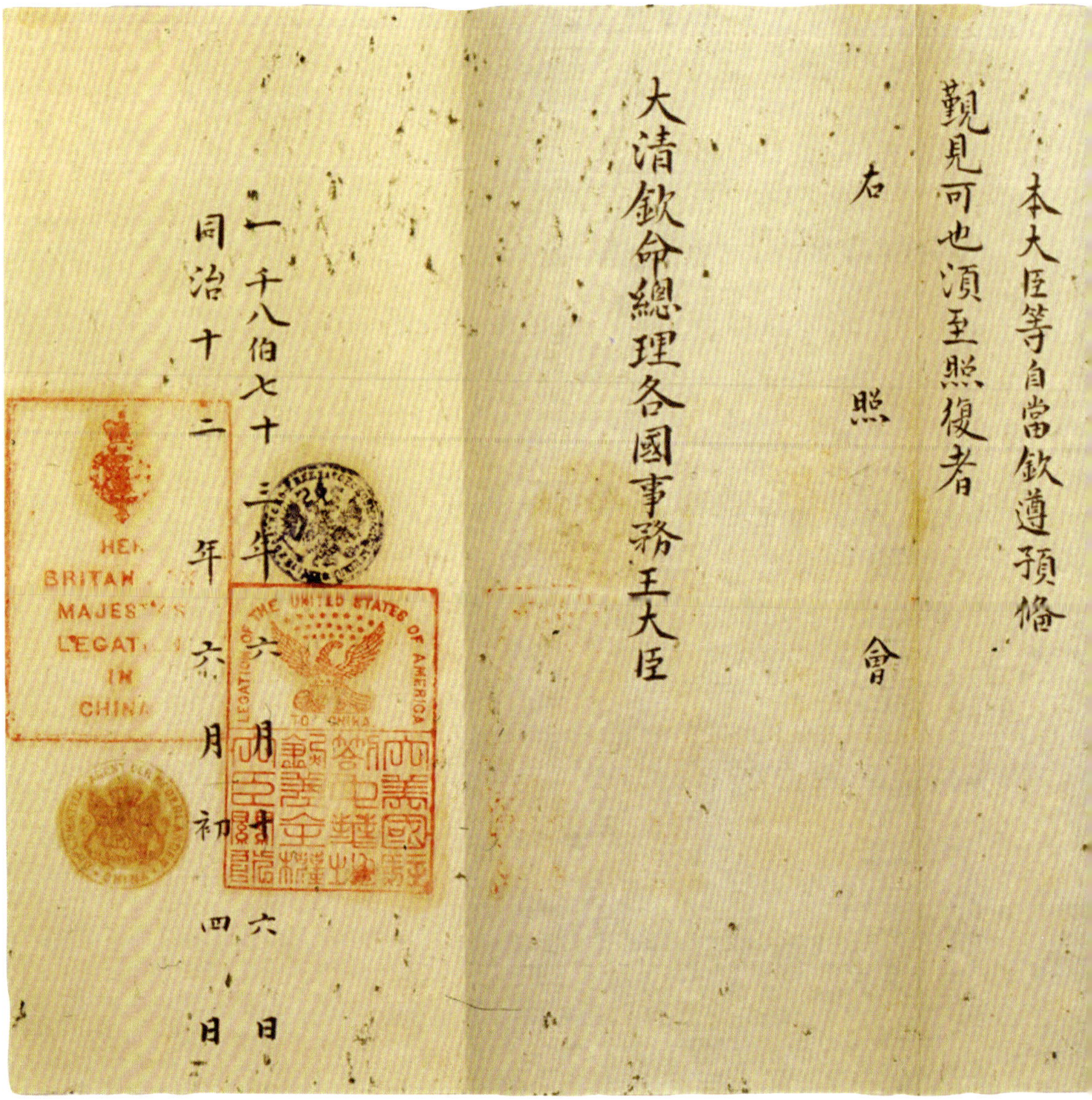

本大臣等自當欽遵預備

覲見可也須至照復者

右　照　會

大清欽命總理各國事務王大臣

一千八伯七十三年　六　月　六　日

同治十二年六月初四日

HER BRITAN[illegible] MAJES[illegible] LEGAT[illegible] IN CHIN[illegible]

LEGATION OF THE UNITED STATES OF AMERICA TO CHINA

按照近代国际公法和惯例，建交国需相互遣使觐见君主呈递国书，但是，咸丰十一年（1861）英法等国公使入驻北京后，一直未能觐见清朝皇帝。同治十一年（1872），皇帝亲政，各国公使即提出觐见要求。经总理衙门与之反复交涉，确定了公使觐见地点和仪式礼节。六月初三日，总理衙门照会各国公使，定于六月初五日各国使臣集体在紫光阁觐见同治帝。这是俄国公使倭良嘎哩领衔的致总理衙门照会，表示遵照通知次日觐见清帝。这次觐见，是清帝首次接见外国驻华公使并接受国书，在近代中外交往中具有重要意义。

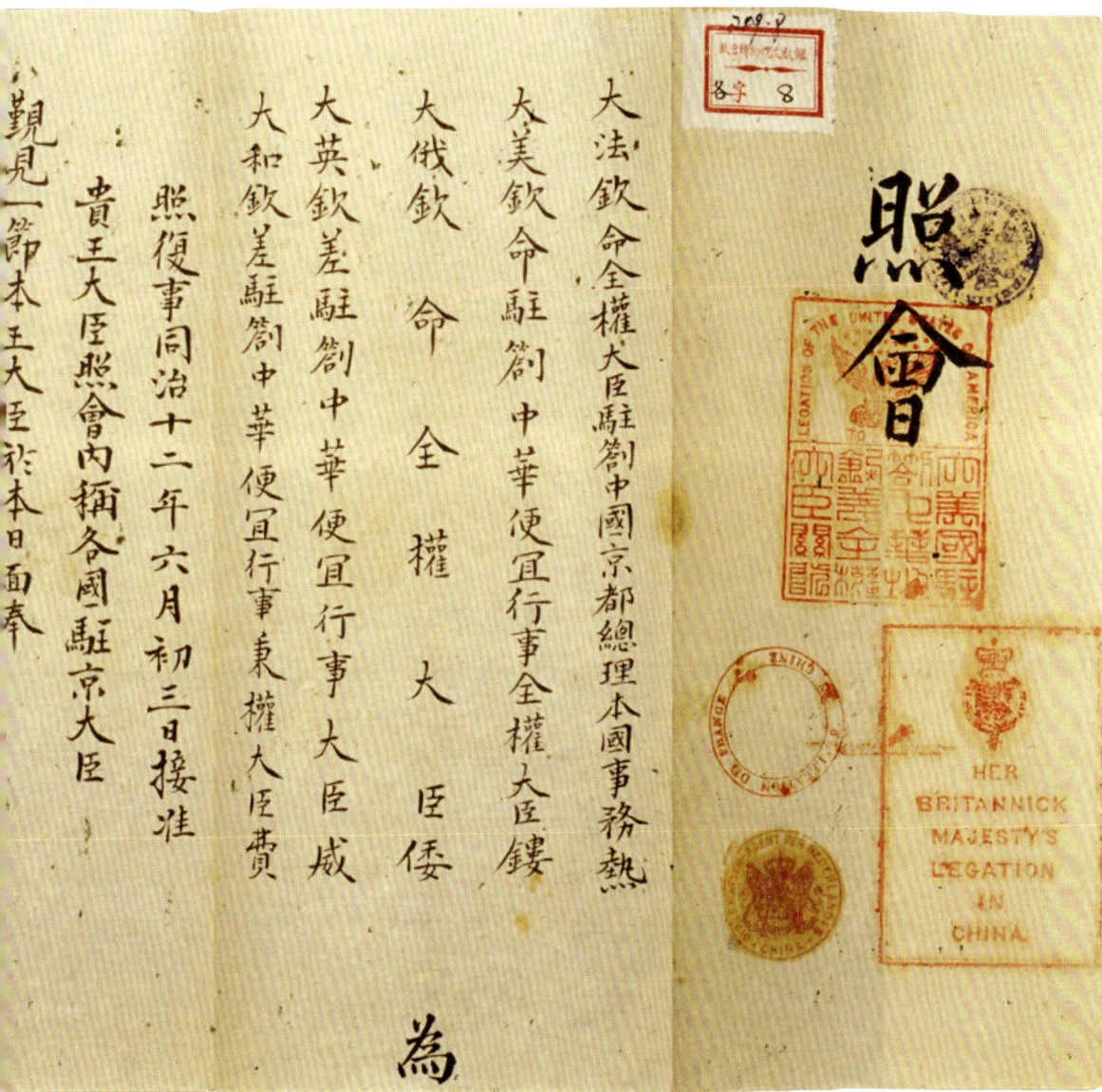

照會

大法欽命全權大臣駐劄中國京都總理本國事務熱
大美欽命駐劄中華便宜行事全權大臣鏤
大俄欽命全權大臣倭
大英欽差駐劄中華便宜行事大臣威
大和欽差駐劄中華便宜行事秉權大臣貴
為
照復事同治十二年六月初三日接准
貴王大臣照會內稱各國駐京大臣
覲見一節本王大臣於本日面奉

HER BRITANNICK MAJESTY'S LEGATION IN CHINA

清政府致比利时国书

为特派大臣考察比国政治事

光绪三十一年八月初九日（1905年9月7日）

纸本丨满汉文

横224厘米　纵35厘米

庚子事变，创巨痛深，清廷不得不向西方学习，实行新政。光绪三十一年（1905），清廷决定委派五大臣出洋考察政治。这份国书中光绪帝请比利时国王利奥波德二世接待特派大臣载泽、徐世昌、绍英的来访考察（后因临行遭到炸弹袭击，徐、绍二人未成行，改派李盛铎、尚其亨）。载泽等在历时半年的对日、英、法、比诸国的政治考察后，回国时向慈禧太后面奏仿行宪政。由此，清廷开始了预备立宪改革。

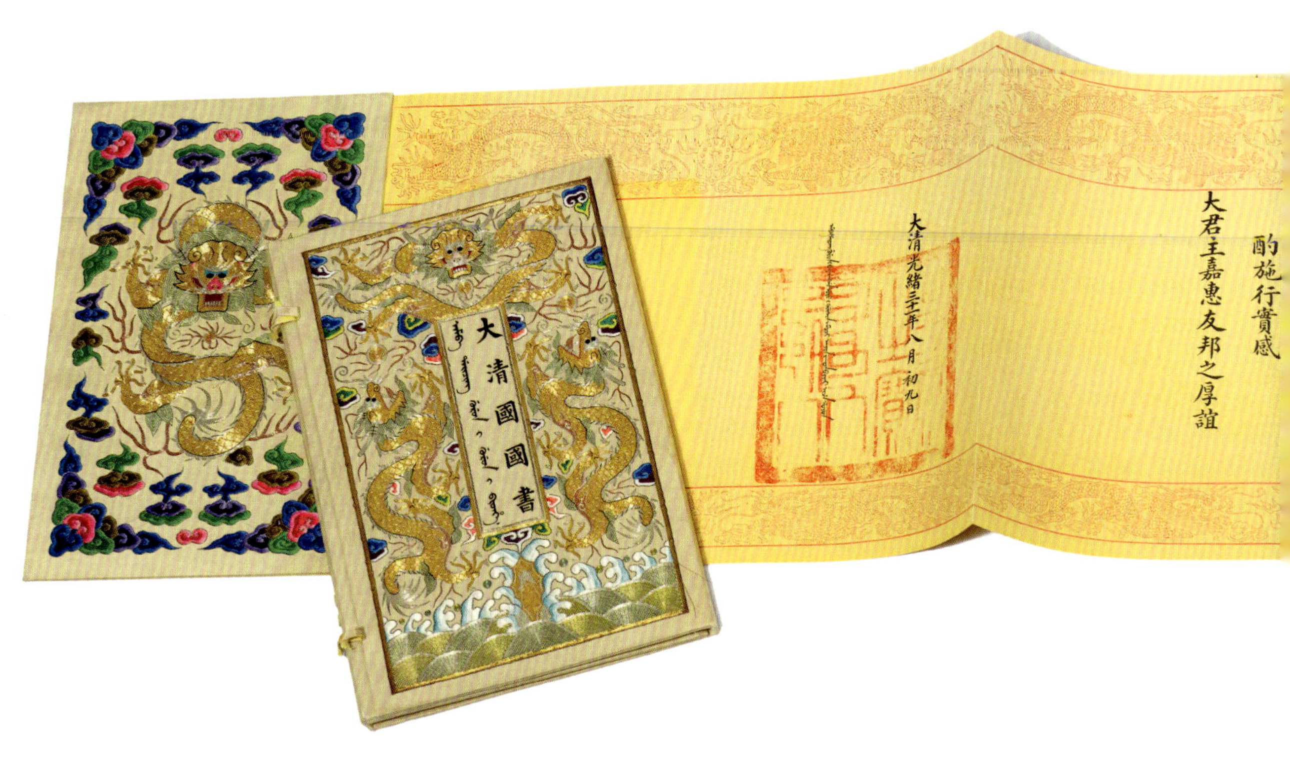

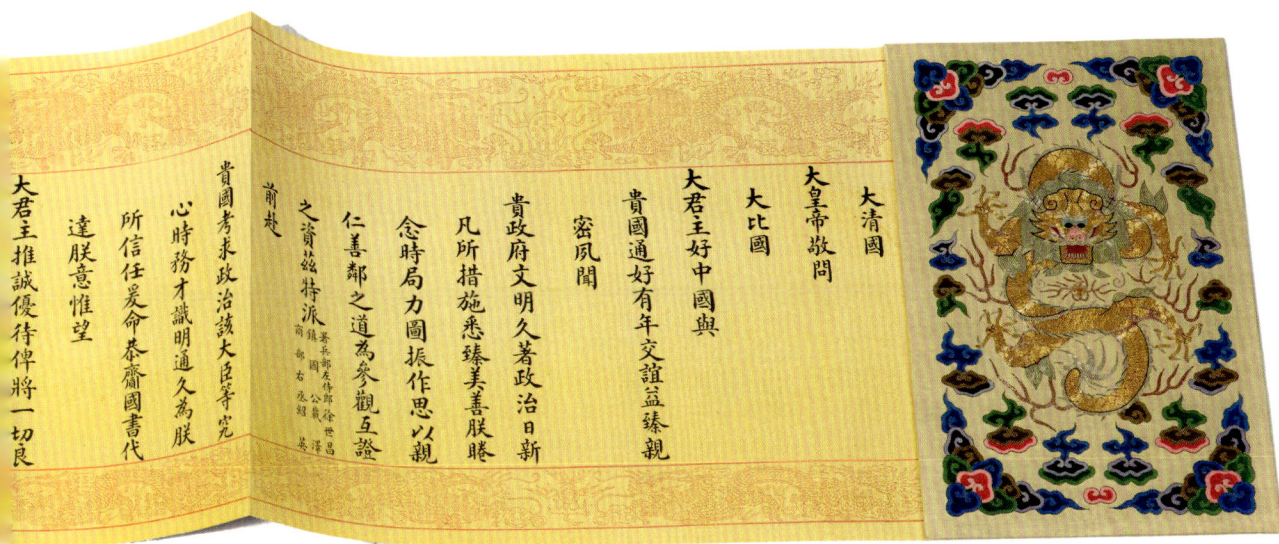

大清國
大皇帝敬問
大比國
大君主好中國與
貴國通好有年交誼益臻親
密夙聞
貴政府文明久著政治日新
凡所措施悉臻美善朕睠
念時局力圖振作思以親
仁善鄰之道為參觀互證
之資茲特派署兵部左侍郎徐世昌 鎮國公載澤 商部右丞紹英
前赴
貴國考求政治該大臣等究
心時務才識明通久為朕
所信任爰命恭齎國書代
達朕意惟望
大君主推誠優待俾將一切良

07

美国驻华公使致外务部照会

为美国总统罗斯福恭贺中国皇帝登极事

光绪三十四年十一月十二日（1908 年 12 月 5 日）

| 纸本 |

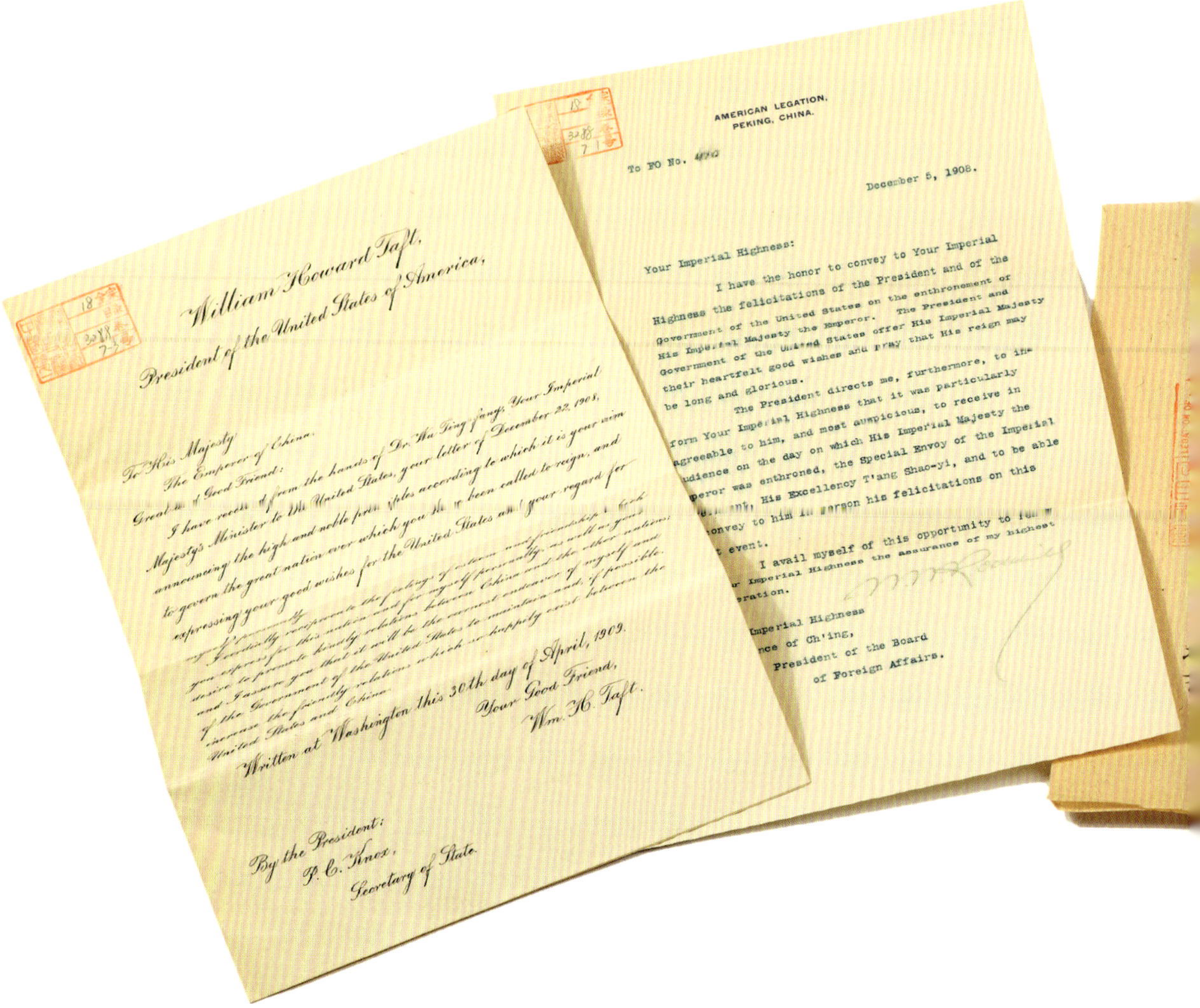

William Howard Taft,
President of the United States of America,

To His Majesty
The Emperor of China.

Written at Washington this 30th day of April, 1909.
Your Good Friend,
Wm. H. Taft.

By the President:
P. C. Knox,
Secretary of State.

AMERICAN LEGATION,
PEKING, CHINA.

To FO No.

December 5, 1908.

Your Imperial Highness:

I have the honor to convey to Your Imperial Highness the felicitations of the President and of the Government of the United States on the enthronement of His Imperial Majesty the Emperor. The President and Government of the United States offer His Imperial Majesty their heartfelt good wishes and pray that His reign may be long and glorious.

The President directs me, furthermore, to inform Your Imperial Highness that it was particularly agreeable to him, and most auspicious, to receive in audience on the day on which His Imperial Majesty the Emperor was enthroned, the Special Envoy of the Imperial Government, His Excellency T'ang Shao-yi, and to be able to convey to him in person his felicitations on this event.

I avail myself of this opportunity to renew to Your Imperial Highness the assurance of my highest consideration.

Imperial Highness
Prince of Ch'ing,
President of the Board
of Foreign Affairs.

光绪三十四年（1908），溥仪继位。时任美国总统西奥多·罗斯福发来贺电，美国驻华使馆以照会形式转达了该贺电的内容。除了总统本人及其政府阁员对中国皇帝登极的美好祝愿外，此份档案中还特别提及“适于此日觐见贵国唐使，得以面祝登极贺词”，这是指当时外务部侍郎唐绍仪作为特使访问美国，得到罗斯福的接见，因此罗斯福向唐绍仪当面表示了祝贺。

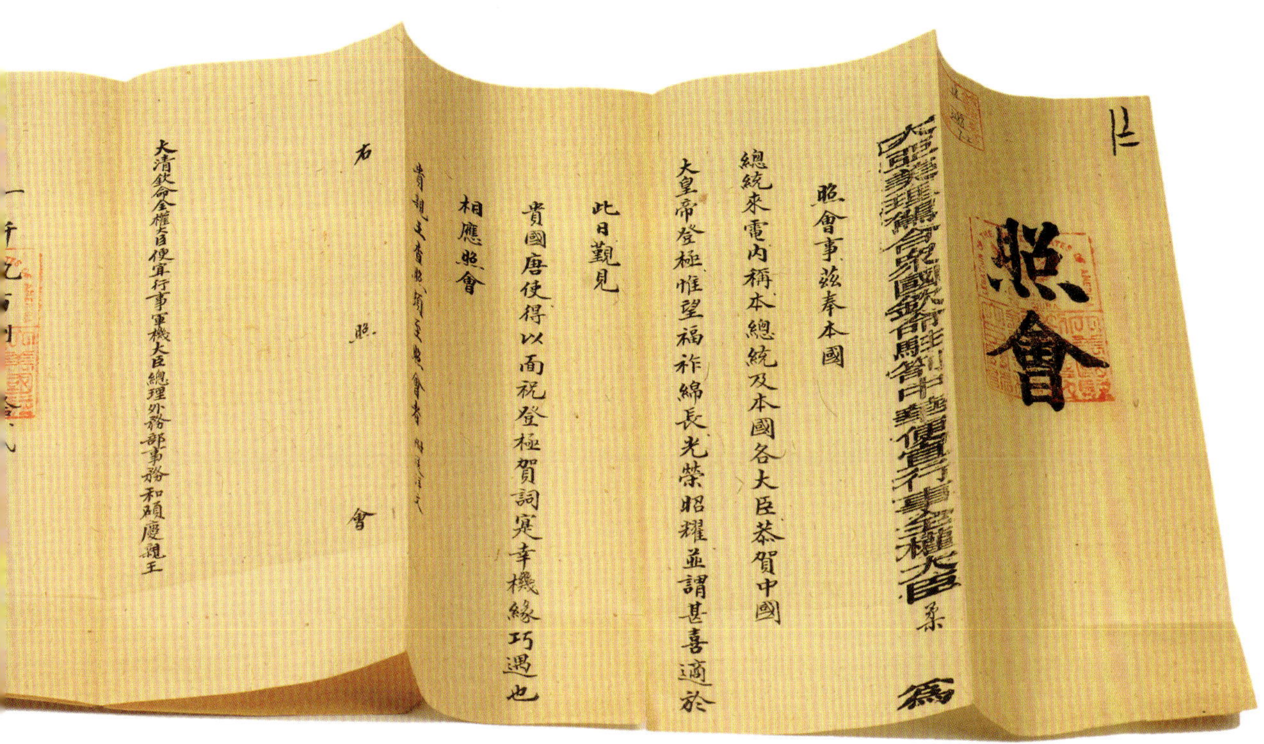
照會

大美國欽命駐劄中華便宜行事全權大臣柔 為

照會事茲奉本國

總統來電內稱本總統及本國各大臣恭賀中國

大皇帝登極惟望福祚綿長光榮昭耀並謂甚喜適於

此日覲見

貴國唐使得以面祝登極賀詞寔幸機緣巧遇也

相應照會

貴親王查照須至照會者

右照會

大清欽命全權大臣便宜行事軍機大臣總理外務部事務和碩慶親王

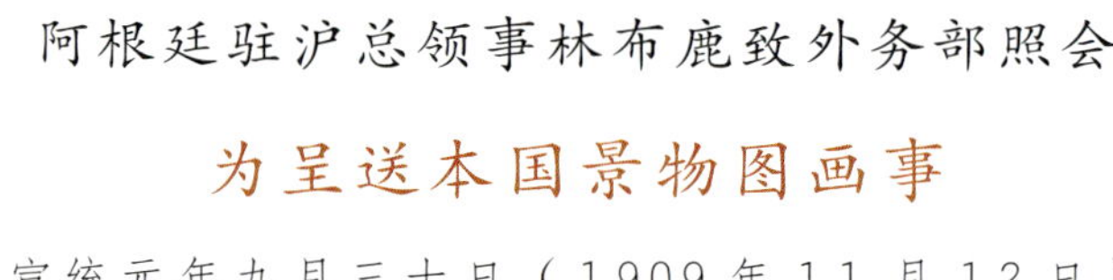

08

阿根廷驻沪总领事林布鹿致外务部照会

为呈送本国景物图画事

宣统元年九月三十日（1909年11月12日）

| 纸本 |

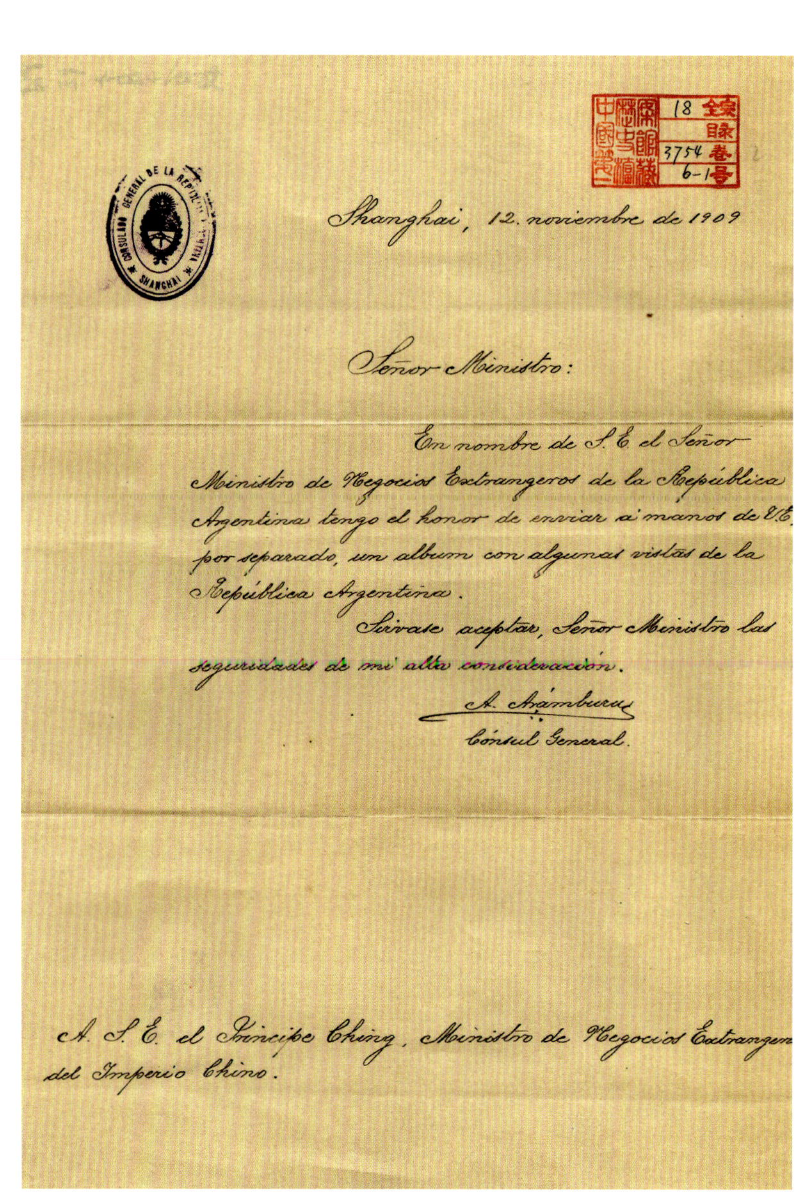

Shanghai, 12. noviembre de 1909

Señor Ministro:

En nombre de S. E. el Señor Ministro de Negocios Extranjeros de la República Argentina tengo el honor de enviar á manos de V.E. por separado, un album con algunas vistas de la República Argentina.

Sírvase aceptar, Señor Ministro las seguridades de mi alta consideración.

A. Arámburu

Cónsul General.

A. S. E. el Príncipe Ching, Ministro de Negocios Extrangeros del Imperio Chino.

晚清时期，中国和拉丁美洲国家的关系得到了一定的发展，秘鲁、巴西、墨西哥、古巴和巴拿马五国先后与中国建交。随着贸易交往的增多，其他一些拉丁美洲国家，如阿根廷、智利、哥斯达黎加等也开始和中国有了官方的接触。此份档案是亚氈太吴国（阿根廷）驻上海代办林布鹿向清政府外务部通报赠送阿根廷景物图画的照会。

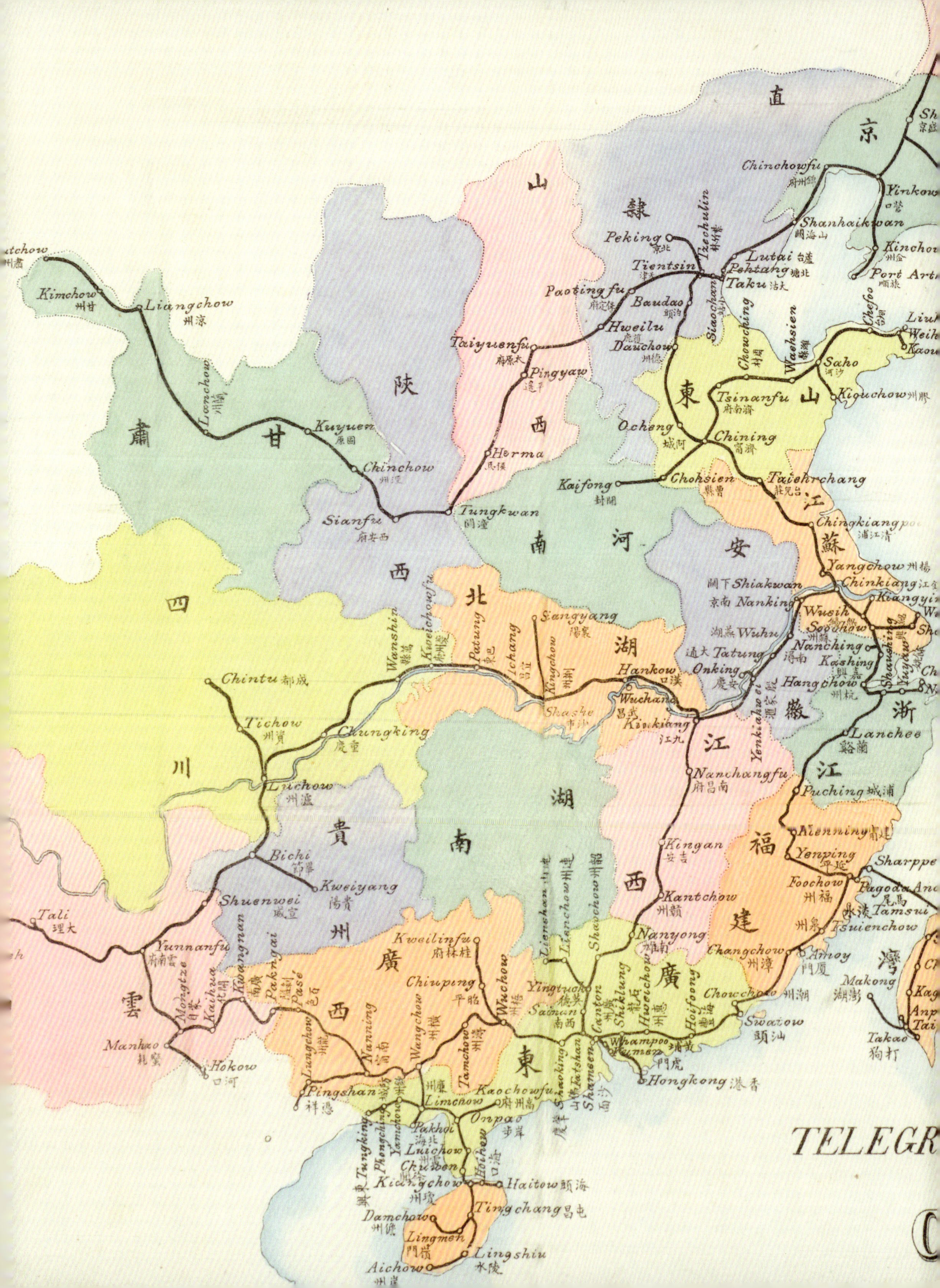
TELEGR

玖

洋务新政

19世纪中叶到20世纪初，清政府面对不断出现的内忧外患，从维护自身统治出发，采取了一系列重大举措，试图挽救国运衰败的颓势。第二次鸦片战争后，当政者中的开明官僚发起洋务运动，主张引进西方近代科学技术，实现富国强兵。这一时期，洋务派积极兴办各类军事及民用工业。同治年间，福建马尾船厂建成，轮船招商局发行了第一支华商股票。光绪初年，天津等五处海关试办邮政，中国电报通信在数省铺开，西苑铁路建成通车，汉阳钢铁厂的兴建见证了从官办到官督商办再到完全商办的历程。

甲午战败后，民族危机日益深重，康有为等人联名上书，恳请维新变法。光绪二十四年（1898），光绪帝谕令筹建京师大学堂，这也成为百日维新唯一幸存的成果。庚子事变后，列强掀起瓜分中国的狂潮，慈禧以光绪帝名义颁布上谕，推行清末新政。政治上，派五大臣出使考察，仿行立宪并筹组新内阁；经济上，设立商部，倡办工商企业；文化上，废除科举，兴办新式学堂，并用美国退还的庚子赔款先后派遣了三批学生赴美留学；军事上，裁汰旧军，编练新军，先后设立陆军部和海军部。这些改革虽然没有改变清朝走向灭亡的历史进程，但在客观上推动了中国社会的近代化。

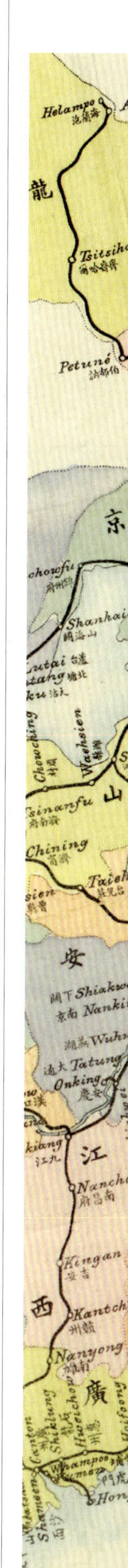

01

《福建马尾船坞图》

同治六年八月初八日（1867 年 9 月 5 日）

纸本 | 设色

横 143 厘米　纵 71 厘米

19 世纪中后期，清廷洋务派积极兴办近代军事及民用工业。同治五年（1866），左宗棠奏请在福州设立船政局。同治六年，时任船政大臣沈葆桢向同治帝进呈《福建马尾船坞图》。船厂背靠三岐山，面向马尾江，以船坞为核心，自东南环绕至西北，呈半圆形分布着衙廨、厂坞及洋房八十余所，分别为煤炭厂、船政学堂、船政公所、外国教员住所、钢铁厂等，并由铁路与官道连通各处，整体规模宏大，布置井然有序，是中国近代海军事业第一个造舰育才的重要基地。

02

西苑修建铁路尺寸图样

光绪十二年（1886年）

| 纸本 |

横 4.9 厘米　纵 5.7 厘米

光绪十一年（1885），直隶总督李鸿章上书朝廷请求修建铁路。为赢得慈禧太后的支持，李鸿章多次斡旋法国新盛公司，特意为其制造了一列极其精美的丹特型机车。之后，慈禧太后批准在皇城御苑中铺建西苑铁路，起点在中海瀛秀园，终点至北海镜清斋，全长1510.4米，光绪十四年竣工，但这条铁路仅存在了12年，光绪二十六年被八国联军拆毁，此后一直未能修复。

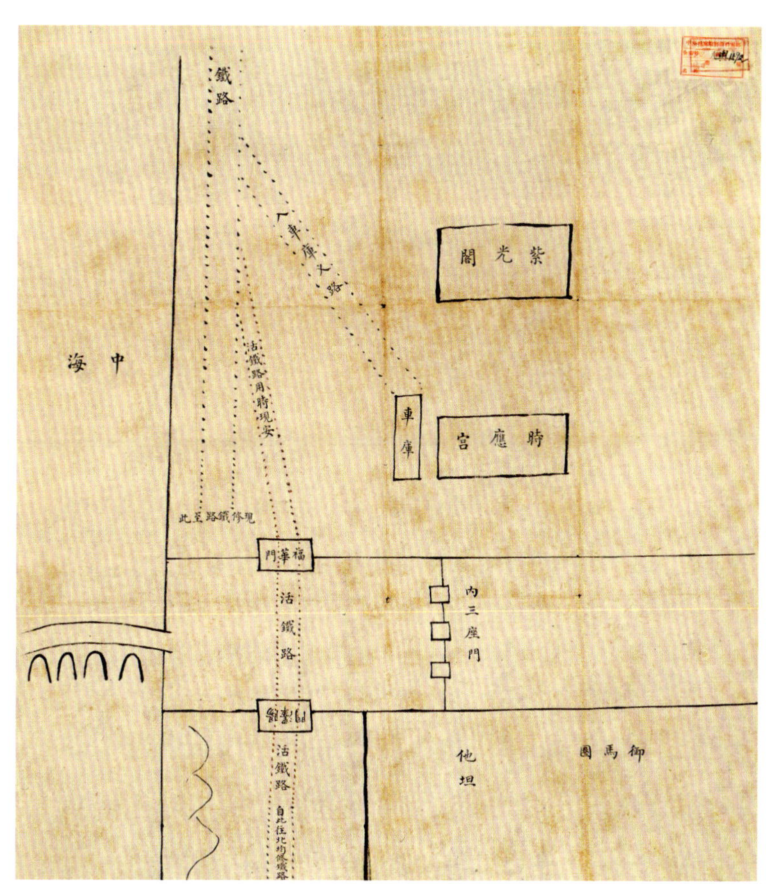

03

《中国电线地图》

光绪十六年（1890 年）

纸本 丨 彩色印刷
横 44 厘米　纵 54 厘米

光绪三年（1877），第一条由中国自办的电报线路（台湾旗后港至鸡笼港——今高雄至基隆）竣工。光绪七年，电报总局在天津成立，天津至上海的电线开始通报。尔后，电报通信迅即在数省铺开。光绪十七年李鸿章呈报，总办电报事宜东海关道盛宣怀等查核中国电报电线，十年之间南北东西纵横三万里，对国计商情大有裨助，特仿照西法绘印《中国电线地图》。因此图印制于光绪十六年冬，彼时湖南省内电报线路尚未竣工，故图中未有标识。

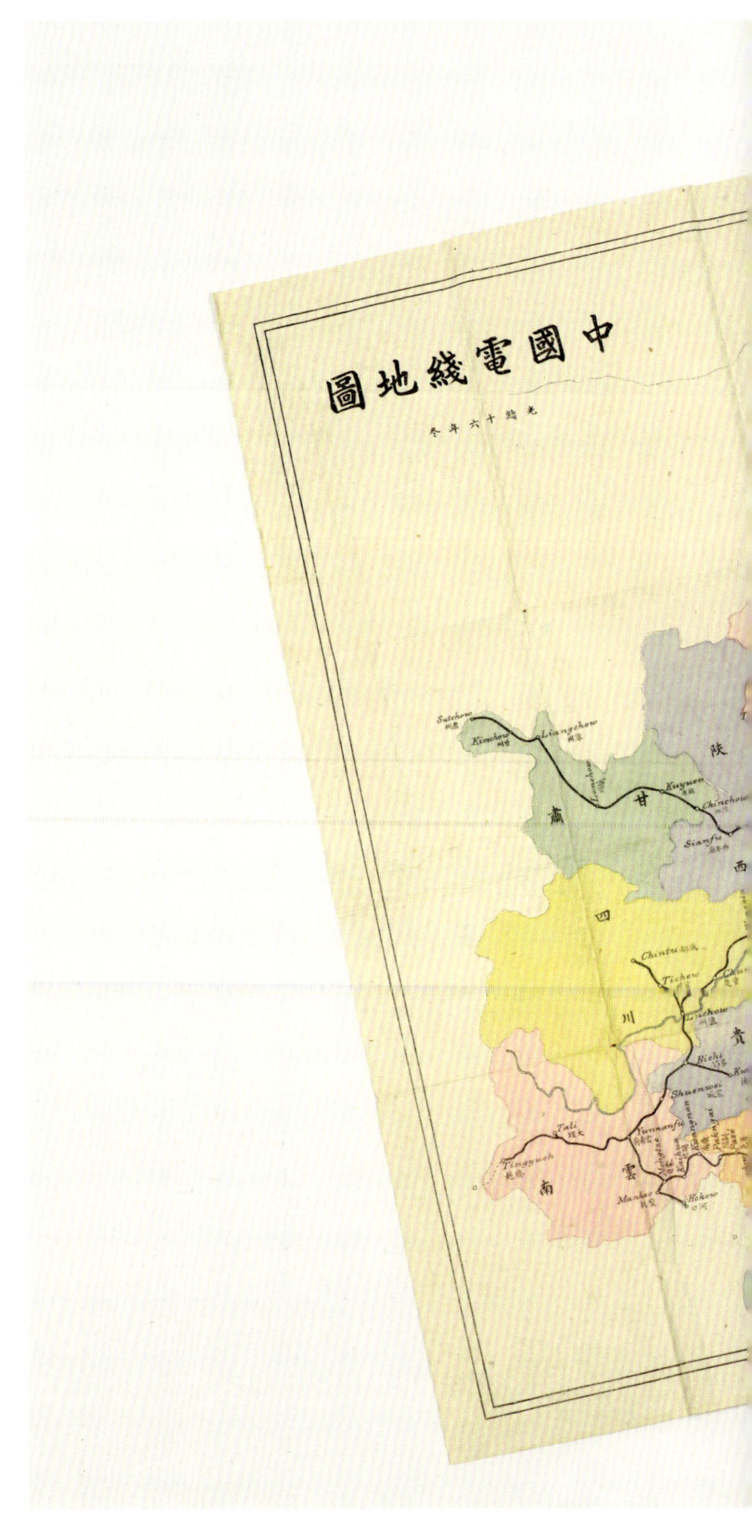

TELEGRAPHIC SYSTEM
of
CHINA
November 1890.
欽差大臣督辦北洋海防事宜辦理通商事務太子太傅文華殿大學士直隸總督部堂一等肅毅伯李　爲
咨送事。據總辦電報事宜東海關道盛宣懷等詳稱：
竊查中國電綫自奏定奏設以來，次第推廣，十年之間，南北東西，縱橫三萬里，一氣呵成，
國計商情均有裨助。現已仿照西法繪印簡明電綫全圖，
茲特裱成十分，恭備分咨
各憲鑒核。再此圖於十六年冬間印成，内惟湖南一省前於本
年春間展設，尚未竣工，留待補列，合併聲明等情到本
光緒拾
拾伍

04

康有为变法维新上书

光绪二十一年五月十一日（1895年6月3日）

| 纸本 |

横1292厘米　纵24厘米

之於諸葛亮太宰之於李靖講求治亂得失之
故問答詰難皆數萬言
皇上與諸臣講求自強之法有是事否諸臣有通古
今達中外能應
明問若太公管仲諸葛之倫否若有之也其未行也
何以見辱於小夷哉若無之也則文具廢弛安
知醫雖不得湯藥親嘗亦欲將驗方鈔進公羊
之義臣子一例故敢忘其僭越竭其愚昧惟
皇上採擇焉不勝冒昧隕越之至伏惟代
奏
皇上聖鑒謹呈
光緒二十一年五月　日

光绪二十一年（1895）三月甲午战败，清政府与日本签订丧权辱国的《马关条约》。康有为利用赴京会试科考之机，发动各省应试举人联名上书光绪帝，痛陈民族危亡之严峻形势，提出变法主张，史称“公车上书”。五月，康有为再次单独上书13000余字，恳请及时变法，富国养民，教士治兵。这篇上书对变法自强进行全面阐述，反思了中国贫弱的根源，详述了改革措施与建议。康有为的上书被陆续刊印发行，其思想言论产生了广泛共鸣与影响。

05

大清邮票

光绪二十二年（1896年）

| 纸本 |

横 2.4 厘米　纵 2 厘米

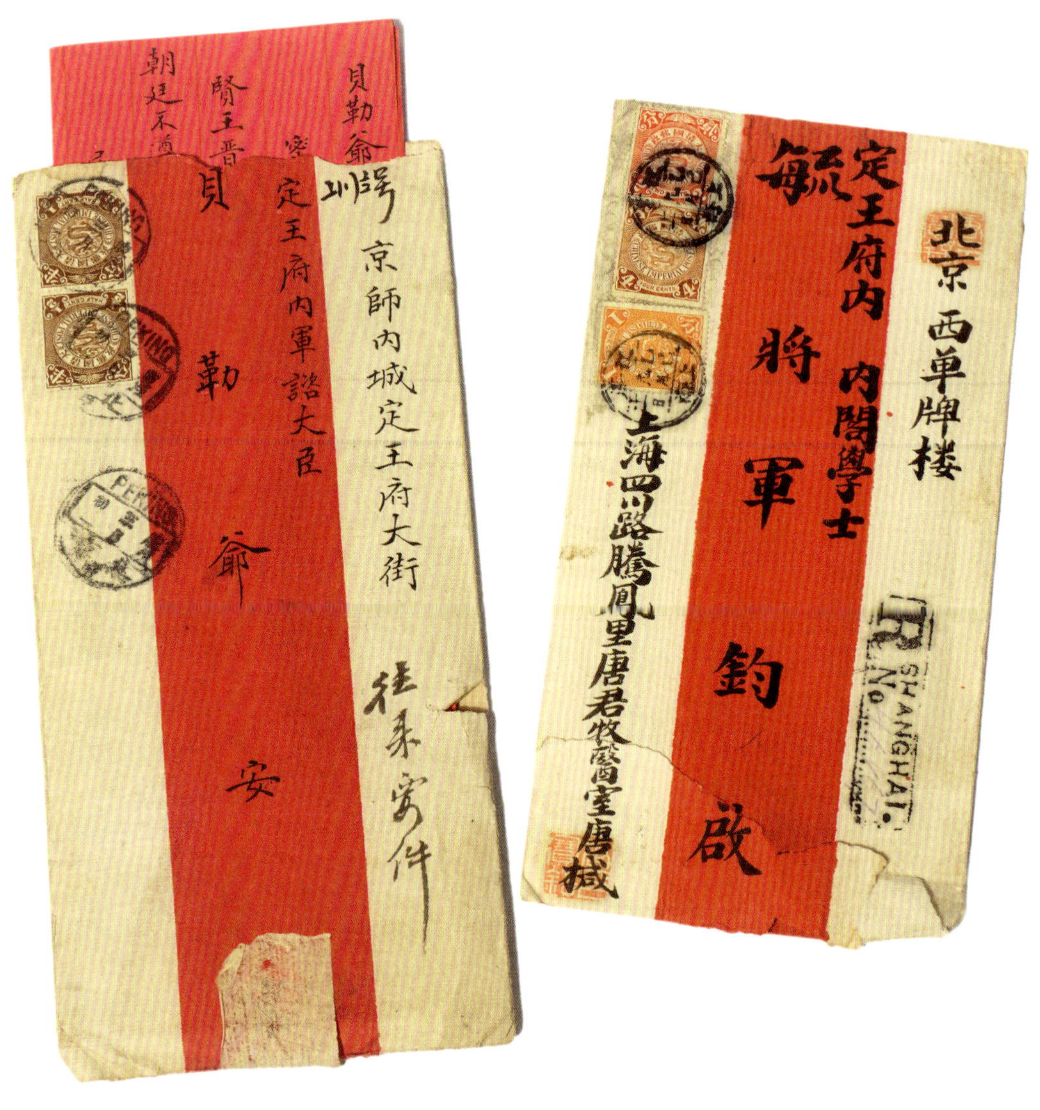

光绪四年（1878），在北洋大臣李鸿章的协调下，总税务司英国人赫德在天津等五处海关仿照欧洲办法试办邮政。光绪二十一年，南洋大臣张之洞建议在海关已设邮局的基础上，开办国家邮政——大清邮政。次年二月初七日，清政府正式批准，并发行大清蟠龙邮票。邮票分棕、黄、绿、红、蓝、紫等颜色，面值为半分、一分、二分、四分不等。这是清朝第一次正式发行的邮票，也是中国邮票史上首次由皇帝御批发行的邮票。

06

光绪帝谕旨

着速议筹建京师大学堂事宜

光绪二十四年（1898年）

| 纸本 |

横 27 厘米　纵 30 厘米

00069

光緒二十四年五月初八日內閣奉
上諭茲當整飭庶務之際部院各衙門承辦事件首
戒因循前因京師大學堂為各行省之倡特降諭
旨令軍機大臣總理各國事務王大臣會同議奏
即著迅速覆奏毋再遲延其各部院衙門於奉旨
交議事件務當督飭司員剋期議覆儻有仍前玩
愒並不依限覆奏定即從嚴懲處不貸欽此

中日甲午战争后，帝国主义列强掀起瓜分中国的狂潮，民族危机空前严重。维新派提出种种变法图强的设想，兴办新式学堂就是其一。光绪二十二年（1896），刑部左侍郎李端棻上“推广学校以励人才而资御辱”一折，提出建立京师大学堂的建议，后因经费困难而搁浅。随着变法维新的推进，光绪二十四年正月二十五日，光绪帝发出谕旨，令军机大臣等妥筹建立京师大学堂事宜。五月初八日，再发一道谕旨，京师大学堂进入筹建日程。

07

晚清股票

光绪三十一年至宣统二年（1905-1910年）

纸本丨套色刻印

中国股票始于19世纪后半叶。同治十一年（1872），直隶总督兼北洋大臣李鸿章奏请筹建轮船招商局，模仿西方股份制面向社会发行股票筹集资本，这是晚清第一家官督商办的近代企业，其发行的股票号称“中华第一股”。此后，采矿、铁路、航运、纺织、面粉、建材、水电、金融等行业陆续发行股票。此为清末山东玻璃业、山西采矿业、湖北水泥业等企业发行的股票、息单。

08

中国水师兵舰各等旗帜图式

光绪三十三年二月二十五日（1907 年 4 月 7 日）

光绪三十二年（1906）七月，出使西洋五大臣回国，开始着手预备立宪。九月改兵部为陆军部，次年四月设立海军处，由陆军处兼管。海军处设立之前，清政府“将中国水师兵舰各等旗帜绘成图式，注明颜色、大小、尺寸”附送美国海军部门转交“美国亚西亚舰队照当用之旗先行预备”。图为六面“已经颁行海军各旗帜”的图式，分别为国旗、一等提督旗、二等提督旗、三等提督旗、代统旗和队长旗，“每面旗长七尺二寸、阔四尺八寸”。

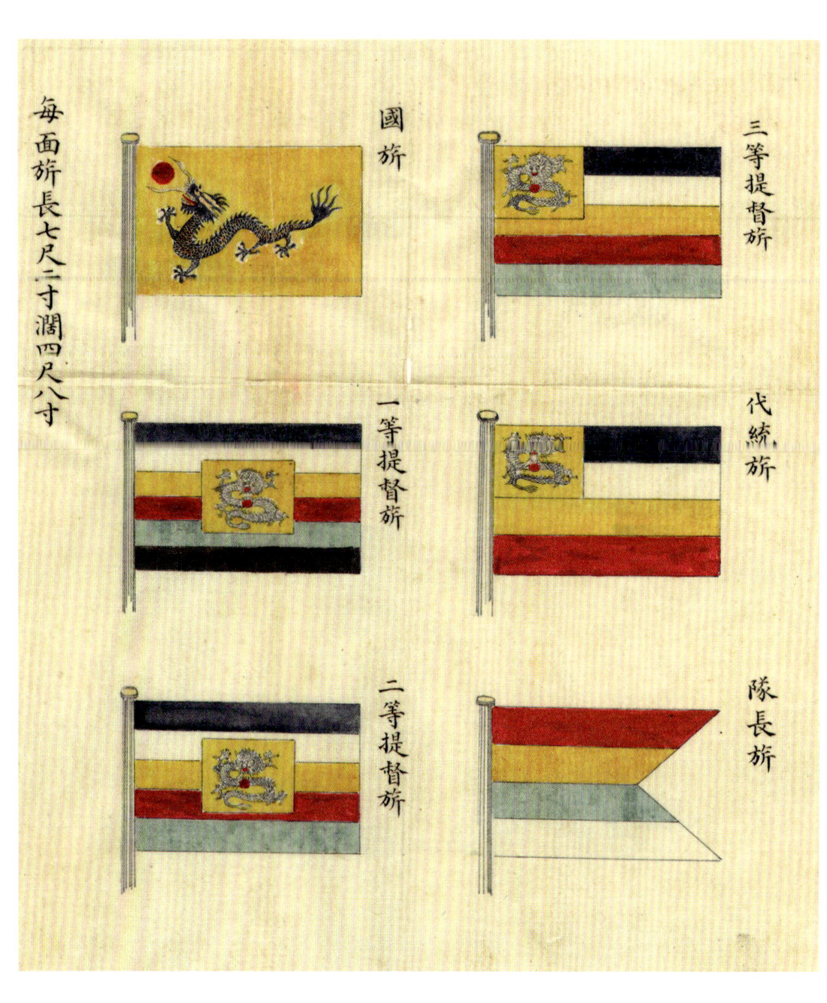

09

《湖北汉阳钢铁厂全图》

光绪三十三年（1907 年）

纸本 | 相册

横 38 厘米　纵 27 厘米

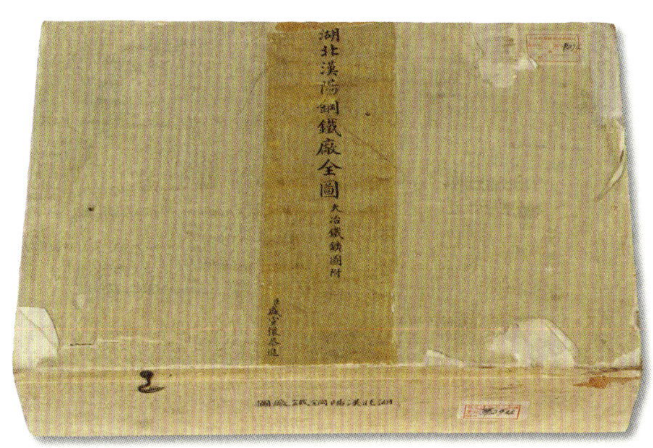

光绪十六年（1890），湖广总督张之洞创办汉阳钢铁厂，这是中国近代最早的官办钢铁企业。光绪二十二年，盛宣怀接办钢铁厂，将官办改为官督商办。光绪三十四年，汉阳钢铁厂、大冶铁矿和萍乡煤矿合并组成汉冶萍煤铁厂矿有限公司，改官督商办为完全商办公司，盛宣怀任总理。期间，盛宣怀将《湖北汉阳钢铁厂全图》进呈朝廷，其中包括各厂矿、机房内外景照片，各种机械设备照片及部分国内外雇员生活状况的照片。

10

庚款赴美留学生名单

宣统朝

第一次留美学生名单	第二次留美学生名单	第三次留美学生名单
丨纸本丨	丨纸本丨	丨纸本丨
横 114 厘米　纵 22 厘米	横 140 厘米　纵 20 厘米	横 150 厘米　纵 22 厘米

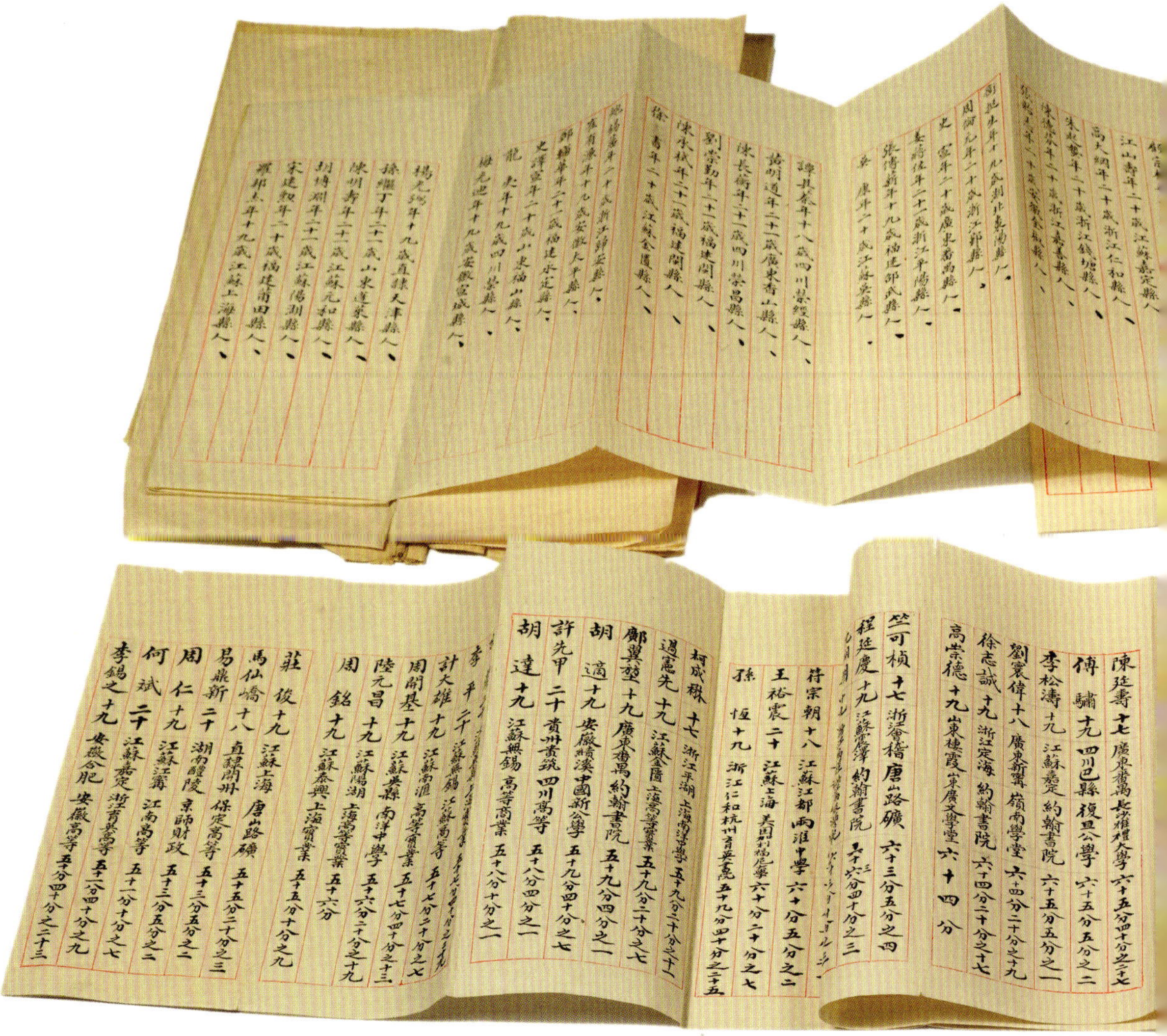

光绪二十七年（1901），清政府与十一国列强签订《辛丑条约》，被迫偿付总计四亿五千万两白银的庚子赔款。经驻美公使梁诚从中斡旋，美国于光绪三十四年退还庚子赔款的剩余部分，清政府利用这笔资金先后派遣了三批学生赴美留学。民国时期，庚款留美计划照旧执行。这些留学生中产生了后来的清华大学终身校长梅贻琦、新文化运动领袖胡适、气象学家竺可桢等一大批优秀人才。

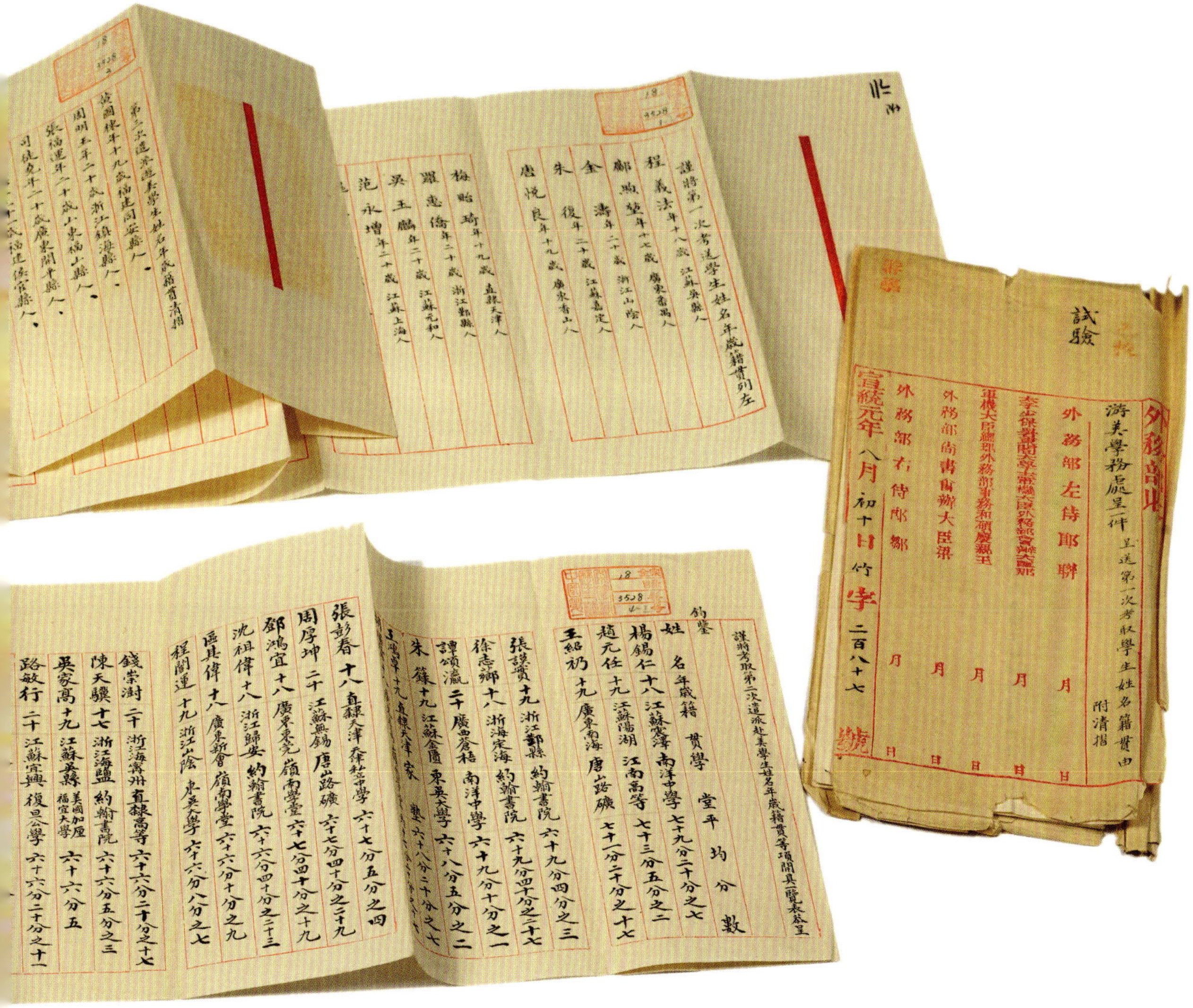

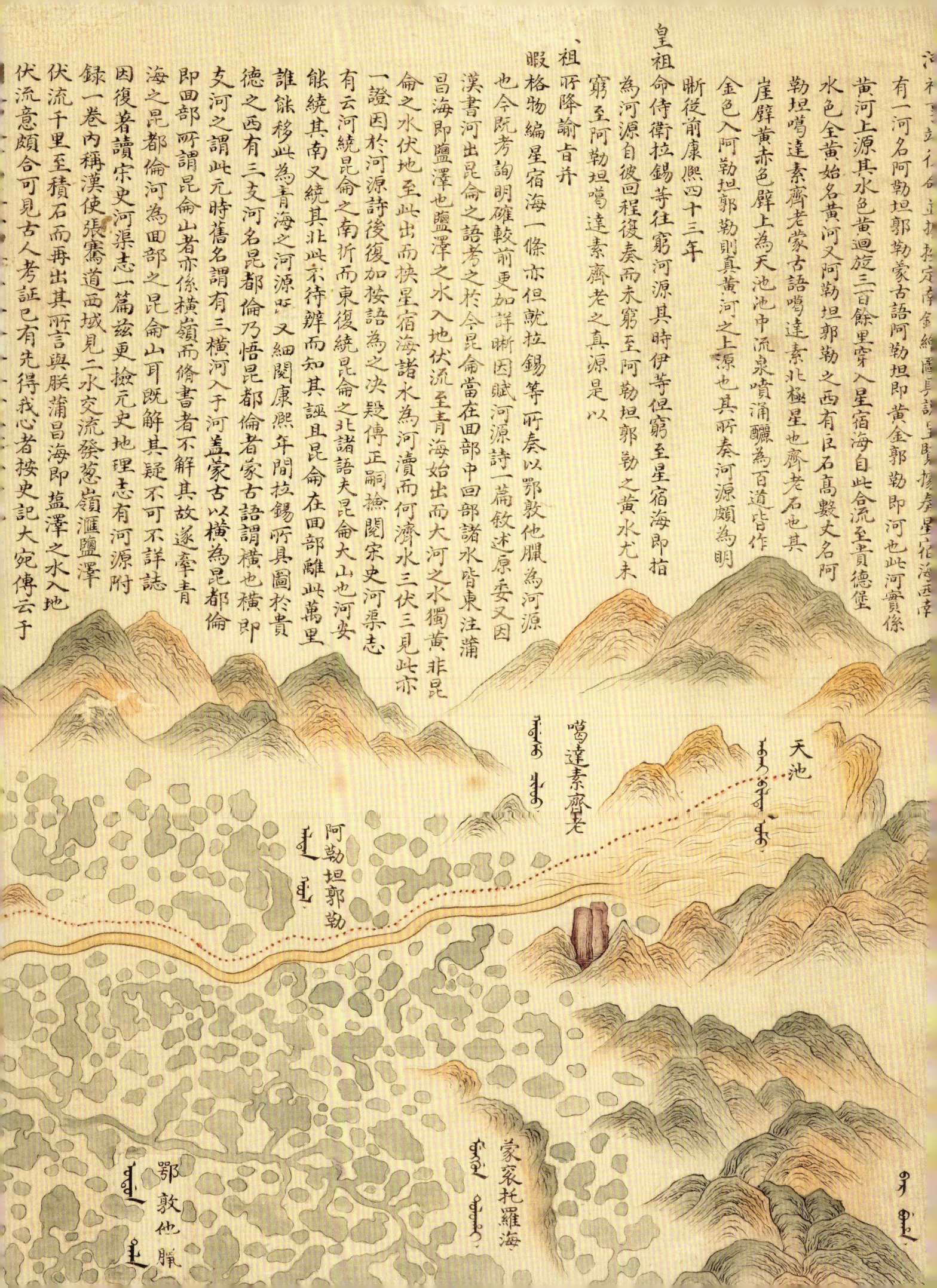

有一河名阿勒坦郭勒蒙古語阿勒坦即黄金郭勒即河也此河實係黄河上源其水色黄迴旋三百餘里穿入星宿海自此合流至貴德堡水色全黄始名黄河又阿勒坦郭勒之西有巨石高數丈名阿勒坦噶達素齊老蒙古語噶達素北極星也齊老石也其崖壁黄赤色壁上為天池池中流泉噴涌釃為百道皆作金色入阿勒坦郭勒則真黄河之上源也其所奏河源頗為明晰從前康熙四十三年

皇祖命侍衛拉錫等往窮河源其時伊等但窮至星宿海即指為河源自彼回程復奏而未窮至阿勒坦郭勒之黄水尤未窮至阿勒坦噶達素齊老之真源是以

祖所降諭旨并

暇格物編星宿海一條亦但就拉錫等所奏以鄂敦他臘為河源也今既考詢明確較前更加詳晰因賦河源詩一篇敘述原委又因漢書河出昆侖之語考之於今昆侖當在回部中回部諸水皆東注蒲昌海即鹽澤也鹽澤之水入地伏流至青海始出而大河之水獨黄非昆侖之水伏地至此出而挾星宿海諸水為河瀆而何濟水三伏三見此亦一證因於河源詩後復加按語為之決疑傳正嗣檢閱宋史河渠志有云河繞昆侖之南折而東復繞昆侖之北諸語夫昆侖大山也河安能繞其南又繞其北此不待辨而知其誣且昆侖在回部離此萬里誰能移此為青海之河源耶 又細閱康熙年間拉錫所具圖於貴德之西有三支河名昆都倫乃悟昆都倫者蒙古語謂横也横即支河之謂此元時舊名謂有三横河入于河蓋蒙古以横為昆都倫即回部所謂昆侖山者亦係横嶺而脩書者不解其故遂牽青海之昆都倫河為回部之昆侖山耳既解其疑不可不詳誌因復著讀宋史河渠志一篇兹更撿元史地理志有河源附録一卷内稱漢使張騫道西域見二水交流發葱嶺滙鹽澤伏流千里至積石而再出其所言與朕蒲昌海即鹽澤之水入地伏流意頗合可見古人考証已有先得我心者按史記大宛傳云于

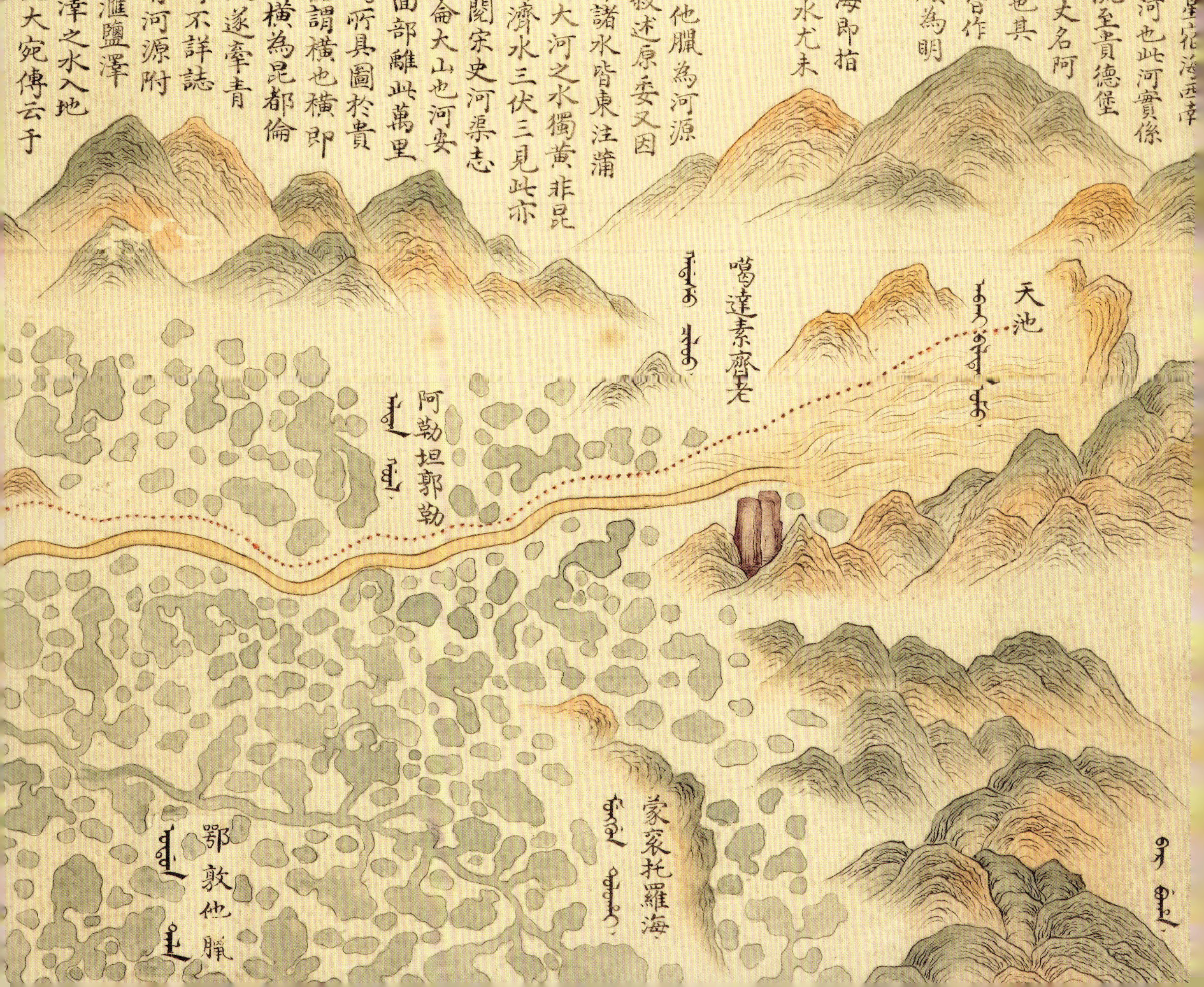

天池
噶達素齊老
阿勒坦郭勒
蒙衮托羅海
鄂敦他臘

拾

清宫舆图

清宫舆图，是清朝由官方绘制、收集并存放宫中各处的地图、战图、山水图、名胜图等各类图像档案的总称。中国历来对画图、地图等形式的档案十分重视，自古就有“左图右书，不可偏废”“索象于图，索理于书”的说法。清朝一直十分重视对舆图的绘制和利用，中国第一历史档案馆现存各种清宫舆图约7000多件（册）。按照舆图原保存地分为四类，即：清宫内务府造办处舆图房绘制、收存的舆图，如《瑞谷图》《河源图》；清内阁会典馆编纂会典时形成的图稿，如《皇后仪驾卤簿图》；军机处舆图，如《东洋南洋海道图》；以及各处零散的、曾流出宫外，后陆续收回的各类舆图汇集等。作为官方特意存留下来的档案，这些舆图具有强烈的政治和历史属性，是社会历史发展变迁的直接记录和见证，清晰勾画出清朝历史兴衰的印迹。

01

《大兵平定吴应麒图》

康熙十八年（1679 年）

纸本 | 设色

横 219 厘米　纵 122 厘米

清初，平西王吴三桂、平南王尚可喜、靖南王耿精忠分别镇守云南、广东、福建，史称“三藩”。康熙帝下“撤藩令”后，以吴三桂为首的“三藩”相继叛乱。康熙十七年（1678）八月，吴三桂病逝军中，清军趁机发起进攻，逼近岳州。此图详细描绘了清军占领通往长沙的大道，部署重兵围困岳州城，切断吴军水陆通道，吴三桂的侄儿吴应麒守城应战，于城外挖陷马坑、插立竹签、修筑濠堑屏障的情形。康熙十八年正月，吴军粮断无援、弃城而逃，清军趁势收复岳州。

《五岳真形图》

康熙五十九年（1720年）

纸本丨设色

横69厘米　纵273厘米

道教圣地五岳为东岳泰山、南岳衡山、中岳嵩山、西岳华山、北岳恒山。道家将五岳真形符字神咒按五行书写，据称能驱逐兽、瘟、凶、灾、毒，世人佩戴此图则可渡江海、入山谷、走夜路，魔鬼不敢加害，颇具避邪镇妖之功。此图落款“清虚王石渠薰沐虔书”，并附图考文字说明。王石渠，直隶唐县青虚山全真道士，康熙五十八年（1719）曾奉诏入宫，礼遇甚隆，封“清虚真人”。此图额书篆字“寿齐山岳”，当为王石渠亲书进献康熙帝祝寿之礼。

03

《东洋南洋海道图》

康熙末年（1712 —1721 年）

此图的地理范围为中国东南沿海地区和东南亚地区，标有中国沿海各港口通向印尼、文莱、菲律宾、柬埔寨、老挝、越南等地的航线，并注明针路和行程所需时间。图上分别在福建省和南海绘有两个罗盘，用干支和八卦标明方位，体现了清前期中国与西方航海、地理和制图知识的交流与融合。图背面有题签标注“福建水师提督施世骠进呈”，因施世骠于康熙五十一年（1712）调任福建水师提督，六十年在任上病逝，故此图应绘制于其任职期间。

04

《瑞谷图》

雍正五年八月二十八日（1727年10月12日）

纸本 | 设色 | 卷轴

横517厘米　纵51厘米

耕耤礼，是古代帝王亲耕的一种礼仪制度，始于西周，历代相沿。清朝自顺治帝开始，每到春耕之前，皇帝亲临先农坛祭祀，行耕耤礼，以劝农勤耕。雍正五年（1727）在各省实行农坛耤田，令每年仲春亥日举行耕耤礼。是年各地上报出现瑞谷丰登情形。雍正帝以为嘉祥，特颁上谕告知天下，并命宫廷画师郎世宁绘制《瑞谷图》，又命武英殿绘画刊刻，颁赐各省督抚。乾隆二十六年（1761），《瑞谷图》被收入清宫内务府舆图目录《萝图荟萃》。

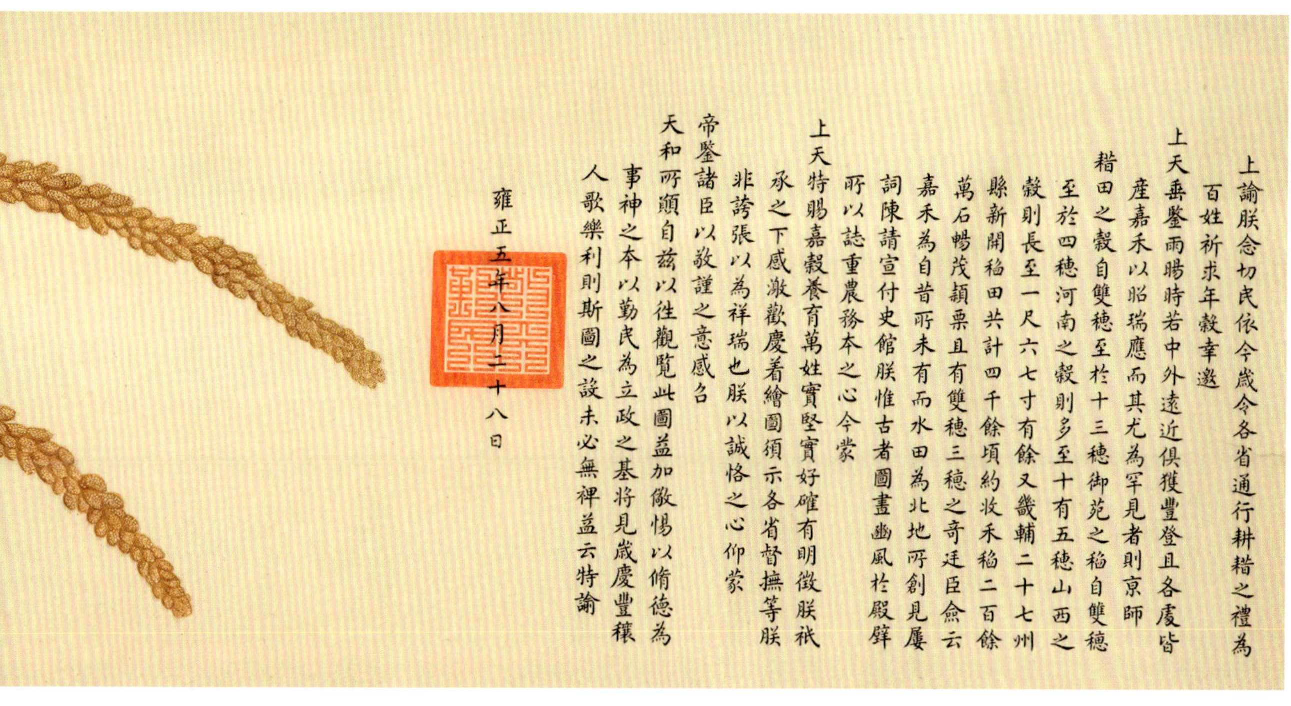
上諭朕念切民依今歲令各省通行耕耤之禮為
百姓祈求年穀幸邀
上天垂鑒雨暘時若中外遠近俱獲豐登且各處皆
產嘉禾以昭瑞應而其尤為罕見者則京師
耤田之穀自雙穗至於十三穗御苑之稻自雙穗
至於四穗河南之穀則多至十有五穗山西之
穀則長至一尺六七寸有餘又畿輔二十七州
縣新開稻田共計四千餘頃約收禾稻二百餘
萬石暢茂頴栗且有雙穗三穗之奇廷臣僉云
嘉禾為自昔所未有而水田為北地所創見屢
詞陳請宣付史館朕惟古者圖畫豳風於殿壁
所以誌重農務本之心今蒙
上天特賜嘉穀養育萬姓實堅實好確有明徵朕祇
承之下感激歡慶着繪圖頒示各省督撫等朕
非誇張以為祥瑞也朕以誠恪之心仰蒙
帝鑒諸臣以敬謹之意感召
天和所願自茲以往觀覽此圖益加儆惕以脩德為
事神之本以勤民為立政之基將見歲慶豐穰
人歌樂利則斯圖之設未必無裨益云特諭
雍正五年八月二十八日

05

《金沙江上下两游山水全图》（局部）

乾隆六年（1741 年）

绢本 | 设色 | 卷轴

横 7740 厘米　纵 50 厘米

清初，为解决滇铜外运问题，清政府决定疏浚金沙江水运航道。乾隆六年（1741），云南巡抚张允随遵旨考察并命人绘制《金沙江上下两游山水全图》作为工程参考。此图由云南东川府起，至四川叙州府止，方位上南下北，左东右西。绘有上游五十二滩、下游八十二滩，每一滩上方简明记注了滩名、与上一滩距离及滩险水势。同时，还描绘了山脉地形、城池口岸、名胜古迹、铜房驿站、营卫兵牟、纤道驮帮等沿途风土人情。此图是迄今所知国内最长的地图。

06

《河源图》

乾隆四十七年七月十四日（1782 年 8 月 22 日）

绢本 | 满汉文

横 345 厘米　纵 104 厘米

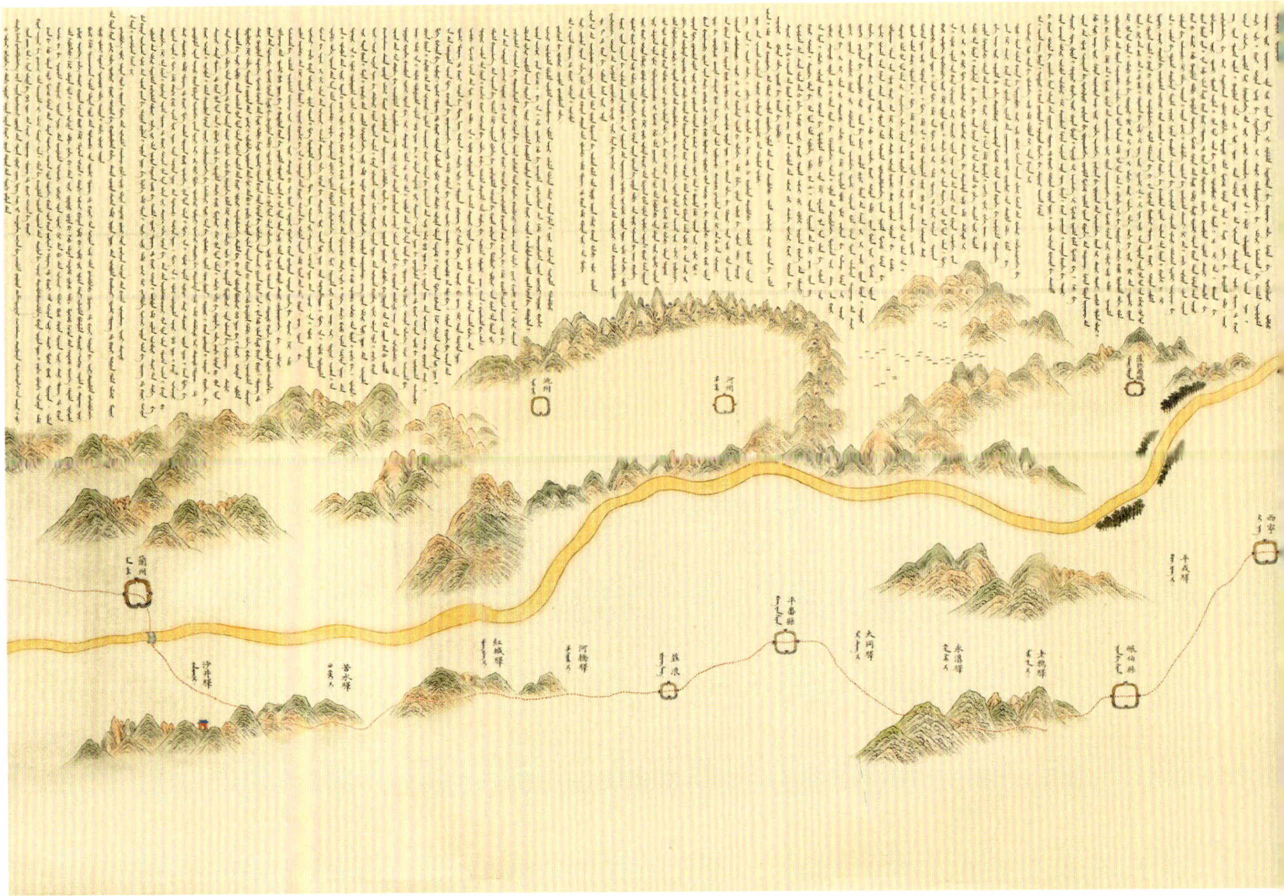

乾隆四十七年（1782），黄河在河南青龙岗决口，乾隆帝令乾清门侍卫阿弥达等赴青海探寻河源并祭祀河神，阿弥达回京后呈进《河源图》。此图方向上南下北，左东右西，描绘了西起天池、东至兰州的黄河沿线的地理景观。图中湖泊用范围线描绘，河流用双曲线勾勒，驿站、道路用虚线表示，地名用满汉两种文字标注。图首冠以乾隆帝发布的记功上谕、所撰《御制河源诗》和《御制读宋史河渠志》。此图由内务府刻版刊印，且收入《钦定四库全书》。

07

《热河行宫图》（局部）

乾隆朝

绢本 | 设色

横 336 厘米　纵 161 厘米

热河行宫，始建于康熙四十二年（1703），康熙五十年命名“避暑山庄”，位于今河北省承德市区北部，是专供清朝皇帝避暑消夏、从事政务活动的地方。行宫分为宫殿区和苑景区两部分。宫殿区用于皇帝居住及处理朝政，举行庆典，召见少数民族王公、首领和接见外国使臣；苑景区是皇帝休闲之地，亭榭楼台云集。从康熙四十二年至乾隆五十七年（1792），热河行宫建设工程历时九十年。此图为乾隆二十五年至四十七年扩建后的避暑山庄盛况。

08

《皇后仪驾卤簿图》

乾隆朝

纸本 | 设色 | 卷轴

横 415 厘米　纵 62 厘米

清制，皇后出行陈设卤簿。乾隆十三年（1748），清廷厘定皇后仪驾规制，包括：明黄八人仪轿、仪舆各二乘，十六人凤轿、凤舆各一乘，拂尘、金香炉、金盒、金瓶、金节各二个，金槃、金盂、金方几、金交椅各一个，九凤曲柄黄盖一把，黄花伞、赤素方伞各四把，五色九凤伞十把，龙凤黄扇、龙凤赤扇、黄雉尾扇、赤雉尾扇各四把，五色龙凤旗十面，卧瓜、立瓜、吾仗各四个。其中，旗、扇绘绣均用凤文。此图逼真还原了皇后仪驾卤簿的情况。

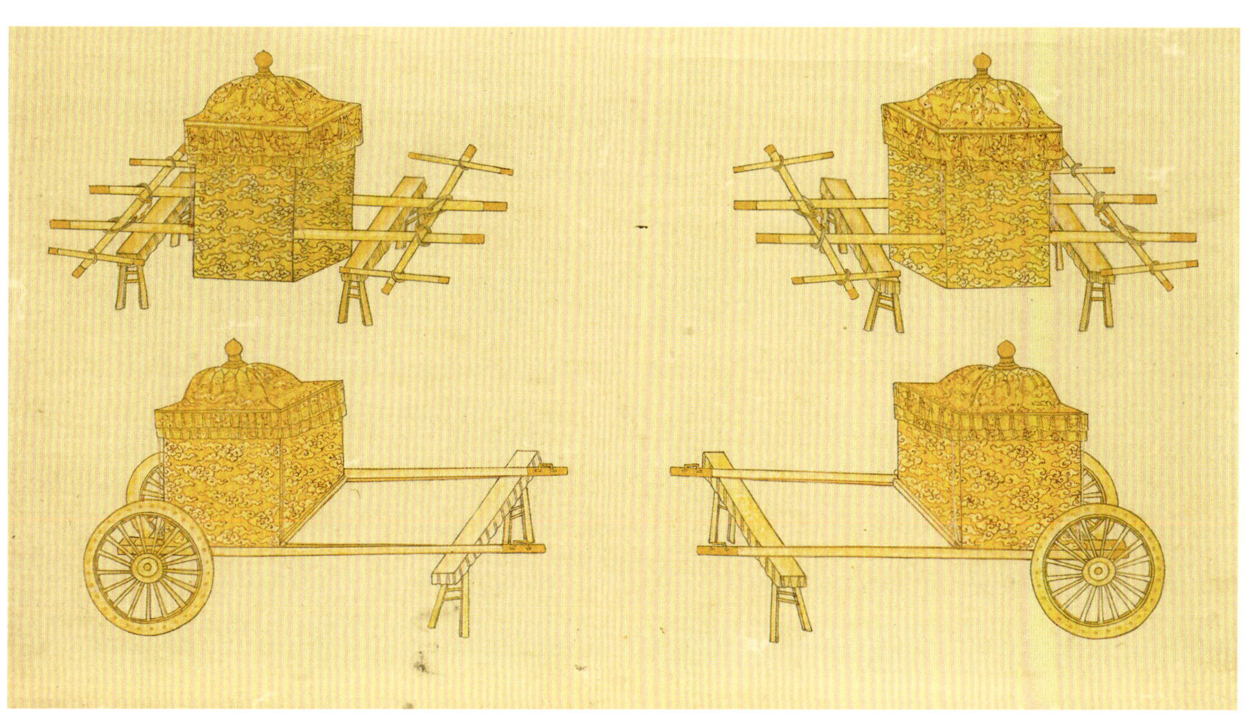

09

《天后宫图》

嘉庆朝

绢本 | 设色 | 卷轴

横 136 厘米　纵 282 厘米

天后，民间称为妈祖，是沿海百姓祭祀的海神。传说宋代福建湄洲屿奇女子林默，行善济世，救助海难，被人们奉为海神。清朝在福建、浙江等沿海一带建有妈祖庙，乾隆帝南巡时曾亲临淮安清江浦惠济祠（天后宫）御赐碑文。嘉庆十七年（1812），嘉庆帝谕令拟在御苑内仿照清江浦惠济祠规制建造一所惠济祠。此图轴面幅较大，东面是天妃宫，西面是风云雷雨祠，中间是御碑亭，南面是戏台，北面是寝殿，并建有牌楼、鼓楼、钟楼、水仙阁等建筑。

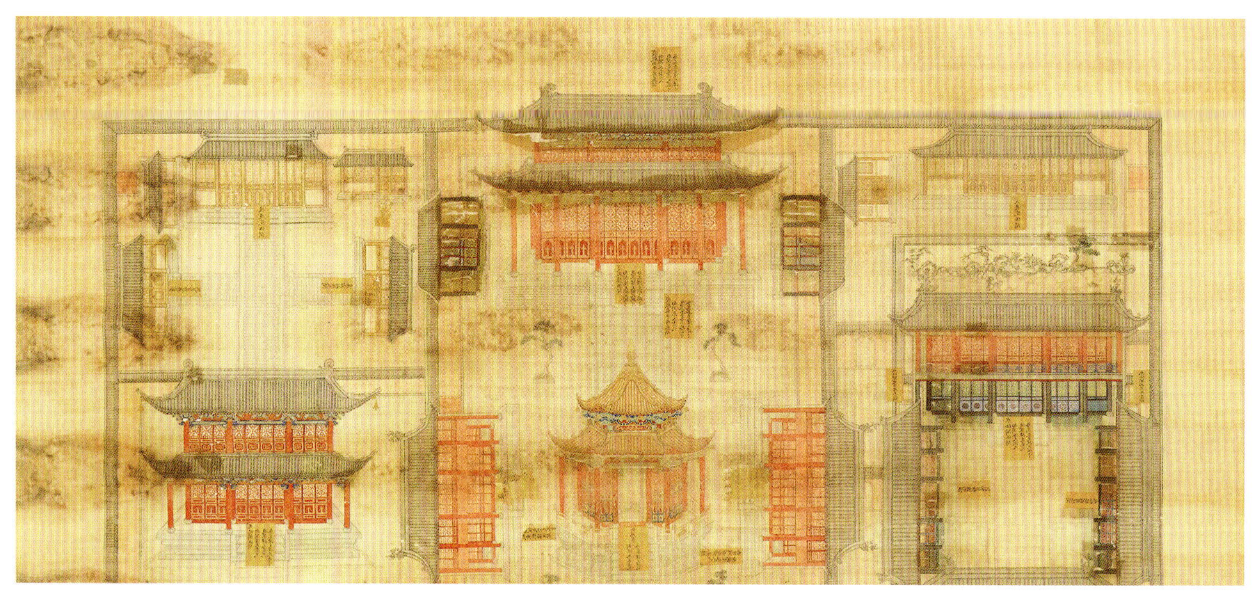

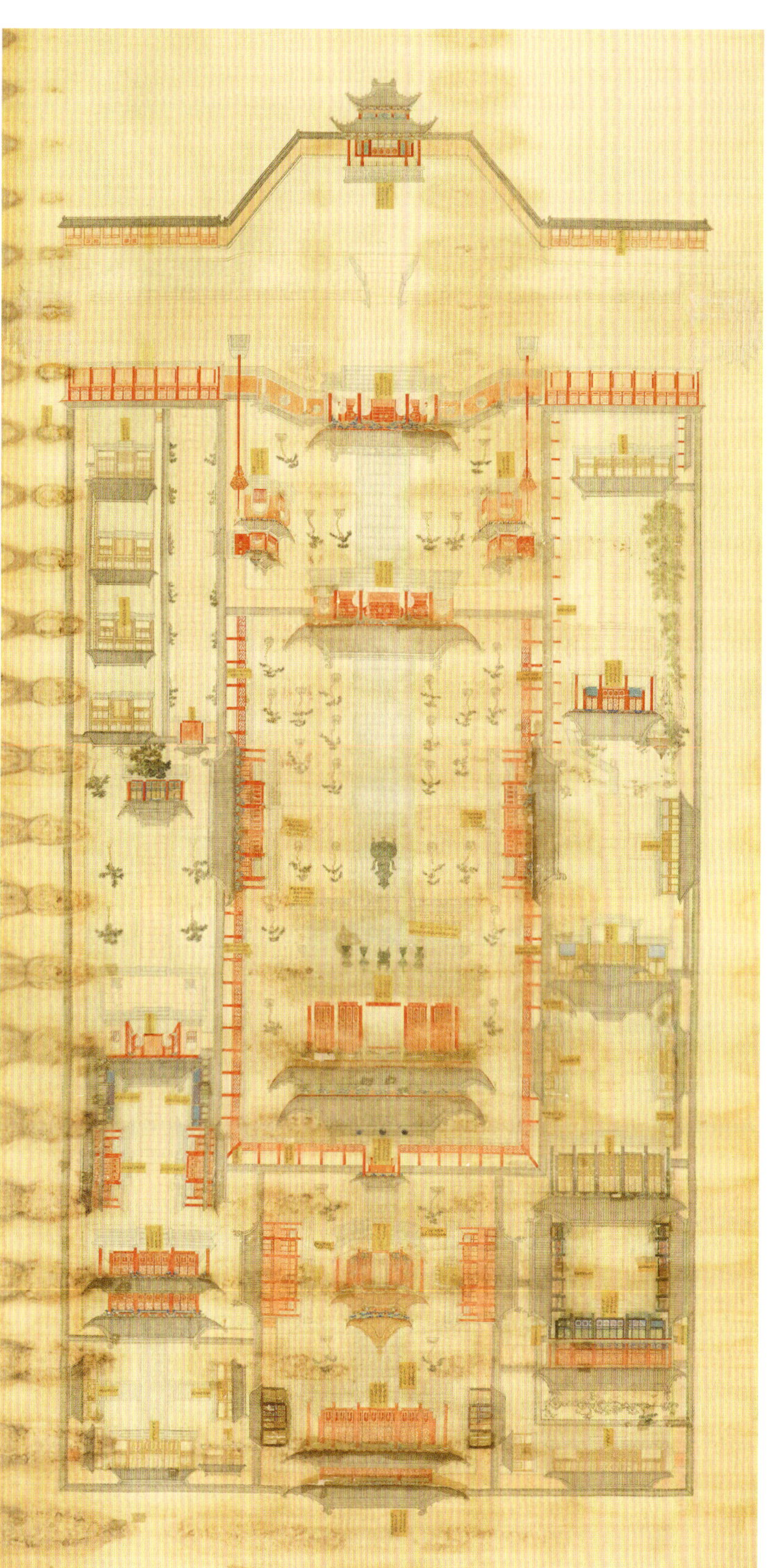

10

《京城内外全图》

同治朝至光绪朝

| 纸本 |

横 70 厘米　纵 121 厘米

清代北京城是在元明两朝基址上修缮、扩建而成的。这幅京城地图由清朝画家赵宏绘制，方位为上北下南，左西右东。如图所示，当时京城由紫禁城、皇城、内城、外城组成。各城之间修城门、建城墙围之，以示分界。习称里九、外七、皇城四，即指各城之城门数量。《京城内外全图》采用传统的平面、立体相结合的形象画法，将清末京城的宫殿苑囿、祠坛庙宇、衙署仓场、王公府第、街道胡同、河湖桥梁等绘制得一清二楚。

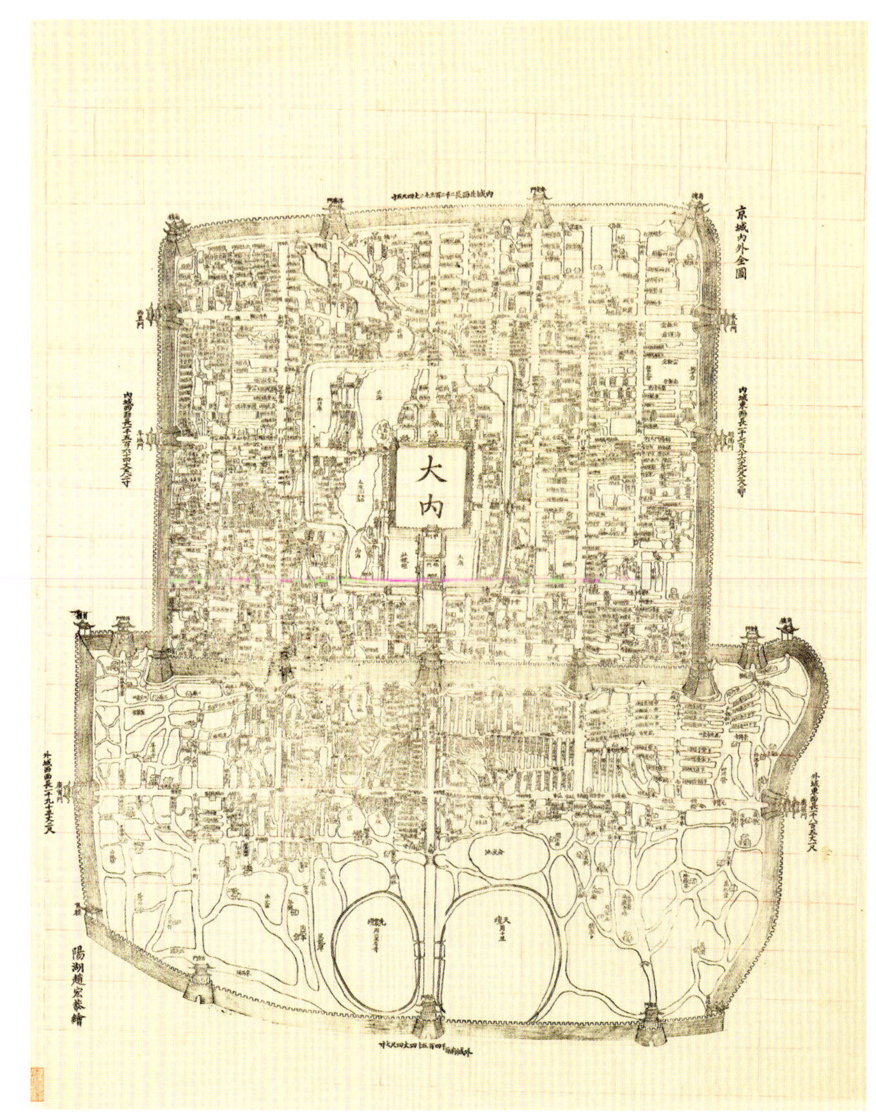

11
《勾芒神图》

光绪三年（1877 年）

绢本丨设色
横 52 厘米　纵 107 厘米

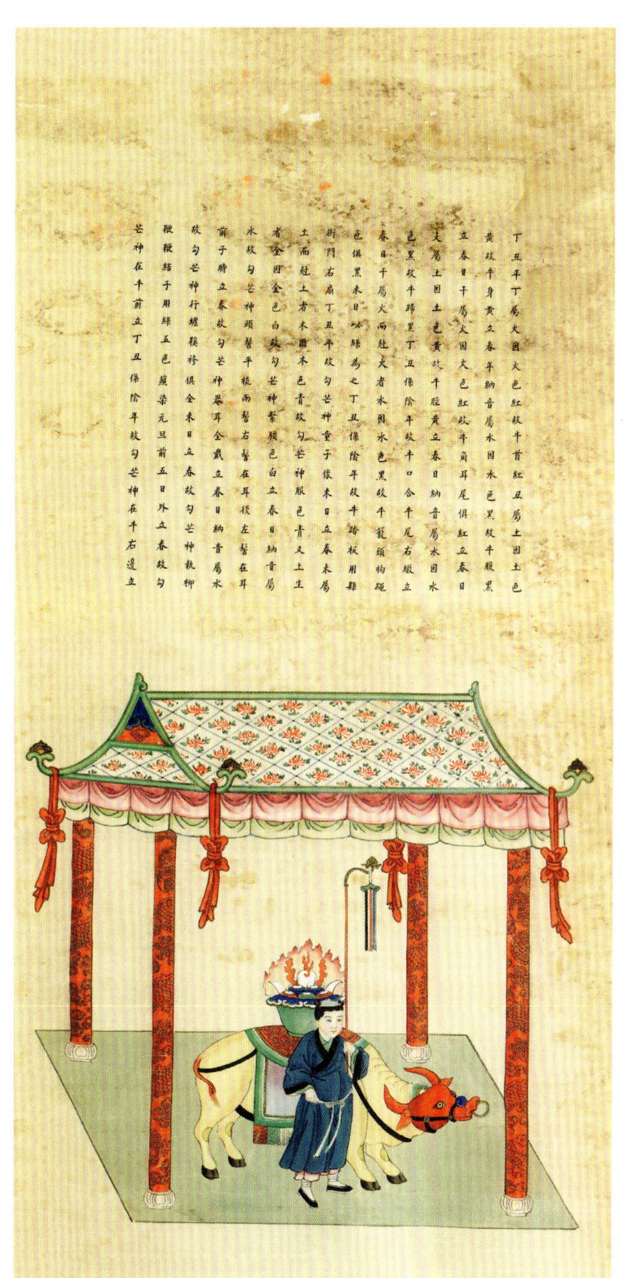

《勾芒神图》又称春牛图，是中国古时一种用来预示当年天气、降雨量、农作收成的图鉴。春牛是象征春天的牛形偶像，芒神则为司掌万物萌生的神仙，由侍立春牛旁边的耕人演变而成。立春日鞭春牛的风俗从西周时期开始，挂春牛图的风俗两宋时期已出现。清朝每年立春日，顺天府都要向宫中进献《勾芒神图》，有满、汉文两种版本。芒神和春牛的朝向、姿势、颜色等根据立春年、日、时辰的天干、地支、纳音、五行、阴阳等来确定。

12

《两淮煎晒盐图》

清

纸本 丨 设色 丨 册页
横 65 厘米　纵 35 厘米

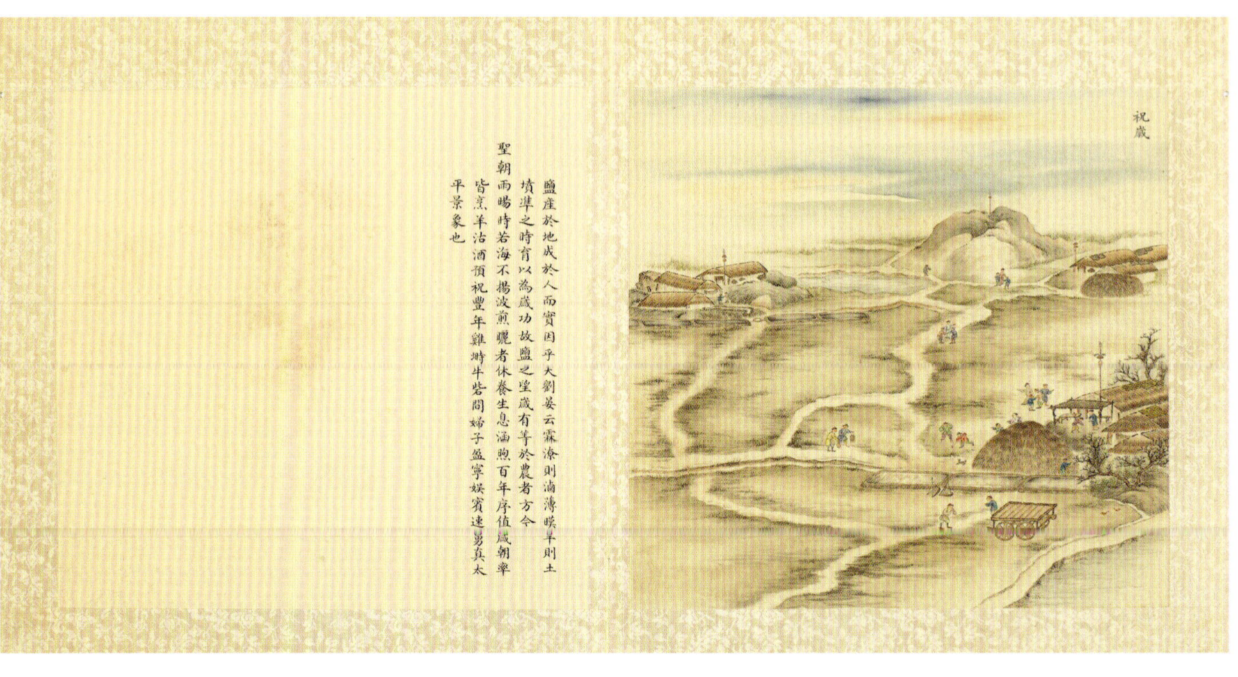

清朝全国有十大产盐区，即长芦、山东、两淮、两浙、两广、福建、四川、河东、云南、奉天，清政府设立专门管理和控制盐业产销的盐务衙门和盐务官员。两淮盐区分为淮南盐场和淮北盐场，衙署驻地在扬州，共设三个分司，淮南为通州分司（今南通）、泰州分司，淮北为海州分司（今属连云港）。两淮盐场在康雍乾时期上交的盐税占清政府全国财政收入的四分之一，可谓“两淮盐课甲天下”。此图描绘了两淮盐场生产制盐的一系列场景。

图书在版编目（CIP）数据

明清珍档集萃 / 中国第一历史档案馆编著. — 北京：九州出版社，2020.9

ISBN 978-7-5108-9525-8

Ⅰ. ①明… Ⅱ. ①中… Ⅲ. ①中国历史－档案资料－汇编－明清时代 Ⅳ. ①K248.063

中国版本图书馆 CIP 数据核字（2020）第 172799 号

明清珍档集萃

作　　者	中国第一历史档案馆　编著
责任编辑	张万兴　周红斌
出版发行	九州出版社
地　　址	北京市西城区阜外大街甲 35 号（100037）
发行电话	(010)68992190/3/5/6
网　　址	www.jiuzhoupress.com
电子信箱	jiuzhou@jiuzhoupress.com
印　　刷	鑫艺佳利（天津）印刷有限公司
开　　本	889 毫米 ×1194 毫米　16 开
印　　张	13.5
图　　数	200 幅
版　　次	2021 年 1 月第 1 版
印　　次	2021 年 1 月第 1 次印刷
书　　号	ISBN 978-7-5108-9525-8
定　　价	368.00 元